解説・教会法

信仰を豊かに生きるために

ルイージ・サバレーゼ 著

田中 昇 訳

© EDB, (Fondamenta), Bologna 2015
Luigi Sabbarese, Diritto Canonico

©Urbaniana University Press, Roma 2017
Luigi Sabbarese, Canon Law An Overview
(English translation by Claudia Giampietro)

日本語版
©Freepress 2018

本書を読まれる方へ

　教会法の起源がどこにあるのかを考えてみますと、それは、あのイスラエルという民族が神の民となる契約を交わし、神とともに生きる民にとって、相応しい生き方を示す指針として十戒をはじめとする律法が与えられたことにまで遡るものと思われます。そしてイエス・キリストによって打ち立てられた新しい契約によって誕生したキリストの教会、新しい神の民も旧約の信仰の遺産である十戒を受け継いでいきました。イエス・キリストは、律法や預言者の教えを廃止するためではなく、完成するために来られたのです（マタ5:17）。

　こうして新しい神の民となった教会は、特にその草創期においては、キリストの弟子として相応しい生き方を実践するために、使徒たちの多くの手紙を通してさまざまな勧めや教えを具体的に学び伝えていきました。カトリック教会の「教会法」とは、その流れを継承する信仰の遺産であり、現代において、キリスト者として生きようとする私たちの指針なのです。初代教会のキリスト者たちは、イエスの教えと使徒たちの勧めに従い、祈り、交わり、学び、奉仕し、証しすることについて、単なる義務感からではなく熱心に、かつ心からの喜びをもって実践していたのです。

　この日本の地に聖フランシスコ・ザビエルが福音を伝えた時代にも、その確かなしるしが残されています。『どちりな・きりしたん』と呼ばれるキリスト教の教えをまとめた要理書が1591年（天正19年）に出版されました。そこには、「十のマダメント（掟・戒め）」として出エジプト記の第20章第2～14節に記されている「十戒」について語られており、その最後には「右の十ヶ条はすべて、二ヶ条にきわまるなり、1つにはただ御一体のデウス（神）を万事にこえて大切に存じ奉るべき事、2つには、我が身の如く、ポロシモ（隣人）を思へという事、これなり」と記されていました。これは、神への愛は人への愛と1つのものなのであるというイエスの教えが根底にあることを示しています。

　さらに、この『どちりな・きりしたん』には、「さんた・えけれじゃ（聖なる教会）のマダメントは、五ヶ条なり」として、「第一、どみんご（日曜日）、べあと日（祝日）にみいさ（ミサ）を拝み奉るべし。第二、せめて年中に一度、こんひさん（告白）を申すべし。第三、ぱすく（復活祭）にえうかりすちゃ（聖体）のさからめんと（秘跡）を授かり奉るべし。第四、さんたえけれじや（聖なる教会）より、授け玉ふ時、ぜじゅん（慈善）を致し、せすた（金曜日）、さばと（土曜日）に肉食すべからず、第五、ぢずもす

（教会のための支援）、ぴりみあしす（初穂）を捧ぐべし」と説かれています。驚くべきことに、これらの教えは、今日に至るまで口伝えで受け継がれてきた生月のかくれキリシタンのゴショウ（おらしょ）の中にも確認することができるのです。

　これらの信仰の掟は、現在の『教会法典』においても第一、日曜日と守るべき祝日にミサ聖祭にあずかり、労働を休むこと（cann. 1247-1248）、第二、少なくとも年に一度大罪を告白すること（can. 989）、第三、少なくとも年に一度復活祭のころに聖体を受けること（can. 920）、第四、定められた日に償いの務め（大斎・小斎）を果たすこと（cann. 1249-1253）、第五、おのおのの分に応じて教会が必要とするものを援助すること（can. 222）といった規定として、ほとんどその内容を変えることなく継承されていることに驚きと感動を覚えます。

　切支丹と呼ばれた信仰の先祖たちは、これらの掟を命がけで大切に守って信仰を伝えたのです。ところが、現代の日本の教会に生きる信徒、修道者、聖職者が、この一貫した信仰の法にどれほど忠実に生きることができているのか、正直、疑問を感じないわけにはいきません。私たちは、「ワレラノムネ、アナタノムネトオナジ」と果たして言えるでしょうか。信仰の先祖が大切に守った信仰の掟を、私たちが大切にできていないのであれば、私たちが彼らの殉教を讃えるということは、全く矛盾したことのように思われます。私たちは、日本の宣教が捗らない、召命が増えない等と嘆く前に、自分たちが分かったつもりでいることや自分たちがしていることの現実を、もう一度よく見つめ直す必要があるように思います。本当に私たちは教会の道、主のみ心を忠実に生きているのだろうか、人に伝えられるだけのものを口先ではなく心から大切に生きているのだろうかと。

　このように教会の法とは、単なる規則ではなく、あらゆる時代のあらゆる場所のキリスト者が、みことばに照らしてキリストの弟子としてふさわしく生きるためにどうしたらよいかと真剣に考え、実践してきたことを今日の私たちに伝えてくれるものなのです。このような意味で教会生活において信仰を正しく生きるための術としての教会法について、ローマの教会法学者ルイージ・サバレーゼ師が著わした"Diritto canonico"が、この度、東京教区の田中昇神父様の熱意と努力により邦訳されました。本書は、黙想を助けたり、信仰者を慰めるといった類の本ではありません。しかしながら日本の教会にとって、変わることのない信仰を生きる術、教会の基本的な在り方を明確に示すことにおいて信仰を確かなものとするという点において、恒久的な価値のある一書であることは間違いありません。本書を読まれれば、日本の教会にとって、どこかしら近づきがたい印象のある教会法の要点が分野ごとに分かりやすく

解説されていることがお分かりいただけるでしょう。そしてその内容から、教会が信仰生活全般に及ぶ道しるべとして教会の法を大切に受け継いできたことに気づかれるはずです。

　その意味で本書は、日本のカトリック大学の神学部、神学校や養成の場において、教会法の全体像を理解する教科書ともなり得る内容であり、それゆえ本書が多くの人々、特に宣教・司牧の任務を担っている奉仕者、そしてカトリック信者の方々にとって、自身の信仰生活を見直し、より豊かにする手助けとして読まれることを切望します。

　　　　　　　　　　　　　　　　　　　　2018年春　東京にて
　　　　　　　　　　　　　　　　　　　　カトリック東京大司教区
　　　　　　　　　　　　　　　　　　　　　総代理　稲川保明神父

解説・教会法————————————————————目　次

凡例　9

第1章　ラテン教会と東方教会の法典の編纂 …………………………… 11
1. 1.　教会法典の一般的な構成　11
1. 2.　教会法典の本性　13
1. 3.　教会法典編纂の過程　15
1. 4.　東方教会の法典編纂　18

第2章　教会法典の総則 ………………………………………………… 33
2. 1.　導入の条文　33
2. 2.　教会の法律と慣習　36
2. 3.　自然人ならびに法人　43
2. 4.　法律行為　51
2. 5.　統治権　53
2. 6.　教会職　60

第3章　神の民－すべての信者 ………………………………………… 65
3. 1.　信者の定義と教会における法的身分　66
3. 2.　すべての信者の義務および権利　69
3. 3.　洗礼志願者の教会法上の身分　71

第4章　信　徒 …………………………………………………………… 75
4. 1.　信徒の定義のための諸要素　75
4. 2.　信徒の教会法上の身分　77

第5章　聖職者に立てられた信者 ……………………………………… 83
5. 1.　聖職者の養成　83
5. 2.　聖職者の入籍　89
5. 3.　聖職者の義務および権利　92

5. 4. 聖職者の身分の喪失　94

第6章　キリスト信者の会 …………………………………………………… 99
6. 1. すべての信者の会のために設けられた共通の規範　102
6. 2. 信者の公的会　108
6. 3. 信者の私的会　112

第7章　奉献生活を営む信者 …………………………………………………… 117
7. 1. すべての奉献生活の会の通則　117
7. 2. 修道会　122
7. 3. 在俗会　135
7. 4. 使徒的生活の会　137

第8章　教会の最高権威 ………………………………………………………… 141
8. 1. ローマ教皇および全司教団　141
8. 2. 世界代表司教会議　145
8. 3. 枢機卿、ローマ教皇庁、教皇使節　148

第9章　部分教会とその集団編成 ……………………………………………… 153
9. 1. 部分教会とそこに立てられた権威　153
9. 2. 部分教会の集団編成　164

第10章　部分教会の内部機構 …………………………………………………… 169
10. 1. 教区代表者会議　169
10. 2. 教区本部事務局および顧問会　171
10. 3. 小教区、教会主管者司祭および団体付司祭　176

第11章　教会の教える任務 ……………………………………………………… 187
11. 1. 導　入　187
11. 2. 神のことばの奉仕職　188
11. 3. 教会の宣教活動　191
11. 4. カトリック教育　193
11. 5. マス・メディアおよび書籍　196

第12章　キリスト教入信の秘跡……………………………………… 201
12.1.　典礼と秘跡　201
12.2.　キリスト教入信の秘跡　203

第13章　ゆるしと癒しの秘跡…………………………………………… 217
13.1.　ゆるしの秘跡　217
13.2.　病者の塗油の秘跡　223

第14章　聖職者と夫婦の任務のための秘跡………………………… 225
14.1.　叙階の秘跡　225
14.2.　婚　姻　232

第15章　教会財産………………………………………………………… 249
15.1.　導　入　249
15.2.　財産の取得　249
15.3.　財産の管理　252
15.4.　契約および譲渡　256
15.5.　信心上の贈与の意向一般および信心上の基金　258

第16章　制裁および刑事訴訟手続き………………………………… 263
16.1.　教会における制裁　263
16.2.　刑事訴訟　281

第17章　婚姻訴訟………………………………………………………… 289
17.1.　婚姻無効宣言のための訴訟　289
17.2.　未完成の認証婚に対する特免のための訴訟　313

　　付録　新しい教会法典公布のための使徒憲章『サクレ・ディシプリーネ・
　　　　　レージェス』　323

訳者あとがき　329

凡　例

AAS	*Acta Apostolicae Sedis*	『使徒座官報』(1909年〜)
ASS	*Acta Sanctae Sedis*	『聖座官報』(1865-1908年)
can./cann.	canone/canoni	『教会法典』の条文数。通常は現行『教会法典』(CIC)の条数を示す。ただし異なる『教会法典』の条文が一緒に示される場合に限り、ラテン教会の教会法典の場合は can.__CIC'83、カトリック東方教会の教会法典の場合は can.__CCEO、旧(ラテン)教会法典の場合は can.__CIC'17 と区別する。
cf.	confer	参照
CIC/CIC'83	*Codex iuris canonici* (anno 1983)	(現行)『教会法典』(1983年公布)
CIC'17	*Codex iuris canonici* (anno 1917)	(旧)『教会法典』(1917年公布)
CCEO	*Codex canonum Ecclesiarum orientalium*	『東方教会法典』(1990年公布)
CICO	*Codex iuris canonici orientalis*	『東方教会法典』(1935年当初の表題)
DS	*Denzinger-Shönmetzer, Enchiridion symbolorum, definitionum et declarationum de rebus fidei et morum* 『カトリック教会文書資料集』	
ECEI	*Enchiridion della Conferenza episcopale Italiana* 『イタリア司教協議会公文書資料集』	
EDB	*Edizioni Dehoniane Bologna*	デホニアーネ出版社(ボローニャ)
EV	*Enchiridion Vaticanum*	『バチカン公文書資料集』
Ibid.	*Ibidem*	同じ
Id.	*Idem*	同上
LEV	*Libreria Editrice Vaticana*	バチカン出版局
n./nn.	numerus / numeri	番号

p. /pp.	pagina / paginae	ページ数
PP.	Pater patrum	父たちの父、ローマ教皇の意
§ /§§	paragraphus / paragraphi	教会法条文の条以下の項数。号数
SCRIS	Sacra Congregatio pro Religiosis et Institutis Saecularibus（以前の使徒座奉献生活・使徒的生活会省の名称）	

訳者注：本文の現行『教会法典』の条数は、1983年の法典公布時のそれではなく、教皇フランシスコの自発教令『寛容な裁判官、主イエス』によって改訂された最新の法典の条数に従って表記しているため、有斐閣の『カトリック新教会法典』の条数とは一部異なっている。

第1章　ラテン教会と東方教会の法典の編纂[1]

1.1.　教会法典の一般的な構成

　ラテン教会の現行『教会法典』(CIC'83) は、1983 年 1 月 25 日に公布され、同年 2 月 3 日にその内容が正式に公表された後、1983 年 11 月 27 日に発効しました。これには、使徒憲章『サクレ・ディシプリーネ・レージェス Sacrae disciplinae leges』ならびに歴史と法律に関する序文、そして法典を構成している7つの集 (liber) が含まれていました。

　1917 年に公布された旧『教会法典』(CIC'17) は、ローマ法の分類、すなわち人、物、訴訟に基づいて体系化されていました。それらは具体的には、人々および諸組織の構成、そして教会の秩序を確実に維持継続させるために必要なことがら (秘跡、聖なる場所と時、神への崇敬、教会の教導、聖職禄、現世的財産に関する規律) の構築、個人ならびに共同体の権利を守るための訴訟です。そのため、1917 年の法典は、総則、人、物、訴訟、犯罪および刑罰の5つの集に分けられていました。

　1983 年の『教会法典』は、第二バチカン公会議の教会論をその主たる着想 (インスピレーション) の源泉としていることから、当然 1917 年の法典とは構造を異にしています。新しい法典は、7つの集 (liber) から構成され、第 1、3 および 5 集を除いて、各集は巻 (pars) に分割されています。幾つかの集において、巻は、さらに編 (sectio) に分割されています。

　第 2、4、6、7 の各集の巻の区分は、事実上 1917 年法典のそれに依拠していますが、他方、第 1、3、5 集は、巻の構成をとっていません。また『教会法典』の部 (titulus) は、章 (caput) によって構成されるか、直に各条文 (canon) から構成されています。これは、もともと教皇グレゴリオ 9 世 (1227 年 – 1241 年) の教皇教令集および『Liber Extra―別巻の書』(1234 年) とともに正式に始められた、教会法の伝統に基づく集 (liber) を形づくる最も重要な区分方法です。

　『Decretum Magistri Gratiani―グラチアヌス教令集』において、各法律の規定

---

[1]　[訳者注] 法典の編纂と訳した言葉は、原文では Codification/codificazione、直訳すれば法典化である。

は、整然と系統立てて配置された *canon*（法文）によって構成されていました。それは、この教令集のオリジナル『*Concordia discordantium canonum*―矛盾教会法令調和集』において、修道士グラチアヌス自身によって与えられた見出しに基づくものでした。それに代わって、教皇グレゴリオ9世以降の諸教皇教令集は、まず章（caput）ごとに分割されるようになりました。

　法令集を集（liber）ごとに分割することは、1188年から1192年にかけてパヴィア（Pavia、イタリア）のベルナルドによって編集された『*Compilatio prima antiqua*―古教会法令拾遺集I』[2]に由来しています。その中で、彼はラテン語の韻律（hexametros）に合わせて、*iudex*（裁判官）、*iudicium*（訴訟）、*clerus*（聖職者）、*connubia*（婚姻）、*crimen*（犯罪）という順に、主題ごとに法令を分類し配置しました。

　現行の『教会法典』は、これまでの教会の法律ならびに立法に関する伝統を忘れることなく、集（liber）に区分するという形式を保持してはいるものの、その構造はそれまでの教会法の伝統ともローマ法の伝統とも異なるものとなっています。第二バチカン公会議の『教会憲章』[3]は、教会の神秘を「新しい神の民」として、社会的かつ目に見える組織のうちに再発見しました。そのため最高立法者は、教会における人および共同体の組織構造を教会法の規定の中心に置きました。それが法典の第2集「神の民」です。次に私たちは、キリストが神の民である教会に委ねた使命を果たすための教会の活動に関する主題へと移ります。これが第3集「教会の教える任務」、第4集「自然および超自然的な手段による、教会の聖化する任務」、そして第5集「教会の現世的財産」です。教会を神の民と考える第二バチカン公会議は、この民を「交わり」（communio）としての教会の像（イメージ）に結び合わせる考え方を深めました[4]。それゆえこの交わりが、共同体そのもの、つまり教会に対する犯罪

2　［訳者注］これは、『グラチアヌス教令集』に収められていなかった古い教会法令集で、原題は *Breviarium extravagantium* であったが、後に諸法令集が編纂された際に『5つの古教会法令拾遺集 *Quinque Compilationes Antiquae*』の第一巻とされたことからこの名前で呼ばれている。

3　第二バチカン公会議公文書、原題は『教会に関する教義憲章』(Lumen gentium) で、1964年11月21日に公布された。

4　［訳者注］そもそも教会の本性である「交わり」は、創設者である三位一体の神の交わりに由来する。受肉したみことばによって形づくられた教会は、まさに世にあって霊的にも物的にも人々をこの神との交わりに招き入れる救いの原秘跡と言える。そのため本書の著者は、この「交わり」が教会生活のあらゆる面において十全なものとなるようにするための道具として教会法を提示している。つまり教会法は、神と信者との交わり、信者同士の交わり、位階的組

によって傷つけられるとき、信者と教会共同体が教会の完全な交わりを取り戻すことができるように、教会法の規定は交わりの回復を目指すものともされているのです。それが第6集「教会における制裁」です。教会内での信者の権利が荘厳に確認された後、私たちは、個人および共同体の権利の効果的な保護、そして神の民の中で起こり得るさまざまな係争事情における真実の宣言というテーマに至ります。これが第7集「訴訟ならびにその他の手続き」です。法律ならびに立法に関する伝統と一致して、体系的かつ組織的な仕方で各分野ごとの教会の基本的な法規を示す前に、法典の初めにすべての規則の適用の原則として第1集「総則」が置かれています。「総則」は、規則の体系および概念に関して、以前のものと比べてより広く拡張された内容となっています。

1.2. 教会法典の本性

　法典（codex）という言葉の語源は、ラテン語の *caudex* に由来しています。これはもともと木の幹・胴体を指す言葉でしたが、後に木製の書字板を意味するようになりました。そして昔は、多くの書字板が1つにまとめられて本が作られていました。それと対になる言葉は巻（volumen）で、これは羊皮紙もしくはパピルス紙の巻き物を意味していました。正式には、法典（codex）という用語は、法律学においては、法の枝葉に当たる特定分野を規律するための基本となる法律の組織的な本体を意味しますが、教会法学においては、体系的で簡潔明瞭にまとめられた教会の法律の集成（コレクション）を意味します。

　法と訳される *Ius* という用語は、ラテン語の *iustitia*（正義、公正、公平）から派生した特定の主題を示す言葉です。なかでも *iustum*（公正、正当なもの）は、個人の間の法的関係（交換的正義）および社会に対するその構成員の法的関係（法的正義）、社会のその構成員に対する法的関係（配分的正義）に関して用いられる言葉です。この最後の言葉の意味合いから、原因あるいは規範となる *ius* の客観的な意味が導かれます。つまり *regula iusti*（正しいことがらの規範）を意味するものとして *iussum*（秩序・命令）から派生した *ius* を用いることで、いうなれば何が

織における交わり等、あらゆる教会生活の本質とも言える教会の交わりを十全なものとするために教会にとって必要なものなのである。

正しいかということの規準、社会の構成員に対して特定の行動を課す客観的な規範、すなわち lex（法律）という意味が導かれるのです。

ここで、lex（法律）としての ius の幾つかの異なる意味を示すべきでしょう。まず神法として、神が定めた自然法は（神による）創造にその根拠を持っており、神が定めた実定法（神的実定法）は、旧約聖書と新約聖書の啓示に基づくものです。人間による民間の実定法（市民法）は、民間当局がその制定者であり、人間による教会の実定法（教会法）は、教会の正当な権威者がその制定者です。

また ius は、何かを所有し、行い、または要求するための不可侵の精神的な「権限・権利」として伝統的に定義される主観的な意味も有しています。

Ius の訳語として用いられる幾つかの現代語（diritto, droit, derecho, direito, dret, Recht, right）は、異なる語源を持っています。これらは、後期ラテン語の名詞化された形容詞である *directum*（まっすぐなもの）という言葉に由来するもので、方向、公正、規則といった概念を示すものです。これと対をなす言葉は *tortum*（ねじれた、曲がりくねった物）です。それゆえ、実質的にこれらの現代語は、*ius*、*regula iusti*、*lex* が正式に意図する客観的意味に一致しているのです。

また *ius* は、学問（science/scienza）という意味も持っています。つまり、そのすべての領域における法的関係の研究を目的とした ius すなわち法学というものが存在します。

さらに *ius* という言葉は、特に「新法」と言った表現において、現行の『教会法典』(codex iuris canonici) そのものを指し示すために用いられることがありますが、これは適切な使い方とは言えません。そこで、「ius canonicum—教会法」という表現で用いられるとき、*ius* は、複雑な教会の法全体を指し示しているということを示すべきでしょう。つまりこれには、教会が示す神法、教会によって制定された教会の実定法、教会が特定の条件と指示を付してその法律を教会の法として認め受け入れた[5] 民間の実定法（市民法）が含まれます。

同じように、「ius ecclesiasticum—教会の法、教会に関する法」という言葉は、今日では、おもに宗教的事案において市民法を扱う際の法制上の規律[6]を指すのに用いられていることに注意すべきです。

5　原語は canonize/canonizzare。

6　［訳者注］ius ecclesiasticum とは世俗の事柄を対象とする世俗法（ius civile）と対比される概念で、広義においては国家のような世俗的権力が定めた教会に関係する法と教会が定めた教会の法を包括した概念で、狭義においては教会が定めた法のことをいう。

最後に、法典の本性そのものを定義したいと望むのであれば、それはまず、れっきとした法令集であり、それゆえ十分に明確化された特徴を持った秩序ある体系的な規則集であると言われなければなりません。そして、それは教会の最高権威者が、法典をそのようなものとして承認し公布しているがゆえに、真正な公的『集成＝コレクション』であるのです。また法典は、唯一の権威者の法的行為によって公布されていることから、公布時であれ施行時であれその単一性を有しています。さらに現行の『教会法典』は、ラテン教会全体に関してまたそれだけを意図していることから、以前の法律と比べると、より普遍的でありかつ排他的な性格を持っていると言えます。

1.3. 教会法典編纂の過程

教会の歴史の最初の10世紀における法令集編纂に関する最も古い慣習は、それが個人の発意によって実現されるものであったということです[7]。修道士グラチアヌスによって達成された記憶すべき諸法令の収集、編纂の事業に続いて、教会の法文資料を体系化する幾つもの試みがなされ、トリエント公会議(1545年‐1563年)の後に『教会法大全』として結実するに至るまでの著しい発展を遂げました[8]。その後も同公会議の諸教令、諸教皇の教令やローマ教皇庁の諸省が公布した多くの法律文書が蓄積されていきました。そのため、第一バチカン公会議(1869

---

7 ［訳者注］中でもカルケドン公会議(451年)に至るまでの公会議の決議、教皇の教令を翻訳・編纂した修道士ディオニジウス・エクシグウス(470年頃‐544年頃)による法令集『Collectio Dionysiana―ディオニジオ法令集』は、最も権威あるものとされ重要視されていた。

8 ［訳者注］教皇グレゴリオ9世の『Liber Extra―別巻の書』(1234年)、教皇ボニファチオ8世による『Liber VI°―第六集の書』(1298年)、教皇クレメンス5世によって集められ教皇ヨハネ22世によって公布された『Clementinae―クレメンス教令集』(1317年)、教皇ヨハネ22世の『Extravagantes Ioannis PP XXII―拾遺法令集』(1325年)、さらに諸教皇が出した教令で公認された法令集に収められなかった『Extravagantes Communes―共通拾遺法令集』(1500年)といった公式の法令集が編纂され、『グラチアヌス教令集』を含めたこれらの法令集の全ては、最終的に『Corpus iuris canonici―教会法大全』において1つにまとめられ、教皇グレゴリオ13世の許諾を得て1582年に公刊された。『教会法大全』は、その後も修正を繰り返し、実質的に1917年に公布された『教会法典』が施行されるまでその効力を持ち続けた。

年-1870年)の期間中に、多くの司教は、神の民への司牧的配慮のために教会法が新たに1つの法典として編集されることを求めました。これによって教皇ピオ9世（1846年-1878年)は、1867年にそのための委員会を設立しました。初めにナポレオン法典に倣った法典の編纂作業の準備が非公式に行われました。教皇ピオ10世(1903年-1914年)は、優れた教会法学者ピエトロ・ガスパリ枢機卿の見解に従って、正式に法典の編纂を行う決意を固め、1904年4月14日の自発教令『アルドゥウム・サーネ *Arduum sane*』[9]においてその実行を指示し、自らの教皇職のモットーの一部である「キリストにおけるすべてのものの回復 *instaurare omnia in Christo*」を実現しました。

　この未曾有の困難な作業は、教皇ベネディクト15世(1914年-1922年)と共に1914年まで続けられ、1917年5月27日に同教皇の使徒憲章『プロヴィデンティッシマ・マーテル・エクレジア *Providentissima Mater Ecclesia*』[10]をもって最初の『教会法典』(Codex iuris canonici)が公布されました。

　このピオ・ベネディクト法典とも呼ばれる最初の『教会法典』(CIC'17)に関しては、すでに普遍的な合意がなされていたにもかかわらず、現代世界の中にある教会の外的環境および教会共同体内部の進歩的な変化の双方が、新たにそして早急に教会の法律全体を改革することを必要としました。教皇ヨハネ23世（1958年-1963年)は、1959年1月25日に教会法の改正について発表し、1963年3月28日に「教会法典改正委員会—Pontificia commissio Codici iuris canonici recognoscenda」を設置しました。1963年11月12日に開催された同委員会の第一回目の全体会議において、公会議の教父たちは、第二バチカン公会議が閉会した後に法典編纂作業を開始することで合意しました。なぜなら法典の改正作業は、公会議の結果に基づいて行う必要があったからです。さらに教皇パウロ6世(1963年-1978年)は、世界中から70人の顧問およびその他の枢機卿を構成員として参集させることで、同委員会に国際的な性格をもたらしました。

　1965年11月20日、教皇パウロ6世は、改正作業の開始を正式に祝うために、

9　教皇ピオ10世，1つに編集されるべき教会の法についての使徒的書簡の形式による自発教令『アルドゥウム・サーネ *Arduum sane*』(1904年4月14日), in *ASS* 36 (1903-1904) 449-451。

10　教皇ベネディクト15世，使徒憲章『プロヴィデンティッシマ・マーテル・エクレジア *Providentissima Mater Ecclesia*』(1917年5月27日), in *AAS* 9 (1917/11) 5-8。

委員会の全体会議を招集し、そこで法典改正のための基本原則を示しました。法典改正の初期段階に関して最も重要な出来事は、改正のガイドラインとなる 10 の原則の公表でした。これは、第一回目の世界代表司教会議の通常総会（1967 年 9 月 29 日―10 月 29 日）の期間中、9 月 30 日から 10 月 4 日にかけて検討、承認されたもので、これによって将来にわたって従うべき改正作業の道筋が確立されました。その 10 の原則は次のとおりです。
1）法典の法的性格の保持
2）内的分野と外的分野の関係の調和
3）法典における司牧的配慮を支援する精神と方法
4）法典における特別な権限（一般法から免除する権限）[11] の組み込み
5）教会における補完性の原理
6）すべての信者の基本的な平等と権利の保障
7）各人の権利の保護とそのための手段の構築
8）属地主義の原則とその再検討の可能性
9）刑法の改正
10）法典の新しい体系的な構成

その一方で、1966 年 1 月 15 日に各司教協議会の会長宛てに改正委員会から書簡が送られました。これによってすべての司教は、顧問として相応しい教会法の専門家の名前を提出し改正委員会に協力させること、また各司教協議会も法典の改正に関して提言を行うことができるようになりました。改正委員会が幾つかの問題に取り組み、それらを解決した後[12]、新しい法典の草案を準備するためのさまざま

---

11 ［訳者注］旧教会法典の第 336 条第 1 項では、「司教は、教会の法律が守られるよう配慮しなければならない。しかも、第 81 条の規定によらない限り一般法の適用を免除することはできない」とされていた。旧教会法典の第 81 条で「教会の一般法に関しては、ローマ司教以下の裁治権者は、特別の場合においてもそれを免除することができない」とされていた規定は、1966 年 6 月 15 日の教皇パウロ 6 世の自発教令 *De episcoporum muneribus* によって教区長に与えられた権限として「法に従って自分の従属者にその霊的利益となると判断された特別な場合、教会法の一般法から免除することができる」というように変更された。

12 ［訳者注］当時の問題は、法典の構造と内容をどうすべきか、新しい法典をラテン教会と東方教会共通のものとすべきか、その編纂をどのように進めていくべきか、同時に作業を進める分科会の仕事の分担をどのようにするかといったことに関するものであった。

研究グループが設置されました。これらの草案は、最初に教皇に説明書と共に送られ、その後、すべての司教、ローマ教皇庁の諸省、カトリック大学および（奉献生活・使徒的生活の会の）総長連合に対して意見を求めるために送付されました。そして改正委員会の事務局は、これらの意見書を受け取ると、すぐに整理、要約して、顧問へ送付し、顧問たちと共にそれぞれの意見に対して協議し、評価するという膨大な量の作業を進めていきました。その後、法典改正の原則に基づいて、内部調整の作業、一貫性をもたせる作業、用語の統一作業、各条文を簡潔な文章に仕上げそれらを体系的に配置する作業が続けられました。こうした作業のすべてをもって、1980 年 6 月 29 日に法典全体の草案（schema）の編集が終了しました。

全部で 1728 の条文から成るその草案は、教会法典改正委員会の枢機卿たちに送付され、さらに教皇ヨハネ・パウロ2世の意思に従ってこの作業に加えられた他の枢機卿たちにも送付され、最終的に 74 人の枢機卿たちによって検討されました。この枢機卿たちの意見は、その要約と事務局からの回答と共に 1 冊の報告書にまとめられ、委員会に所属するすべての教父に送付されました。

1981 年 10 月 20 日から 28 日にかけて、世界代表司教会議用の議場において、同委員会の全体会議が開催され、先ほどの報告書（Relatio, 1981）が再検討され審議が行われました。さらに 6 つの主要な神学的、法的な問題に加え、少なくとも 10 名の教父から提出されたその他の 41 の質問に対しても特別な注意が払われました。その結果、1982 年 4 月 22 日に修正を施した法典の最終草案が教皇に提出されることとなりました。

教皇は、2つの専門家のグループの支援を受けながら、自ら新しい法典のテキストを精査しました。このうち最初のグループは、7 名の神学および教会法の専門家から成り、第 2 のグループは、3 名の枢機卿および 1 名の司教から構成されていました。1982 年 12 月 23 日に行われた最終検討会議の後、教皇は、新しい法典の公布は教皇ヨハネ 23 世が法典改正を発表してからちょうど 24 年後にあたる 1983 年 1 月 25 日に行うべきであると決定しました。

1.4. 東方教会の法典編纂

教皇ヨハネ・パウロ2世は、1990 年 10 月 18 日に、使徒憲章『サクリ・カノネス

Sacri canones』[13]をもって、『東方教会法典』(CCEO)を公布しました。これは翌1991年10月1日に発効しました。

　第一バチカン公会議(1869年–1870年)以前に、すでにカトリック東方教会のさまざまな教会法の規則を統合する試みがありました。例として、『Bullaria—大勅書集』と『Collectanea—法令集』の刊行が挙げられますが、これらはカトリック東方教会の信者のため、また東方世界におけるカトリック信者一般のために公布された教皇文書のみを含むものでした。これらの集成以前は、カトリック東方諸教会は、古代の集成の中に含まれる古くからの教会の法令、聖座官報(Acta Sanctae Saedis)、固別の教会の(使徒座公認・非公認の)司教会議、固有の習慣、総大司教が定めた法規および民間当局が公布した教会に関する法律に従っていました。教皇ベネディクト15世は、ラテン教会のために1917年に『教会法典』(CIC'17)を公布しましたが、それだけでなく東方教会のために、『福音宣教省』から分離したローマ教皇庁内の独立機関として、『東方教会省』を設立しました。この新しい省は、すべてのカトリック東方教会のための法典の公布が必要であることを認識していました。

　カトリック東方教会の教会法典編纂の歴史的な過程は、使徒憲章『サクリ・カノネス　*Sacri canones*』の中に、また『東方教会法典』の序文の中にも記述されています。教皇ピオ11世は、1927年8月3日に、東方教会省の次官の枢機卿との謁見の際に、東方教会法典の編纂が最も緊急性の高い課題であることを指摘し、これを1929年に開始しました。同年4月27日、教皇ピオ11世は、東方教会法典編纂のための特別顧問会議を設置し、3名の法律の専門家からなる顧問委員会をこれに加えました。1929年11月23日、教皇ピオ11世は、東方教会の法典編纂の準備研究のために枢機卿委員会を設置しました。この委員会の中に、2つの専門家のグループすなわち東方教会の代表者団と顧問団が組織されました。そして1つのグループは東方教会法典の草案作成に、もう1つのグループは東方教会の法典編纂のための法源の収集にあたらなければなりませんでした。東方教会の法典編纂の準備作業は1935年の終わりに完了しました。そして法典の草案は、司教たちの意見を聴取することができるよう、カトリック東方教会の司教たちに送付されることとされ、一方、古い時代の規律とより最近の規律の双方の法源は、東方教会省によって発行されることとなりました。この法源の収集、発行の作業は、

13　教皇ヨハネ・パウロ2世, 使徒憲章『サクリ・カノネス　*Sacri canones*』(1990年10月18日), in *EV* 12/507-530。これによって『東方教会法典』が公布された。

現在も続いています。1935 年に、教皇ピオ 11 世は、東方教会法典の草案を作成するための委員会を教皇庁に設置しました。この委員会は、草案についてカトリック東方教会の司教たちの意見を審議した後、教会法の各条文を検討するため、また法典の草案作成のための作業全体を指揮する責任を負いました。

　1945 年に、将来の法典全体の草案が整いました。これは、2666 の条文からなっていましたが、そのうちの 5 分の 3 が後に公布されることとなりました。一方、残りの 1095 条のすべての条文は、東方教会省の公文書記録保管庫に保存されることになりました。1948 年 1 月、上述の草案（Schema）は教皇ピオ 12 世に提出されました。法典の公布に関しては、これを部分ごとに分けて行っていく必要があると考えられたため、1949 年の初めに、緊急性が高いと判断された婚姻に関する条文がまず公布されました。一方、先の委員会は、枢機卿委員会が始めた東方教会法の法源の発行を継続するという歴史的に重要な職務を引き継ぎました。

　このカトリック東方教会全体に共通の東方教会の規定が持つ特徴は、1917 年の『教会法典』のそれとほとんど一致していました。実際、『教会法典』は、東方教会の法典編纂に関して常に参照すべきものと考えられていました。

　第二バチカン公会議の召集によって、カトリック教会の教会法の規律は、公会議の方向性に従って改正されるべきであることが予見されたため、東方教会法典の草案の作成は、さしあたって中断されました。しかし、すでに公布された部分の真正な解釈、および東方教会法の法源の刊行といった草案作成以外の委員会の任務は休止されませんでした。

　第二バチカン公会議は、『カトリック東方諸教会に関する教令』（1964 年 11 月 21 日）を公布して、多くの規律の変更を導入すると同時に、東方教会の古くからの真正な伝統の回復と刷新のための基本方針を描き出しました。

　教皇パウロ6世は、1972 年 6 月 10 日に、東方教会法典改正のための委員会を教皇庁に設置すると同時に、1935 年に設置された前委員会の業務の終了を決定しました。新しい委員会は、東方教会を管轄しているローマ教皇庁の諸省の長を務める数名の枢機卿に加えて、総大司教およびカトリック東方教会のその他の高位聖職者から構成されました。さらに同委員会は、その大部分が東方教会の司教および司祭から成る 70 名の顧問を擁していました。その構成員の中には、幾人かのラテン教会の聖職者に加えてラテン教会および東方教会の信徒の教会法の専門家も含まれていました。同様に、幾人かの正教会の高位聖職者も、オブザーバーとして招待されていました。

新しい委員会の課題は、特に公会議の決定に基づいて、すでに発行された法典の部分、ならびに最終的な草案編集終了時点ですでに作成されていたものの実際には公布されていなかった部分も含めて、東方教会法典全体の徹底的な見直しを実行することでした。

1974年3月18日から23日にかけて行われた同委員会の構成員による第一回目の全体会議は、委員会のすべての顧問の参加を得て、改正作業のためのガイドラインとなる原則の幾つかを承認しました。それらの原則は使徒座によって承認されました。それは次のとおりです。

- すべてのカトリック東方教会のための唯一の法典が必要である
- 法典は、真に東方的でエキュメニカルな性格を有していなければならない
- 信者の実生活を導く法的性格を有していなければならないこと、またオイコノミア（oikonomia）の原則[14]に基づいた司牧的性格を維持する必要がある
- 最後に、法典は補完性の原理に基づいていなければならない

合計で1546の条文から成る新しい『東方教会法典』（CCEO）は、30の部（titulus）で構成され、部は章（caput）に区分され、さらに節（articulus）へと分割されています。

通常、公布された教会公文書を開始する最初の言葉は、特に重要な意味を持っています。それゆえ使徒憲章『サクリ・カノネス　Sacri canones』は、『東方教会法典』の法文がまさに Sacri canones つまり「聖なる教会の法令」であることを強調しています。教会の規律が持つ神聖な性格は、その究極的な目的に由来するものです。つまりそれは、完全な社会としての教会の秩序と組織を正しく守るだけでなく、常に教会において「最高の法」（suprema lex）とすべき「魂の救い」（salus animarum）をも確実にするものだからです。この意味で、聖なる教会の法令は、教会の聖なる伝統に属するものなのです。実に、古代のすべての公会議において最

14　［訳者注］オイコノミア（oikonomia）とは、法規範から外れた状況に対する司牧的配慮として、厳格主義ではなく寛容かつ柔軟な姿勢で応じるという東方教会全般にみられる伝統のことを指す。もともとオイコノミアは、聖書においては「神の救いの計画」を意味していた（エフェ 1:9, 3:2; 1 コリ 9:17 等参照）。ラテン教会は、これを dispensatio（法律の免除）と訳したが、10世紀のビザンチンの総大主教ニコラオス・ミュスティコスが、オイコノミアとは「人間への神の愛の模倣である」と述べたように、東方教会はオイコノミアを単なる法規範の例外を認めることや免除という意味での説明を退け、神のいつくしみの実践という観点からとらえている。

初になされていた行為とは、それ以前に公布された法令 (canon) を確認することだったのです。

東方教会法典の題名は、最終的に Codex iuris canonici orientalis より Codex canonum Ecclesiarum orientalium の方が好まれることとなりました。1935 年に選ばれて以来用いられていた前者の題名は、1986 年の最終草案においても採用されました。実際、1983 年に『教会法典』が公布された後、ラテン教会に配慮して、将来の東方教会共通の法典には Codex iuris canonici orientalis とは異なる題名 (inscriptio) を与えることが、教会法典に似た名前を避けるという意味でも望ましいとする提案があったと言われています。さまざまな提案の中には、ラテン教会の法典の題名 Codex iuris canonici に、latinae Ecclesiae という文言を追加するのはどうかといったものもありました。

1988 年 11 月 3 日から 14 日まで開催された教皇庁東方教会法典改正委員会 (Pontificia commissio codicis iuris canonici recognoscendo orientalis) の本会議中に、幾人かの構成員が法典の題名として Codex ecclesiasticorum canonum (諸教会の法令の法典) を提案しました。それは、この表現が東方教会の伝統に、より合致したものであり、『教会法典』(Codex iuris canonici) と異なるものであるからとの理由でした。これらの要素を考慮して、以前からの題名 Codex iuris canonici orientalis を Codex canonum Ecclesiarum orienitalium に変更することが提案されました。なぜなら後者の題名の方が、東方教会の教会法の集成という意味により合致していたからであり、また sacri canones「聖なる教会の法令」に対してなされてきた考察をより正確に反映したものでもあったからです。教皇庁東方教会法典改正委員会の全体会議での長い議論の末、事案は投票に持ち込まれ、多数決により現在の題名が選択され公布に至りました。

［カトリック東方諸教会］

　カトリックの教会は、大きくラテン教会と東方教会に区分できる。ラテン教会は、ラテン典礼すなわちローマ典礼、アンブロジウス典礼、モサラベ典礼、ザイール典礼等の礼拝様式 (ritus) を持っている。一方、東方教会には大きく 5 つの伝統に分類され、それぞれに属する礼拝様式がある。アレクサンドリア派の伝統に属するコプト典礼、ゲエズ (エチオピア) 典礼、アンティオキア派の伝統に属するマランカル典礼、マロン典礼、シリア典礼、

アルメニア派の伝統に属するアルメニア典礼、カルデア（東シリア）派の伝統に属するカルデア典礼、マラバル典礼、そしてコンスタンチノープル派＝ビザンチン派の伝統に属するビザンチン典礼がそれである[15]。以下に、これらカトリック東方諸教会を紹介する。

「総大司教 – 教会」（Patriarchal Churches / Chiese patriarcali）
（ルビ：総大司教＝パトリアルカ）

・コプト教会

アレクサンドリア派の伝統に属する、コプト－アレクサンドリア総大司教（Patriarcha Alexandrinus Coptorum）が主導する教会。教皇レオ12世が、使徒的書簡『ペトルス・アポストロールム・プリンチェプス *Petrus Apostolorum princeps*』によって1824年8月15日に設立し、後に教皇レオ13世の使徒的書簡『クリスティ・ドミニ *Christi Domini*』によって1895年11月26日に再構成された。総大司教座はカイロにあるが、総大司教区（eparchia patriarcale）はアレクサンドリアにある。カトリック－コプト教会は、現在エジプトにのみ存在している。

・メルキート教会

コンスタンチノープル派の伝統に属する、ギリシア・メルキート－アンティオキア総大司教（Patriarcha Antiochenus Graecorum Melkitarum）が主導する教会。キリル（チリロ）11世（1724年－1759年）以来、絶えることなく総大司教座が続いている。1724年にメルキート教会は、正教会のアンティオキア派とカトリック・メルキート派とに分裂し、同年、後者は正式にカトリックへの帰属を宣言した。今日、メルキート教会は、中東、カナダ、米国、ブラジル、オーストラリア、ベネズエラ、アルゼンチンおよびメキシコに存在している。ギリシャ・メルキト－アンティオキア総大司教座はダマスカスにある。

15　ここで、「○○典礼」と一般に訳される「典礼」の原語は ritus で、固有の祭儀や礼拝様式を指す言葉である。一方、いわゆるミサなどに関して用いられる「典礼」という言葉の原語は liturgia である。日本では同じ「典礼」という言葉が使われるが、そもそも原語が違うように、当然、その言葉の意味も違うので混同しないよう注意が必要である。

・シリア教会

　アンティオキア派の伝統に属する、シリア（シロ）－アンティオキア総大司教 (Patriarcha Antiochenus Syrorum) が主導する教会。1783 年以来、絶えることなく総大司教座が続いている。総大司教区はベイルートである。信者の大半はイラクおよびシリアに住んでいるが、その他は、おもに米国およびベネズエラなどに住むディアスポラである。

・マロン教会

　アンティオキア派の伝統に属する、マロン－アンティオキア総大司教 (Patriarcha Antiochenus Maronitarum) が主導する教会。1216 年 1 月 4 日に教皇インノケンティウス 3 世によって認められた。その際、勅書 (Bulla)『クイア・ディヴィーネ・サピエンツィエ *Quia divinae sapientiae*』において、彼は総大司教エレミアス 2 世 アル・アムシティ総大司教 (Patriarcha Jeremiah II Al-Amshiti) を承認した。総大司教の教区は、ジュベーザルバージュニーエ (Joubbé-Sarba-Jounieh) で、マロン－アンティオキア総大司教の司教座は、レバノンのブケルケ (Bkerké) に置かれている。現在、マロン教会の信者は、レバノン、キプロス、ヨルダン、イスラエル、パレスチナ、エジプト、シリア、アルゼンチン、ブラジル、メキシコ、米国、カナダおよびオーストラリアに住んでいる。

・カルデア教会

　カルデア派の伝統に属する、カルデアーバビロニア総大司教 (Patriarcha Babylonensis Chaldaeorum) が主導する教会。教皇ユリウス 3 世は、1553 年 4 月 20 日にスラカ (Sulaqa) の総大司教シメオン 8 世を承認した。1830 年、教皇ピオ 8 世は、同教会の総大司教にカルデアーバビロニア総大司教の称号を付与して、最終的にローマ・カトリック教会との合同が確立した。司教座は、20 世紀に至るまで、モスルのアッシリア市に置かれていた。総大司教区はバグダッドにある。イラクに住んでいるキリスト教信者の大半が、この教会に属している。また同教会は、イラン、トルコ、シリア、エジプト、レバノン、エルサレム、オーストラリア、米国およびカナダにも存在している。

・アルメニア教会

　アルメニア派の伝統に属する、アルメニアーキリキア総大司教 (Patriarcha Ciliciae Armenorum) が主導する教会。1742 年 11 月 26 日に、教皇ベネディクト 14 世は、アブラハム・アルディジヴァン総大司教＝アブラハム・ペトロ 1 世総大司教 (Patriarcha Abraham Ardzivian=Abraham Peter I) を承認した。総大司教の教区はベイルートにある。この共同体は、レバノン、イラン、イラク、エジプト、シリア、トルコ、イスラエル、パレスチナおよび他の世界の地域にディアスポラのアルメニア派の教会として点在している。総大司教座はレバノンのブゾマール (Bzoummar) にある。

「主幹大司教‐教会」(Major archiepiscopal Churches / Chiese arcivescovili maggiori)

・ウクライナ教会

　コンスタンチノープル派の伝統に属する、キエフーガリツィア主幹大司教 (Archiepiscopus Maior Kioviensis-Haliciensis) が主導する教会。1595 年、ローマにおいて「ブレスト合同」と呼ばれる協定がまとまり、1596 年にブレスト・リトフスク (Brest Litovsk) において批准された。その際、キエフの主都大司教区 (metropolitan archeparchy/arcieparchia metropolitana) および「White Routhenia—白ロシア」として知られる地域の諸教区に加え、特にヴォルィーニア (Volhynia) 教区に代表されるウクライナ地方に残る幾つかの地域がこの合同に加入した。合同は 1620 年に再度承認され、主都大司教座がキエフ市に置かれた。この教会は、1963 年 12 月 23 日に主幹大司教教会に昇格され、現在、キエフーガリツィア (Kyïv-Halyč) 主幹大司教によって主導されている。司教座の所在置は、2004 年 12 月 6 日にそれまで司教座があったリヴィフ (Liviv、レオポリともいう) から首都キエフに正式に移された。現在、ウクライナ教会の信徒は全世界に散在している。

・マラバル教会

　カルデア派の伝統に属する、エルナクラムーアンガマリ主幹大司教 (Archiepiscopus Maior Ernakulamensis-Angamaliensis) が主導する教会。

シリア（シロ）・マラバル教会が設立されたのは、おそらく 1662 年ないしは 1663 年だったと考えられている。1896 年に、3 つの使徒座代理区（vicariatus apostolicus）が設立され、シリア・マラバル教会の司教によって指導された。1923 年に教皇ピオ 11 世は、シリア・マラバル教会の位階的組織を定め、1934 年には祭儀の脱ラテン化を開始し、1957 年に教皇ピオ 12 世がこれを新しい典礼（liturgia）として認可するに至った。1992 年 12 月 6 日に、教皇ヨハネ・パウロ 2 世は、この教会を主幹大司教教会に昇格させた。現在、司教座は、エルナクラム－アンガマリ（Ernakulam-Angamaly）にある。その管轄地域はインド、特にケララ州を含む地域であるが、米国にも信徒が存在している。

・マランカル教会

アンチオキア派の伝統に属する、トリヴァンドラム・シリア（シロ）・マランカル主幹大司教（Archiepiscopus Maior Trivandrensis Syrorum Malankarensium）が主導する教会。2005 年 2 月 10 日に主幹大司教教会に昇格した。ゲーヴァルゲーズ・マル・イヴァニオス（Geevarghese Mar Ivanios）司教に主導されていた正教会のマランカル教会の信徒と修道者からなる少数のグループが、1930 年にローマ・カトリック教会との一致を求め、教皇ピオ 11 世によって認められた。教皇ピオ 11 世は、1932 年に 2 つの教区を設立し、マル・イヴァニオス（Mar Ivanios）司教に対してパリウムを授与することによって、新たにカトリックのシリア（シロ）・マランカル教会を設立した。現在の司教座はトリヴァンドラム（Trivandrum）にあり、信者はインドおよび米国に住んでいる。

・ルーマニア教会

コンスタンチノープル派の伝統に属する、1721 年 5 月 18 日に設立されたファガラシュ主都大司教区（Metropolitanus Fagarasiensis）および 1854 年 11 月 16 日に設立されたアルバ・ユリア・ルーマニア主都大司教区（Metropolitanus Albae Iuliensis Romenorum）からなる教会。2005 年 12 月 16 日に主幹大司教教会に昇格した。ローマ・カトリック教会との合同は、1697 年にアルバ・ユリア（Alba Iulia）の司教会議において準備され、1698 年 10 月 7 日に正式に決定、1700 年 5 月 7 日にアルバ・ユリア（Alba Iulia）の司

教会議期間中に正式に批准された。1721年5月9日、インノケンティウス13世は、勅書 (Bulla)『ラツィオーニ・コングルイット *Rationi congruit*』によって、「トランシルバニア地方の合同教会」のための司教区の創設を認可した。ファガラシュ (Făgăraș) に最初の司教座が置かれ、次いで1737年からブラジ (Blaj) に移された。1853年、教皇ピオ9世は、勅書 (Bulla)『エクレジアム・クリスティ・エクス・オムニ・リングア *Ecclesiam Christi ex omni lingua*』によって、ファガラシュ―アルバ・ユリア教区 (eparchy/eparchia) にルーマニア・ギリシャーカトリック主都大司教座を付属する3つの教区 (diocese/diocesi) と共に設立した。その指導者は、ブラジに拠点を置くファガラシュ――アルバ・ユリア教区の主幹大司教である。この教会は6つの教区 (eparchy/eparchia) に分かれており、その内の5つの教区はルーマニアにあって1つの教会管区を構成しており、残りの1つは米国にあって現在は使徒座の直轄となっている。

「主都大司教 – 自治教会」(Metropolitan Churches *sui iuris* / Chiese metropolitane *sui iuris*)

・エチオピア教会

　アレキサンドリア派の伝統に属する、ネアントポリターノ・アディスアベバ主都大司教 (Metropolitanus Addis Abeba Neanthopolitanus) が主導する教会。1930年に、エリトリアのエチオピア典礼の信徒のための司教代理区 (ordinariatus) が設立され、これがエリトリアの司教に委託された。その後、1951年に、エチオピア典礼の信者ための使徒座東方教会代理区 (apostolic exarchate/esarcato apostolica) がアディスアベバに設立され、エリトリアの司教代理区は、通常の東方教会司教代理区 (exarchate/esarcato) に昇格した。その10年後の1961年2月20日に、アディスアベバに司教座を置くエチオピア主都大司教区が設立され、それとともにエリトリアのアスマラ教区 (Asmara) とエチオピアのアディグラット教区 (Adigrat) がその付属教区として設立された。1995年、新たにバレンツ (Barentu) とケレン (Keren) の2つの教区が、エリトリアに設立された。

・米国のルテニア教会

　コンスタンチノープル派の伝統に属する、1969 年 2 月 21 日に主都に設立された、ビザンチン典礼のピッツバーグ主都大司教 (Metropolitanus Pittsburgensis ritus byzantini) が主導する教会。1646 年のウージュホロドの合同により、ルテニア教会 (ロシア・ウクライナ教会) はカトリック教会との再合同を果たした。19 世紀と 20 世紀に、多くのビザンチン典礼のカトリック信者は、米国、特に鉱山都市に移住した。今日、ルテニア教会は、ピッツバーグ東方大司教区 (archeparchy/arcieparchia) と、それに付属する 3 つの教区 (eparchy/eparchia) から構成されている。この教会の司教座は、ウクライナの地域の外、米国のピッツバーグにある。ウクライナのムカチェヴォ教区および使徒座の直轄地区、そしてチェコ共和国の使徒座東方教会代理区は、ルテニア教会の伝統に属してはいるものの、完全に独立したものである。

・スロバキア教会

　コンスタンチノープル派の伝統に属する、2008 年 1 月 30 日に主都に設立された、ビザンチン典礼のプレショフ主都大司教 (Metropolitanus Presoviensis ritus byzantini) が主導する教会。1646 年のウージュホロドの合同は、現在の東スロバキアを含む地域においても完全に受け入れられた。1818 年 9 月 22 日に設立されたプレショフ教区は、1937 年にハンガリーの首座大司教 (primatus) の管轄権から外されると同時に、使徒座の直轄となった。1997 年に教皇ヨハネ・パウロ 2 世は、コシツェ (Košice) の使徒座東方教会代理区を設立した。2008 年 1 月 30 日に、教皇ベネディクト 16 世は、プレショフ教区を再編成し、自治権を有する主都大司教区に昇格させた。その際、コシツェの使徒座東方教会代理区を教区へと昇格させ、さらにブラチスラバ教区を設立した。この教会の司教座はプレショフにある。

・エリトリア教会

　アレキサンドリア派の伝統に属する、2015 年 1 月 19 日に主都に設立された、アスマラの主都大司教が主導する教会。

・ハンガリー教会

　コンスタンチノープル派の伝統に属する、2015 年 3 月 20 日に主都に

設立された、ホイドゥードログ（Hajdúdorog）の主都大司教が主導する教会。1912年6月8日に設立されたホイドゥードログ大司教区（archeparchy/arcieparchia）、1924年6月4日に東方教会司教代理区（exarchate/esarcato）として設立され2015年3月20日に教区となったミシュコルツ（Miskolc）教区、および2015年3月20日に設立されたニーレジハーザ（Nyregyhaza）教区から成る。

「その他の自治教会」（Other Churches sui iuris / Altre Chiese sui iuris）

・アルバニア教会

この教会は、1939年11月11日に南アルバニアの使徒座管理区（administratio apostolica）として設立された。最初の合同は、1660年に正教会の大司教がローマ・カトリック教会に帰一した時であった。しかし1765年に、オスマン帝国の支配によって妨害を被り、この帰一は破棄された。1895年、中央アルバニアのエルバサン（Elbasan）南東地域の一群の村々が、カトリック教会に移ることを決定した。1939年、南アルバニアは、使徒座管理区の統治の下で固有の教会管轄区として独立した。現在この教会は、南アルバニアの使徒座管理区として成り立っている。

・ベラルーシ教会

現在、この教会に教皇の代理として使徒座の視察官（visitator apostolica）が派遣されている。ブレスト合同（1595年－1596年）により、ベラルーシの多くのキリスト教徒は、ローマの使徒座との完全な一致に加わった。1931年、使徒座は視察官として1人の司教を派遣した。1939年、ベラルーシのビザンチン典礼の信者のために東方教会司教代理区長（exarch/esarca）が任命された。使徒座は、1960年にベラルーシ国外の同教会の信者のための使徒座視察官を任命した。2005年初頭、ベラルーシのギリシア・カトリック教会には、20の教区が存在していて、その内の13の教区が、国家の承認を得た。2003年の時点では、ミンスク（Minsk）、ポラツク（Polatzk）およびヴィーツェプスク（Vitebsk）の諸都市には、それぞれ2つのギリシア・カトリック教会の小教区があり、その一方で、ブレスト（Brest）、フロドナ（Grodno）、マヒリョ

フ（Mogilev）、マラジェチナ（Molodechno）およびリダ（Lida）には、それぞれ 1 ヵ所の小教区だけがあった。当時 10 名の司祭と 15 名の神学生がいた。ポラツクには小さなストゥディオス修道院が存在していた。

・ビザンチン教会

　ビザンチン教会は、ビザンチン典礼の信者のために 1777 年 6 月 17 日に設立されたクロアチアのクリジェブツィ教区（Križevci eparhy/eparchia）から構成される教会。これにはビザンチン典礼のカトリック信者のために、2003 年 8 月 28 日に設立されたセルビアの使徒座東方教会代理区（apostolic exarchate/esarcato apostolico）も含まれている。1611 年に、クロアチアにおいて正教会からカトリック教会に徐々に移動していった信者の司牧のために（東方教会の）大司教が任命された。この教区（eparchia）は、1853 年にザグレブの大司教に帰属するものとなり、1966 年には教区の所在地がザグレブに移された。この教区から 2001 年にはマケドニア人のための使徒座東方教会代理区が、2003 年にはセルビア・モンテネグロの使徒座東方教会代理区が分離された。クリジェブツィ教区は、クロアチアのすべてのビザンチン典礼の信徒を含み、クリジェブツィ市にその司教座を置き、現在その司教の管轄地域は、さらに 34 の小教区に分割されている。

・ブルガリア教会

　1926 年 7 月 31 日にブルガリアに置かれたビザンチン－スラブ典礼のカトリック信者のための使徒座東方教会代理区からなる教会。1859 年から 1861 年にかけて、ブルガリアの人々は、カトリック教会への帰属を求めた。教皇ピオ 9 世は、彼らの要求を受け入れ、1861 年 4 月 8 日に自ら大修道院長ジョセフ・スコルスキー（Archimandrite Joseph Sokolsky）を大司教として聖別した。1926 年に、ビザンチン典礼のカトリック信者のために使徒座東方教会代理区が設立され現在に至る。

・ギリシア教会

　ビザンチン典礼のギリシア人のカトリック信者のために、アテネに 1932 年 6 月 11 日に設立された使徒座東方教会代理区、およびイスタンブールに 1996 年 11 月 25 日に設立された使徒座東方教会代理区から構成される教

会。自治権を有する教会の設立にともなって、19世紀の終わりに起こったギリシアにおけるカトリック教会への最初の改宗によって誕生した。1911年6月11日に、トルコのビザンチン典礼に属するすべての信者のためにコンスタンチノープルの使徒座東方教会代理区が設立された。1957年以降は代理区長の座は空位 (sede vacante) の状態が続いていたが、1996年に回復した。

・イタロ－アルバニア教会

いずれも使徒座の直轄である、ルングロ教区 (Lungro；イタリア、カラブリア) およびピアーナ・デリ・アルバネージ教区 (Piana degli Albanesi；イタリア、シチリア) から構成されている教会。ルングロ教区は、教皇ベネディクト15世が公布した勅書 (Bulla)『カトリチ・フィデーレス *Catholici fideles*』により1919年2月13日に設立された。また、教皇ピオ11世が公布した勅書 (Bulla)『アポストリカ・セデス *Apostolica Sedes*』により、1937年10月26日にシチリアのビザンチン典礼の信者に対する裁治権をともなうピアーナ・デイ・グレーチ (Piana dei Greci) 教区が設立された。

・マケドニア教会

マケドニアに住むビザンチン典礼のカトリック信者のために設立された使徒座東方教会代理区からなる教会。1918年に創立され、いったん1924年に廃止された。ユーゴスラビアの解体後、2001年1月11日に再建された。2001年以来、聖座は、マケドニアの使徒座東方教会代理区の責任者として、スコピエのラテン典礼の司教を任命している。

・ロシア教会

この教会は、もともと1905年にローマ・カトリック教会に正式に加わったロシアおよび中国地域にある東方教会で、1917年に設立されたビザンチン典礼のカトリック信者のための使徒座東方教会代理区、およびビザンチン典礼のロシア人信者とすべての中国のカトリック東方教会の信者のために、ハルビンに1928年5月20日に設立された使徒座東方教会代理区からなっている。上述の2つの代理区は、公式には今なお存在してはいるものの、新たな司教は任命されていない。

1.4. 東方教会の法典編纂

【参考文献】

J. Abbas, *Two Codes in Comparison*, Pontificio Istituto Orientale, Roma 2007.

J. A. Alesandro, *The Revision of the Code of Canon Law: A Background Study*, Studia canonica 24 (1990), 91-146.

J. Canosa (a cura di), *I principi di revisione del Codice di diritto canonico. La ricezione giuridica del concilio Vaticano II*, Giuffrè Editore, Milano 2000.

J. Hervada, *Introduction to the Study of Canon Law*, Wilson & Lafleur Ltée, Montréal 2000.

S. Kokkaravalayl, *The Guidelines for the Revision of the Eastern Code: Their Impact on CCEO*, Pontificio Istituto Orientale, Rome 2009.

A. Mendonça, *Nature of Canon Law*, St. Pauls, Ottawa 1998.

D. Salachas – L. Sabbarese, *Codificazione latina e orientale e canoni preliminari*, Urbaniana University Press, Città del Vaticano 2003.

注：法典の草案作成過程について学ぶためには、教皇庁法文評議会の官報 *Communicationes*（1969年-）および *Nuntia*（1973年-1990年）を参照。なお *Communicationes* は、東方教会法典改定委員会の公文書の刊行を2008年から開始し、その中ですでに *Nuntia* の中で発行された内容にも言及されている。

第 2 章　教会法典の総則

2.1.　導入の条文
cann. 1-6 CIC; cann. 1-6 CCEO

　現行の『教会法典』(CIC'83)および『東方教会法典』(CCEO)の最初の6つの条文は、法典そのものを適用するための規則と定義することができます。それらは法典の対象範囲、法典と関わりを持つ他の法規(典礼法規、政教協定に関する法規)、既得権、人(すなわち自然人および法人)に与えられた特権、さらに法典公布以前の規則に言及するものです。
　『東方教会法典』においては、これらは「導入の条文 – canones praeliminares」と明示されており、幾つかの点において異なる規定はあるものの、『教会法典』と同じ主題が扱われています。
　『教会法典』および『東方教会法典』双方において、その第１条は、法典の規則の対象範囲を規定すると同時に、これに従う義務を有する主体を定義しています。具体的には、『教会法典』が定める教会法の対象者はラテン教会の信者のみであり、『東方教会法典』が定める教会法の対象者は、東方の自治教会の信者のみに範囲が限定されています。
　教会法第2条と東方教会法第3条は、法典と典礼法規との関係を規定しています。法典は、典礼祭儀については本質的なこと以外ほとんど規定をしていません(典礼の細則はそれぞれの儀式書の中で定められています)。それゆえ、今日まで効力を有してきた典礼法規は、その効力を保持することになります。仮に現行法典の条文が、典礼法規を改正、部分的廃止、あるいは完全に廃止する場合に限り、その典礼法規は、事案ごとに直ちに改正、部分的廃止ないし廃止されなければなりません。このように法典が教会の規律全体を統制するという原則に従って、(典礼法規に対して)法典は、より強い効力を持つものとされているのです。
　教会法第2条と東方教会法第3条が、教会内部における規定を定めているのに対して、教会法第3条と東方教会法第4条は、教会法と他の法体系との関係を、つまり国家と教会の間の領域における他の法制度との関わりを規定しています。
　『教会法典』および『東方教会法典』の条文は、協約等のすべての協定に対し

て、いかなる改正も加えるものではありません。これは法典の条文に、こうした協定の全部または一部を廃止し得るような規定がある場合でも同様です。こうした協定は、『教会法典』および『東方教会法典』が公布、施行されても、効力を保持し続けます。仮に国際的な協定の規定に相反する条項が法典の中にあったとしても、またこうした規定や協定が、現行法典の法規と矛盾する場合があっても、その効力は保持し続けます。当然、当事者双方が合意し締結を行って定められたことがらのすべては、当事者の一方だけでは部分的であっても廃止されたり、改定されたりはしません。もちろん、その内容が神法に適うものである場合に限ります。

　教会の立法者は、*pacta sunt servanda*（合意は順守されなければならない）という原則を守る義務を負うことから、使徒座は、国家または他の政治機構との間で締結または承認した協約（政教協定、規定、合意、条約、暫定協定、条約議定書などのさまざまな種類の取り決め）を、自らの権威に基づいて改定する権限を有していません。

　教会法第4条および東方教会法第5条によって規定されている関係は、そもそも2つの法体系に関するものではありません。むしろ、それは第一に、客観的な法規範である法律と、正当に既得された自然人および法人の主体的な権利との関係に関するものであって、第二に、教会法と権限ある教会の権威者によって正当に与えられた上述の人々の主体的な権利との関係に関するものです。

　既得権は、これが実質的に取得された際に依拠していた法律自体が改正された場合でも、変わることなく継続します。法典の条文の中に、それが明示されていようと暗に示されていようと、明らかな仕方で共通善のために取得された主体的な権利（既得権）に相反する規定が効力を持つようになった場合に限り、その既得権は直ちに取り消されることになります。

　特権についても継続の原則が認められています。特権は、法に反することがら、もしくは法の範囲を越えたことがらに関する認可であるため、本来、人（自然人／法人）に固有な法的遺産ではなく、立法者による好意とみなされます。立法者は、自由にこれを削減したり、そのすべてを廃止したりすることができます。それゆえ、こうした特権の継続のためには、使徒座による認可があり法典公布時に特権の使用が継続されていること、過去または現時点において権限ある権威者から正式文書を通じて取り消されていないといった条件が必要とされます。

　特権の効力の継続性に対する例外は、既得権に関して定められたのと同じ条件において生じます。

法典には、慣習法と教会法の関係についても定められています。この関係そのものを認めるのも教会法の規定です。なぜなら教会において、慣習は、法律と同じ価値を持つため、慣習の形成と存続も法典によって規定されるからです。それゆえ法典は、法典発布以前に有効とされていた慣習の体系と、すでに発布され効力を有する現行の教会法の体系との関係を定めた、まさに教会の規律にとって非常に重要な規定を扱っているのです。

そもそも慣習法は、教会法の主要な源泉を形づくるものです。教会の歴史の初めの数世紀の間に定められた多くのしきたりや習慣が、特に初代教会の生活においては顕著な影響を有していました。それらは後に、文書化された教会の規範となっていきました。教会法第5条と東方教会法第6条第2項では、まず法典と法律に反する慣習（consuetudo contra legem）との関係が、そして二番目に法典と法律の範囲を越えて行われている慣習（consuetudo praeter legem）との関係が、さらには法典と法律に従って行われている慣習（consuetudo secundum legem）との関係が定められています。本来、慣習とは、神の民が教会の法律を実践する具体的な方法であるがゆえに、法律によって認められた慣習は、対応する法律の生成・消滅と同じ過程をたどります。すべての事案において、現行法典に取り入れられた過去の法律に言及される時、慣習が法律の最も重要な解釈の鍵となります。つまり、「慣習は最良の法律の解釈者」なのです。そのことから、慣習は教会法の伝統（traditio canonica）の本質的な基準を構成するものと言えるのです。

導入の条文において扱われる最後の問題は、法の確実性、つまり信者が教会生活において順守しなければならない法律の確実性に関わるものです。これは、法律が本来的に、その順守を要求するものであるがゆえ、非常に重要な問題であると同時に、時とともに膨大な法律と規則が作られ、それらが今日に至るまで効力を有していることから、解決が困難な問題でもあると言えます。

『教会法典』と『東方教会法典』の施行により、1917年に公布された旧『教会法典』ならびに、第二バチカン公会議までに旧法典に基づいて発布された法律と規則はいかなる価値を持つのか、また旧法典の施行時期にあって公会議の原則を教会に実現させるためそれぞれ異なる名称で公布された公会議の諸教令はいかなる価値を持つのか、同じように1935年の『東方教会法典』（CICO）に含まれていた、かつての東方教会に関する規則のすべてはどういった価値を持つのかといった疑問が湧いてきます。立法者は、この問題を見逃すことなく、『教会法典』と『東方教会法典』の第6条においてその回答を行いました。すなわち立法者は、以

前の法規の価値を完全に抹消することを望まず、それらを教会法の伝統（traditio canonica）の所産である古い法（ius vetus）として、その固有の解釈上の価値を保存したのです。

　新しい法典が施行され、旧法典のみならず過去の法規全体について、一連の法的措置が実施されました。これは、適切と思われる例外を認めつつ、根本的には廃止によって解決を図るというものでした。しかしそれは普遍的なレベル、すなわち最高立法者のレベルにおいて、教会としての立法行為が阻止されたことを意味するわけではありません。教会は、過去と同じように現在も、新しい法典の条文を改定、部分的に廃止または完全に廃止することによって、立法行為を継続しています。

　新法典の成立とともに廃止されたのは、過去の教会法典の法規、および新しい法典に反する普遍法、および特別法を含むその他の法律ですが、それとは異なる特別法、さらに普遍法・特別法の別を問わず使徒座によって排他的に公布された教会法上の刑罰に関する法律、そして新しい法典の条文によって全面的に採用された事項に関する普遍的な規律となる法律についてはこの限りではありません。

2.2. 教会の法律と慣習

cann. 7-28 CIC; cann. 1488-1509 CCEO

　教会の法律に関する条文は、教会におけるすべての種類の現行法に対して適用され、普遍教会、部分教会、奉献生活の会、使徒的生活の会、ならびに教会の法律を有し、これに従って活動するあらゆる組織・機関がその対象とされます。さらに、法律に関する法典の規定は、大きな類似性が存在することから、奉献生活の会の一般規則や、信者の会またはその他の団体の規約、および指針、規程のように、厳密には法律ではないその他のすべての規則に対しても適用されます。

　教会の法律に関して定めている条文は、法典の他の条文すべてに対しても適用されます。それは、こうした他の条文そのものも、実質的には教会の法律であるからです。

　ラテン教会の法典改正の草案において与えられた法律の定義は、「権限ある権威者が共通善のために共同体に与えたすべての一般的な規則」[16]であると示され

16　教皇庁法典改正委員会, *Schema Codicis iuris canonici*, LEV, Città del Vaticano, 1980, 4.　［訳

ました。

　法律の能動的な主体は、職務上、立法権を享受する教会の通常権を有する適法な上級権威者です。

　法律は、公布された時点で、それ自体として完成したものとして、対象とする共同体または信者のカテゴリーに対してこれを義務づけるすべての効力を有しています。

　法律は、権限ある権威者が公布することによって、法的効力を生じるための十分かつ必要なすべての要素を具備しています。しかし通常、法律の効力は、公布後ある程度の時間を経過した後に発生します。いわゆる、法律が未だ効力を持たない期間（vacatio legis：法の休息）は、人々が法律を理解するうえでは有効ではあっても、法律の公布ほどの重要な要素は持ちません。

　法律の公布は、法律の種類によって、さまざまな方法で実施されます。普遍法は、『使徒座官報　*Acta Apostolicae Sedis*』に掲載されることで公布されます。したがって、立法者による法律の通告は、官報への掲載が行われて初めて実施されるのであり、（よくあることですが）掲載が1ヵ月または2ヵ月程度遅れることがあってもこれに先立つことはありません。

　立法者は、最も適切とみなされる方法で法律を公布、公表することができますが、これに対して例外的な手続きを行うためには2つの条件が必要とされます。それは、特別な事案（casus particularis）であることと、立法者自身が明確にその旨を規定し、法律の本文にそれを記載していることです。

　普遍法が効力を生じるまでの期間は、通常『使徒座官報』の発行日から満3ヵ月後とされています。

　事物の性質に由来する法律（lex ex natura rei）、すなわち自然法であろうと実定法であろうと神法に関わる法律について、もしくはそれ自体、真の法律でない単純な規則については、上述の法の休息期間は存在しません。特殊な状況において、また立法者が異なった期間を定め、法律の本文にその旨が記載されている場合は、これよりも長いか短い法の休息期間も存在することになります。

　特別法の公布の方法は、立法者によって決定されます。一般的に、公布は官報または刊行物への掲載によって行われます。特別法の施行までの法の休息期間

者注］これは、聖トマスの法の定義、「法とは、共同体の配慮を司る者によって制定され、公布されたところの、理性による共通善への何らかの秩序づけ」（Summa Theologiae I-II, q. 90, a. 4）に沿ったものと言える。

は一ヵ月とされています。この例外に関しては、法律の本文に明記されている必要があります。

　法律は、通常、遡及効果を持たないため、過去のことがらは規定せず、その効力は未来において生じるものとされます。

　無効を規定する法律（leges irritantes）および無能力を規定する法律（leges inhabilitantes）は非常に重要です。これらの法律は、いかなる場合であっても、その性質から固有の法的効力を持ちます。その規定は、教会の法規範の分野において、法的効果を特定する基準を明確に示すものであるため、最大限簡潔なものとなっています。無効を規定する法律とは、ある行為を無効であると宣言する（定める）法律です。「無効を規定する」（irritante/invalidating）という言葉は、ある行為の有効性のための本質的要素について言及するものであり、それが欠如している場合、行為そのものが無効とされます。一方、「無能力を規定する」（inabilitante/incapacitating）法律とは、ある人の無能力を宣言する法律です。言い換えれば、無能力を規定する法律とは、それによって特定の人が何らかの行為を行う能力を制限する法律のことを言います。つまり、こうした法律によって、ある人が特定の行為を有効に実施することが妨げられるがゆえに、こうした法律に反してなされた行為そのものも無効となるのです。

　ここで立法者は、教会の適法な権威者によって公布される法律に服する者の一般条件を定めています。法律に服する者とは、純粋な教会の法律に服する者のみを指し、これには3つの条件、すなわち受洗者であること、理性の働きを有している者で、満7歳を超えていることを、そのうちのいずれかではなく同時に満たしていることが求められます。ただし、年齢に関しては、法典内にさまざまな規定が存在します。

　信者の教会の法律への服従は、属地性および属人性の判断基準に従って決定されます。

　まず法律の対象として、これが与えられたすべての者に対する法の普遍性の原則が確認されています。そして、属地性の原則が絶対的ではないことが明確にされています。それゆえ普遍法が、ある特定の地域において効力を持たない場合は、その地域に居る者を拘束しません。特定の地域に対する法律は、その法律が対象とする者、つまりその地域に住所または準住所を有し、かつ現にそこに滞在している者に対してのみ効力を有します。

　しかしながら、別段に確知されない限り、原則として特別法は属地法であるとみ

なされます。滞在者が、自身の所属する地域を不在にしている間は、一般的に、所属地域の特別法には拘束されませんが、所属地域の特別法に反することによって所属地域において何らかの損害を生じさせる場合、ならびにその法律が（普遍法ではなく）特別法であるだけでなく属人法でもある場合は、所属地域の特別法に拘束されます。また滞在者は、一般的に、現時点で滞在する地域の特別法には拘束されませんが、特別法が公的秩序を規定するものである場合、または法律行為および他の教会の行為を行う際に一般に順守すべき方式を規定するものである場合、さらにはその地域にある不動産に関するものである場合は、この限りではありません。

　普遍法および地域の特別法に関して、住所も準住所も持たない住所不定者は、現に滞在する場所において効力を有するすべての普遍法および特別法を順守しなければなりません。したがって、このような者に関しては絶対的に属地性の原則が適用されます。

　法律は、その本性からして明確なものではあっても、法律に対する疑義が生じることがあり得ます。法律が、一般的な解釈によっては明確に理解されず、信者が順守すべきことがらについて不明瞭さ、不確かさ、当惑が生じることから法律の意味が直接問われる場合、法律上の疑義があるとされます。しかし、法律と密接な関係を持つ事実の本質およびその存在、あるいはそのいずれかが問題とされる場合は、事実に対する疑義があるとされます。このような事実に対する疑義というものは、全く主観的なものとなります。なぜなら、事実は存在するのか、しないのかのどちらかでしかあり得ず、またその事実に適用される法律についても疑いようがないにしても、人の側は、事実の存在や性質について疑いを持つことがあり得るのです。

　法律上の疑義がある場合、その法律に拘束されることはありません。客観的に見て不確かな法律は、これを順守する義務を生じないため、法的効果は発生しないのです。

　事実上の疑義があっても、法律は明確であるという場合、法律そのものは、その意味合いにおいて、またその拘束力において明確であるため、法律を順守する義務が生じます。唯一ここで明確でないのは、事実と法律との関係です。というのも、信者が、十分に事実を把握していないか、あるいはその事実の存在を疑う何かしらの理由があり得るからです。

　法律の重要な側面のひとつに、その解釈があります。法律の解釈は、法律の真正な意味の研究と理解されます。こうした解釈を通して、私たちは、法律の意

味だけではなく、法の規範全体を知ることができ、これにより正義と公平をもって法律を適用することが可能となるのです。それゆえ法律の解釈者は、法律の中で立法者が合理的に義務づけようとしていること、そして実際に法律の本文に使用された文言において義務づけたことについて、その真正な意味を明らかにするために法律の研究をしなければなりません。

公権的に法律の真正な解釈を行うのは立法者です。しかし、常に立法者自身が公権的な解釈を与えることができるわけではないため、立法者は他の者にこの任務を委任することになります。その結果、公権的な解釈は、立法者からこの権利を与えられた者によっても行われ得ます。公権的な解釈を他の者に委任する権限を有するのは、最高立法者（ローマ教皇）だけです。下位の立法者は、自らの法律を解釈する権限は有するものの、これを他の者に委任する権限を持ちません。

最高立法者は、法律の公権的な解釈を自身に代わって行う権限を有する組織を設立しました。それが教皇庁法文評議会（かつての法文解釈評議会）です。この組織の権限は、公権的な解釈を行うことだけで、『教会法典』および『東方教会法典』、すべてのラテン教会の普遍法、カトリック東方諸教会の一般法に関して、法律の空隙を補完することではありません[17]。

さらに、法律の様式をもって行われた公権的な解釈というものがあります。これは、解釈された当該法律と同一の効力を持ちます。解釈の法的効力は、その法律の持続に依存します。そのため公権的な解釈は、法律と同様に公布される必要があります。この種の解釈が、単に宣言されるに過ぎない場合、その効力は過去に遡って生じますが、法律の範囲を制限あるいは拡大する場合、または明確に説明して適用する場合は、その効力は過去に遡及しません。

さらに法典の解釈は、裁判判決または行政行為（決定や命令等）の様式によっても行われることがあります。ただし、これは法律と同一の効力を持ちません。したがって、こうした解釈は、それに基づいて共同体に対する一般的な義務を決定することはできず、解釈が付与される対象の人およびことがらに対してのみその効力を持つことになります。

17　国務省，『東方教会法典の公権的解釈ならびにカトリック東方教会の一般法規に関する教皇庁法文評議会議長への書簡』——"Lettera al presidente del Pontificio Consiglio per l'interpretazione dei testi legislativi circa la competenza del Consiglio riguardo all'interpretazione autentica del CCEO e delle leggi comuni alle Chiese cattoliche orientali"(1991 年 2 月 27 日), in Communicationes 23 (1991) 14s.

教会の法律を解釈する際は、まず法律の文面と前後の関係を考慮して、文言の固有の意味に従って行われる必要がある他、類似する箇所、法律の目的、法律が成立した事情、立法者の意図を考慮する必要があります。教会法上の刑罰を定める法律、自由な権利の行使を制限する法律、さらに除外例を設ける法律に対しては、厳密な解釈（狭義の解釈）が行われなければなりません。

　法律における実際的な問題として法律の空隙（lacuna legis）があります。これは、法律が一般的かつ思弁的な性質を持つがゆえに、数限りない生起し得るすべての事例を予見することも、これらに対して予め規定を定めることもできないことから生じるものです。厳密に法律上の規定が全く存在しないといった法的状況において、私たちはすべての法律の空隙を補わなければならないのでしょうか？　もしそうだとすれば、どのような方法で、いかなる状況において、誰がそれを行う権限を持つのでしょうか？

　法律の空隙は、類似した事例において適用された法律、教会法の衡平の原則とともに適用される法の一般原則、教皇庁の判例および実務慣行を考慮して、また法学者の通説および定説を考慮に入れて補われることになります。

　法律の空隙が補われるのは、その事案が刑罰に関するものでない場合だけに限られます。刑罰に関する事案については法律の空隙は存在しません。それゆえ法律の空隙の補完は認められないのです。実際、刑罰に関する主題は、『教会法典』では第6集および第7集において、『東方教会法典』では第27巻および第28巻において幅広く扱われています。刑罰の分野が、法律の空隙の補完の対象から除外されているのは、いわゆる「厳密に法の範囲を逸脱しないようにする」という原則に従っているからです。つまりそのための法律が無ければ、刑罰は一切与えられないのです。

　教会の法律は廃止されることがあります。それは、もはや法的効力をそれ以上生じることがなくなることのみならず、対象者に対して拘束力を持つ法律としての性格を完全に失うことでもあります。法律の廃止は、法律そのものの内的原因により、つまり法律の根本的な目的が損なわれた時に、内因的に（ab intrinseco）起こることもあれば、外因的に（ab extrinseco）権限ある権威者による撤廃（廃止または部分的廃止）という形をとることもあり、さらには過去の法律に含まれていた主題が後の法律によって完全に再編成されることによっても起こり得ます。

　総則の中の新しい条文として、市民法のいわゆる「法典への受け入れ」（canonization/canonizzazione）に関するものがあります。これは、ある民間の法律が、神

法に反せず、かつ教会法に別段の定めがない場合、それを教会法と同様に順守すべきものとして教会の法律として認めるというものです。

　法典は、成文化された法律と並んで、慣習も取り上げています。慣習とは、成文化されていない法律であり、一定の条件の下で法律と同等の効果を有します。

　具体的に特定可能な信者の共同体によって導入された慣習が、法律の効力を有する成文化されていない法律として法的に承認されるためには、実施されている慣習が、法典の規定として適切なものであることが必要であり、またそのことだけで足ります。立法者による法的承認は、そのことを確定するものです。立法者は特定の慣習に対して、特別の承認（specialis probatio）を与えることによって、規定された満30年間という時間が経過していなくとも、慣習を成文化されていない法律として認めることが可能です。しかし、『教会法典』の条文において、慣習の承認のための具体的な手続きについては何1つ定められていません。

　事実上の慣習が法律上の慣習とされる際、もしそれが、自然法であろうと実定法であろうと、神法に違反するものである場合は、いかなる種類の事実上の慣習も、法律上の慣習となることはあり得ません。また法律に反する慣習（consuetudo contra legem）および法律の範囲を超えて行われている慣習（consuetudo praeter legem）は、合理的なものでない限り、成文化されていない法律となることはできません。また慣習が、法律を実践するための手段となっている場合、法律に従って行われている慣習（consuetudo secundum legem）は、法律上の慣習とされる対象からは除外されます。なぜなら法律はそれ自体、合理的性格を有するものであり、そうでなければ法律は法律たり得ないからです。

　法そのものにより（ex ipso iure）、その非合理性が認められる場合、慣習は現行法によって明白に除外されます。

　法律に反する慣習および法律の範囲を超えて行われている慣習が、法律上の慣習となるための条件は、まず少なくとも小教区の規模に匹敵する共同体が存在していて、その共同体の構成員の大部分が、現行法に反する、もしくは現行法の範囲を超える法律に基づく義務を真に引き受ける意志を自覚していることです。

　法律に反する慣習、および法律の範囲を超えて行われている慣習は、立法者が特別の承認を行うことで法律上の慣習となります。しかし、こうした介入行為（立法者による承認）は、法律が持つ固有の形式を帯びてはなりません（立法行為とは区別されるものでなければなりません）。もしそうでなければ、慣習は、もはや慣習として存在するのではなく、真の法律となってしまうからです。したがって立法者

は、講話や訪問を行って、慣習を承認するか、共同体によって定められた慣行に従うようにします。つまりこの場合、法律が慣習として認めるために定めた時間の規定によって、共同体が満30年間継続して慣習を守った後では、慣習は否認されるものではありません。

　現行法に反する慣習、または将来の慣習の導入を禁止する条項を含む教会法に反する事実上の慣習は、共同体によって100年以上順守されるか、（起源が想起出来ない程）共同体によって常に順守されてきたものとして記憶されている必要があります。

　法律に従って行われている慣習（consuetudo secundum legem）は、法律を具体的に順守するために共同体によって用いられてきた方途を指すものです。これは、言い換えれば強固に確立された慣行であり、こうした慣行によって、法律は他の可能性のある方法においてではなく、特定の方法において実現されているのです。

　立法者は、このような種類の慣習を通して行われる法律の解釈は、最良のものであるとみなしています。また成文化された法律と同じように、慣習も廃止されることがあります。

2.3.　自然人ならびに法人
cann. 96-123 CIC; cann. 909-930 CCEO

『教会法典』における「persona—人」という用語は、解釈の規則にしたがって、語源的意味、一般的意味、もしくは法的意味といったようにさまざまな意味を帯びています。

　法的な人の意味としては、権利と義務を担う能力を持った主体である個人（自然人）または団体（法人）があります。人は、権利に関することがらについては能動的な主体、義務に関することがらについては受動的な主体となります。

　このような人は、権利と義務の主体として、法的な人格を有しています。これはすなわち、権利と義務の真の主体である人の法的身分を指しています。教会法上の自然人としての身分は、洗礼とともその存在を開始します。個人は、洗礼を受けたという事実から、まさにキリストの教会に合体され、教会において人として形づくられるという効果がもたらされ、さらにその効果から生じるすべての結果を伴う者となります。

人が有効な洗礼を受けたことから生じる第一番目の効果は、キリストの教会への合体です。受洗によって人は、永久かつ消すことのできない基本的もしくは根本的な法的人格（法人格）を得ます。すなわち神の民の構成員に固有の権利と義務を得るか、あるいはそれらを回復させる可能性が与えられます。

教会法上の異なる身分・条件（condicio）——実定神法に由来する規定（聖職者、信徒）、自然法に由来する確定事項（血族）、教会法によって要求される具体的な諸要素（成人の年齢、住所）——によって、受洗者が自らの義務および権利を行使する際の扱いも異なってきます。

すべてのキリスト信者の基本的な法的能力は、不変でありかつ消滅することはありませんが、教会において法的な行為をする能力は、教会の交わり（communio ecclesiastica）を持っていることが前提とされ [18]、これによって信者は、自らの法人格を自由に行使することができるのです。信者が法的な行為をする能力は、教会の交わりを欠く場合の他、教会法上の刑罰が適法に科されている場合にも制限されます [19]。

教会における自然人としての教会法上の条件は、年齢、意思能力（理性の働き）、出生地および滞在地、親族関係、帰属する典礼（ritus）によって異なります。

年齢に関する教会法上の条件は、実年齢と理性を働かせることができるかどうか

---

18 ［訳者注］たとえば外的に、或いは内的（霊的）に教会との完全な交わり・一致を欠く信者は、秘跡の受領ができないだけでなく教会における一定の職務の遂行も妨げられることになる。外的な交わりという場合は、信仰告白・諸秘跡・教会の教導権の３つの絆によって完全な仕方で教会と結ばれていることを指し、内的な交わりという場合は大罪によって恩恵の状態を欠いていない（恩恵障害 obex gratiae がない）ことを指す。

19 ［訳者注］公的な教会の職務を担う者は、教会の教えに合致した生き方ができている者であり、かつその職務のための適性を持っていることが求められる。例えば、教会法上の刑罰が科されている人、頑迷に重大な罪の状態に留まり続ける人、規則外の婚姻状態にある人や公に信仰を否定しているような人は、教会を代表して職務を遂行する者としてはふさわしくないため法律がこれを制限している。また教会職を担う者が、与えられた権限を行使する場合も同様である。より広い意味においては、教会の交わり、すなわち神とその教会、及び兄弟姉妹との一致のうちにあって初めてその人の行動が正しいものとされるものと言える。それゆえ位階的権威は、自らの独善的な行動や考えを単独で常に正当化できるものではなく、あくまでも神と共同体の善への奉仕のためのものであるため、いかなる権威者の決定や命令も、それが教会共同体の善のためでなければ、すなわち教会の交わりを欠いたものであれば、それは不適法であり取り消され得るものである。

という2つの判断基準に基づいて明確に決定されます。

　教会法上、満18歳に達した者は成人であり、満18歳に満たない者は未成年です。年の数え方は、期間の計算方法に関する条文（cf. cann. 200-203）に従います。すなわち、継続期間が採用され、そのため暦に従って年月日の計算が行われます。たとえば誕生の時点は、必ずしも一日の開始と一致するものではなく、また一日はそれなりの長さを持つことからも、誕生日はその日の終わりにおいて計算されます。すなわち、18歳あるいは7歳という時間は、誕生日が終わったその時点で完了します。それゆえ人は、誕生したその日のうちではなく、その次の日の午前零時を過ぎて初めて1つ年をとることになり、そうして成年を迎えることになります。

　未成年に対しては、満7歳に達することによって理性を働かせることができる者とみなされます。7歳未満は意思能力を欠く者とみなされ、それゆえこの者は理性を働かせない者、「幼児」と呼ばれます。

　教会法が定める、教会における自然人としての条件が変更されるもうひとつの状況が、理性を働かせることができるかどうかという点にあります。これは、純粋な教会の法律に対する一般的な服属の理由となるものです。恒常的に理性の働きを欠く信者は、たとえその精神的な疾患が継続する間に、ときとしてある程度意識が明瞭な時期が現われるとしても幼児と同じ扱いを受けます。

　理性の働きを恒常的に欠く信者の法的能力は、7歳に満たない者と同等であり、これはその者に代わる権限を持つ後見人を立てることに関しても同様です。刑事責任については、教会法第1322条の規定を参照する必要があります。すなわち、「通常、理性の働きを欠く者は、正常と思われる期間に法律または命令に違反したとしても、犯罪の無能力者とみなされる」のです。

　教会における自然人の規定においては、場所も重要な要素となります。教会における自然人は、場所との関わりにおいて以下のように定義されます。
・住所のあるところにおいては住民
・準住所のあるところにおいては寄留者
・住所および準住所を保持し、これ以外のところに留まる場合は滞在者
・どこにも住所も準住所も持たず、事実上固定した住処を持たない場合は住所不定者

　教会における自然人の出生地は、生誕した場所とは必ずしも一致しません。新生児がその両親から実質的な出自を得るのと同じように、法的出自も両親から受け取ります。したがって、子供ならびに新受洗者（neophytus）すなわち成人になって

から洗礼を受けた者の出生地は、その者が実際誕生した時点で両親が住所を持っていた場所となります。つまり、受洗者の出生地は、この者が誕生した時、両親の住所のあった場所となり、実質的にこの者が誕生した場所とは関わりなく、両親の住所がある場所と関わりを持つことになります。このことは、おそらくその場所で洗礼も行われ、教会における法人格も獲得されるであろうという理由を含んでいます。

両親が出生地の住民でなかった場合、子供の出生地は、両親が単に寄留者として過ごしていたその場所となります。両親が同一の住所または準住所を持っていなかった場合、子供の出生地は母親が住民または寄留者であった場所となります。

住所不定者の子供について、その出生地は、この者が誕生した場所となります。捨て子、すなわち両親によって放棄された子供の場合、出生地はその者が発見された場所となります。

養子はこれを迎えた人の子供とみなされることから、養子の出生地は、養子に迎えた人の住所がある場所となります。

法典には住所および準住所についても規定されています。住所とは、法律が定める規定に従って永住する場所を指し、その最も重要な効果は、まさに永住の意思を持った自然人とその場所との間に構築される法的関係です。準住所は、住所よりも居住期間が短い、法律が定めるところの場所を指し、住所と同様の効果を持つ法的意味を有しますが、それ以外の意味を持つものでもありません。

住所は、小教区または少なくとも教区に、信者がその地域に永住する意思を持って居住するか、居住して満5年を経過することによって得られます。準住所は、3ヵ月間居住する意思を持って居住するか、または実際に居住して3ヵ月間が経過することによって得られます。

修道会および使徒的生活の会の会員は、所属する家（修道院）の所在地で住所または準住所を取得することになります。

夫婦は、共通の住所または準住所を有さなければなりません。適法な別居、または他の正当な理由によって、妻、夫ともに個別の住所または準住所を有することができます。

未成年者は、必然的に両親または後見人の住所または準住所を有します。満7歳を迎えることによって、すなわち幼児期を過ぎることによって、固有の準住所を得ることができますが、必然的にないし法的に両親または後見人の親権の下に置かれることになります。市民法の規定に従って親権から解かれた未成年者は、財産に関わる問題を処理するために自身が委ねられた後見人の住所とは異なる固有

の住所を得ることができます。

　禁治産を宣言された者（成年被後見人）および無能力者、すなわち完全であれ部分的であれ、未成年者とは異なる理由で法的行為能力を欠く者で、それゆえ後見人または保佐人に委ねられている者は、この者の後見人または保佐人の住所または準住所を自らの住所とします。

　住所および準住所は、その場所に戻る意思を持たずにそこを立ち去ることによって失われます。

　未成年者および禁治産を宣言された者、無能力者は皆、実際に住所および準住所を必要としますが、これらの者の住所および準住所は、彼らが特定の場所に留まろうとする意思、またはそこを立ち去ろうとする意思とは関係なく自身が委ねられた後見人もしくは保佐人の住所、準住所となります。

　場所に対する人の結びつきは、現実的かつ重要な要素です。このことは、ラテン教会の法典改正の際に示された第8番目の原則、すなわち場所が神の民の一部分を決定する要素であるべきだという属地主義の再検討という課題に対する1つの答えでもあります。再検討によって、住所または準住所を介した地域との結びつきが重要であるという結論が、特に法的効果という観点において導き出されました。

　自然人は、自らの住所または準住所に従って、住所地または準住所地の地区裁治権者または（カトリック）東方教会の統治者（hierarch/gerarca）[20]、ないし主任司祭との間に服属関係を取得します[21]。

　住所不定者は、その者が現に滞在している場所の地区裁治権者または東方教会の統治者、ないし主任司祭との間に服属関係を取得します。

　単に教区の住所または準住所を有するがゆえに、すでにその地区裁治権者または東方教会の統治者（hierarch/gerarca）との間に服従関係を有する者であって

20　［訳者注］東方教会の統治者と訳したhierarch/gerarcaは、必ずしも司教聖別を受けている者ではなく、広い意味で自治権を有する東方教会の統治の任務を教皇から委ねられている者を指す。

21　［訳者注］そもそも教会法上の自己の主任司祭、裁治権者とは、個人の選択や登録制によるものではなく、普遍法に従って住所・準住所に基づいて自動的に決定される。普遍法の定めとは異なる方法によって個人の裁治権者を決定するという場合は、必ず特別法を制定するといった措置により、普遍法との調和を考慮して、その詳細を規定する必要がある。詳しくは、J. J. Conn『選ばれる小教区』―翻訳と注解―（『南山神学』41号［2018年］, 181-229頁）を参照。

も、信者の生活においては、主任司祭が果たす任務が司牧上、特別重要であることから、具体的な主任司祭との服属関係が確立される必要があります。

滞在者についても、この者が現に滞在する場所の主任司祭、さらには地区裁治権者または東方教会の統治者に対する実質的な服属関係が存在します。

教会における自然人の教会法上の条件を左右するもうひとつの特徴は親族関係です。親族関係は、自然または法律によって構築された何らかの人のつながりに基礎を置く、関係性ないし友愛の特別な絆であると定義することができます。

法典は2つの種類の親族関係、すなわち出産または婚姻によって生じる自然的親族関係と、養子縁組によって生じる法的親族関係を認めています。

血族は、同じ始祖から肉体的生殖によって派生した人々の間の関係を指します。血族は、親系と親等によって数えられます。直系親においては、親等は世代数、すなわち始祖を除いた人の数を数えることによってこれを定めます。傍系親においては、始祖を除いて両系にある人の数と同じです。

姻族は、婚姻によって生じる人々の間の法的関係です。姻族は、同じ親系と親等において、夫と妻の血族、また妻と夫の血族との間に生じるものです。姻族は、婚姻が完成されていなくても有効な婚姻によって生じ、夫にとっては妻の血族だけを、妻にとっては夫の血族だけを姻族とします。姻族は、血族と同様、親系と親等によって数えられます。

養子縁組は、個人または夫婦が、他人を自身の子供として迎え入れることを認める法的行為です。これは、実定法である市民法に由来することからも、法的な親族関係と言えます。このため、法典はこれに関する実定法としての市民法を教会法上の規則として受け入れ、その結果、その国家の市民法に基づいて、個人または夫婦が養子として迎え入れた他人を、その者またはその夫婦の子供として認めます。

教会法的観点から重要だと思われるもうひとつの特徴として、他の典礼様式の自治教会への転属が挙げられます。他の典礼様式の教会は、大部分は類似した規則を有していても、原則としては異なる教会法上の規則を持つことから、教会における自然人としての教会法上の条件が、このような転属によって大きく変わる場合があります。

教会においては、自然人と並んで法人も認められています。法人は、その性質に応じた義務および権利の主体です。自然人とは異なり、法人は、自らの義務および権利に対する法的能力および法的行為能力を有しています。

法人の設立には、多元的であること、すなわち教会の超自然的任務に合致した共通の目的の下に集められた人または財産の集合が必要とされます。教会の法人は、教会の目的（信心業、使徒職または霊的あるいは現世的善）を追求するのに有益かつ適当な手段を用いて奉仕するものです。また、社団法人または財団法人として明確に区別された法人を設立する際、公的な権威者の行為（決定、認可）も必要とされます。

　教会の公的生活において必要不可欠でありかつ有益な特徴を帯びた、会（団体）および組織が教会内に存在します。これらは法の規定そのものによって法人として設立されています。それ以外の、有益ではあるが必要不可欠ではない性格を有する団体および組織もあり、これらも法人格を得ることができます。しかし、たとえ法人格を得ていなくても組織として存在することは可能です。こうした会（団体）に対する法人格は、権限ある権威者によって、正式な法的行為（決定）をもって認可されます。

　教会における法人は、社団法人または財団法人のいずれかであり得ます。社団法人は団体的または非団体的な法人です。財団法人は自治的な基金の会です。団体的法人は少なくとも3名の構成員によって設立されなければなりません。

　さらに、霊的あるいは物的な財産または事物から成り立っている、自治的な基金の会すなわち財団法人があります。こうした法人の管理または運営は、1人の自然人によって行うことも、法律によって実質的に認められた団体を形づくらない複数の自然人によって行うことも、さらには団体によって行うことも可能です。

　法人の運営責任を担う人、ならびに運営の方法は、普遍法または特別法、もしくは固有法に従って、あるいは財団法人または自治的な基金の会そのものの規約によって決定されます。

　法人は公法人と私法人に区別されます。

　公法人は社団法人または財団法人です。こうした区分は私法人に対しても適用されます。公法人は、教会の規定に従って行為し、公益のために固有の任務を遂行することから、公的であるとみなされます。

　私法人は公法人の対局に置かれる、公的でないすべての法人を指します。それゆえ、私法人の目的は、それ自体として必ずしも教会の名の下に達成されるものではなく、その固有の任務は公益のために行われるものとは限りません。

　公法人は、公法人としての法人格を法そのものによって（ipso iure）、または権限ある権威者によって取得します。私法人は、権限ある権威者が、正式な決定

(decretum) をもって明白な仕方で特別に認可を与えた場合にのみ、法人格を取得します。

　立法者は、社団法人または財団法人として法人が設立される際の有効要件として、その法人の規則が承認済みであることを要求します。

　それぞれの公法人の代表者は、普遍法すなわち全教会に関わる教会の法規（法典、普遍的性格を有する立法者による規定）、部分教会およびこれらの集合体の特別法、教会の統治権を有する聖座法による聖職者修道会の固有の規則、法人設立時に権限ある権威者によって正式に承認された法人自らの規定によって決定されます。

　私法人の代表者は、承認された法人固有の規定によってのみ決定されます。

　団体的な社団法人は、個人または代表者によって行為（法律行為）することができます。非団体的な社団法人は、その正式な代表者によってのみ行為することができます。財団法人または自治的な基金の会は、会の1人または複数の代表者によってのみ行為することができますが、これら複数の代表者が決定を行うためには、団体的に行為しなければなりません。

　団体的行為については、選挙に関してであれ、また他のことがらに関してであれ、招集されるべき者の絶対多数の出席が必要とされます。多数というのは、団体的行為に際して実際に出席している者の数に基づいて数えられます。相対的多数に対して、絶対多数は、（議決の）権利を有する出席者の総数の2分の1を1人でも超えることによって成立します。絶対多数は、総数が偶数の場合は、出席者数の半数足す1、総数が奇数の場合は、出席者数の半数足す0.5によって計算されます。また事案によって法律が3分の2以上の賛成票を要求する場合もあります。

　選挙か他のことがらかによって、団体的行為の方法は異なります。選挙および他のことがらに共通するのは、全員一人ひとりに関係する事項は、全員によって是認されなければならないという原則です。

　法人は、その性質上恒久的なものです。しかし法人は、合併ないし分離分割される際、権限ある権威者の決定によって、ごく単純かつ容易な仕方で消滅することがあります。法人の消滅は、100年間にわたる活動の休止によって、または私法人については、法人の規則に従った解散あるいは存在の終結といった内在的理由によっても起こります。

　公法人が消滅した場合、その資産および財産権の行き先は、法律および法人

固有の規則によって定められます。こうした規則が規定されていない場合、資産および財産権は上位にある法人に移行します。私法人が消滅した場合、その資産および債務の行き先は、その法人固有の規則によってのみ決定されます。

2.4. 法律行為
cann. 124-128 CIC; cann. 931-935 CCEO

　主体的な権利は、それが備わっている主体に基づいて生じるもので、独自の過程すなわち発生、さまざまな様態への変化、そして消滅を伴います。この発生、変化、消滅は、法律がその法的効果を認める事実なくしては起こり得ません。実際、人において生起することがらのすべてに法的な重要性があるわけではありません。それゆえここで言及されるのは、法律的―教会法的秩序における重要性が法律によって認められる事象についてのみとなります。
　現実の物事の状況から考察を始めなければなりません。そこで私たちは、法的事実、すなわち法律が法的効果を付与する何らかの出来事があることに注目します。意思に基づく法的事実（法律行為）は、行為者が、何らかの行為によって、特定の法的効果が生じるよう意図するか、それを公然と宣言することによって生じます。
　法律行為は、行為能力を有する者によって行われる必要があります。こうした能力には、主体が、一般的な法的能力、特別な法的能力、法的な行為遂行能力を有していることが当然含まれます。
　法律行為は無効とされることがあります。当然、行為の本質的構成要素や有効要件を欠いていた法律行為は無効ですが、物理的強制の下で行われた法律行為は、自然法に従って当然無効です。またこうした事情で行われた犯罪も、教会法第 1323 条第 3 項に従って、いかなる刑罰の対象ともされません。相対的、絶対的の別を問わず、不正に加えられた強度の恐怖の下で行われた法律行為は、行為者の意図によって行為が行われたとみなされることから有効とされ、その法的効果を生じます。しかし、行為者の意図は、恐怖を加えられることによって引き起こされたものであるため、この原則は絶対的なものではありません。したがって、法律はこの原則に例外を設け、行為の取り消しの可能性を定めています。特に強制、恐怖の下での修道会入会や婚姻の誓約、法廷証言、裁判判決については法律が無効を定めています。自然的衡平の原則ならびに被った損害を修復する必要性に

基づいて、裁判官は、被害者の権利において被害者ならびに被害者の法定承継人の請求により、さらには公益が関連する事案においては職権により（ex officio）、行為の取り消しを求める訴訟を行わなければなりません。また詐欺によってなされた行為は、例外も含めて先の強度の恐怖の事案で述べたことと同様です。さらに行為の実質的構成要素に関わるもの、またはそれ自体が行為の「必須」条件を構成するものについて、不知あるいは錯誤によってなされた行為も無効です。その他の行為は、法に別段の定めがない限り有効とされますが、取り消しの訴えを提起することができます。

　幾つかの法律行為を遂行するために、上級権威者は、ときに同意または意見を求めることを必要とされます。これは、教会において法律を実践する際、非常に重要とされる規定です。このことに関して教会法第127条第1項の真正な解釈がなされています。教会の権威ある教導は、奉献生活の分野において、投票結果が同数であったとき、顧問会の構成員である修道会の上長が、自ら投票を行っていずれかを決定することができると会憲に定められている場合、上長とその顧問会の関係を定める法律に、教会法第127条第1項を適用することはできないと公権的な解釈を明確に示しています[22]。使徒座の奉献生活・使徒的生活会省も、こうした解釈の路線に従っているものと思われます。事実、同省の次官は、「こうした解釈は義務的なものではない・・・・・、修道会は固有の会憲ならびに伝統的な制度に従うことができる」と、その方針を明らかにしています[23]。

　法典は、上長が一定の団体または集団に対して、同意または意見を求める際の手続きについて定めています。上長が（法律）行為する際に、同意または意見を求めることが必要とされるすべての事案については、普遍法、特別法または固有法においてはっきりとそのことが規定されています。同意を求めるためには、団体または集団が招集されなければなりませんが、意見を求めるだけの場合には、招集は省略することも可能です。しかしその手続きの有効性に関して、このことが固有法の中に規定されていなければなりません。

22　この意味において、V. デパオリスの見解は全ての事例において大変有益である。Cf. V. De Paolis, *La vita consacrata nella Chiesa*, edizione rivista e ampliata a cura di V. Mosca, Marcianum Press, Venezia 2010, pp. 370-375.

23　Cf. J. Torres, "Interpretazione autentica dei canoni riguardanti la vita consacrata. Commento"（奉献生活に関する条項の公権的解釈の注解）, in *Informationes SCRIS* 14 (1988) 277-281.

また誰であれ、不法に行われた法律行為によって、または故意あるいは過失によってなされた他の（法的であるかないかを問わず）あらゆる行為によって、他者に損害を与えた場合、与えた損害を賠償する義務を負っています。

2.5. 統治権
cann. 129-144 CIC; cann. 979-995 CCEO

　裁治権とも呼ばれる教会の統治権（potestas iurisdictionis/regiminis）は、神の民である信者を、教会固有の超自然的目的へと、その創設者であるキリストの意思に従って導くための教会の公的な権能です。
　統治権は、教会の聖なる権能（potestas sacra）の一部をなすものです。聖なる権能は、神の制定に基づいて教会に与えられもので、その中に、教える任務（munus docendi）、聖化する任務（munus sanctificandi）、統治する任務（munus regendi）が包括的に1つに結び合わされています。教会の創設者であるキリストは、「人間的要素と神的要素を併せ持つ複雑な1つの実在」（『教会憲章』8項）と定義されるご自分の教会に、地上において超自然的な目的を遂行するための適切な手段を与えられました。それが、教会の奉仕者に与えられた統治の任務を遂行するための権能です。それゆえ、これはその起源、目的、本性において超自然的なものなのです。
　この統治の権能（統治権）の能動的な主体は、聖なる叙階を受けた者、すなわち聖なる職階（司教職、司祭職、助祭職）のうちのひとつに立てられた者です。
　能動的な主体は、「法の規定に従って」統治権を所持し行使する能力が与えられています。この主体となるのは、適切な養成を受けた後に、叙階される者に対して定められた必要条件を満たしている者だけに限られます。
　教会の歴史において、本来聖職者にのみ与えられるこの統治権が、実質的に信徒によって行使された事実が見受けられます[24]。現行法にも幾つかの規定が見られ

24　［訳者注］そもそも叙階権と裁治権／統治権の起源については、1917年法典の第109条は、「叙階権は聖なる叙階により、教皇職に関しては適法な選挙と受諾の条件が果たされた後、神法自体により、またその他の裁治権／統治権は法に定められた任命による」と規定していた。古くからの叙階権と裁治権をめぐる見解については次の論文を参照。G. Ghilranda, "L'origine e l'esercizio della potestà di governo dei vescovi. Una questione di 2000 anni", in *Periodica* 106 (2017)

る統治権の行使における信徒の参与は、具体的に何を意味するのでしょうか?『教会憲章』の33項は、信徒の使徒職を取り上げて、信徒が叙階を受けた者の使徒職に、より直接的に参与するよう求められることがあること、さらに霊的な目的を遂行すべく何らかの職務に任命される能力を有していることを説明しています。こうした信徒の協力・共働は、法の規定に従って行われる必要があります。これまで言われてきたことは不変として、聖職者によって行使される統治権の性質、および信徒の参与によって行使される統治権の性質をめぐる問題を解決することは、そう簡単なものではないものと思われます。こうした問題に関しては、『教会憲章』の10項の教えに従うことで解決が可能となるかもしれません。この公会議文書(教会憲章)のテキストは、信徒による共通祭司職と役務的祭司職の違いが、身分に基づくもの(教会において遂行される任務における違い)だけではなく、本質に基づくもの(根本的かつ存在論的な人の違い=叙階を受けた者とそうでない者との本質的な違い)であることを指摘しています。このことは必然的に、両者によって行使される権能に反映されるため、位階的な権能と信徒の権能との間には、本質的な区別が存在することになります。

　統治権は、本来、外的分野において(in foro externo)行使されるものです。ただし、時に内的分野において(in foro interno)も行使されることがあります。教会においては、伝統的に、外的分野における権能と内的分野における権能とが区別されています。しかし、これは2つの別々の権能があるわけではなく1つの権能の行使する場の違いを意味しています。上述の「分野」と訳される言葉 *forum* (場という意味もある)は、統治権の行使によって効果がもたらされる広がり、領域を示しています。共同体の外的生活を規律するための一般原則は、「統治権は本来、外的分野において行使される」(can. 130)というものです。しかし、教会においては、信者個人の善益も保護されなければなりません。それゆえ統治権は、信者個人との関係の中でのみこれが行使されることで、他の者にその効果が知られることなく、隠された秘密の領域においてだけ効力を発揮させることも可能です。このような統治権の行使が、内的分野において行われるものです。

　外的な領域における統治権の行使に関して、その効力は社会的かつ公的であり、それ自体、法的に立証可能なものです。一方、内的分野における統治権の行使に関して、その効力は外的分野においては認められず、それゆえ内的分野に

537-631.

おいては法的な立証が不可能です。しかし、具体的な事例について、法律が異なる規定を行っている場合はこの限りではありません。

　統治権には通常権（potestas ordinaria）と受任権（potestas delegata）とがあります。統治の通常権は職務に伴う権能です。統治の受任権は、教会の職務が付与されているかどうかにかかわらず、行使するその人に対して直に付与される権能です。こうした人に対する権能の付与は、委任権を付与するのが教会の規則そのものである場合は、法によるもの（a iure）であり、委任権を付与するのが権限ある権威者である場合は、人による（ab homine）ものです。

　通常の統治権（potestas regiminis ordinaria）は、その職務の主たる担い手が、自らの名においてこれを行使する場合は、固有権（potestas propria）となり、他者によって通常固有の統治権（potestas regiminis ordinaria propria）を有する者の名においてこれが行使される場合は、代理権（potestas vicaria）となります。それゆえ代理者は、その職務を担う場合、あくまでも主たる職務責任者に従属する者として行為します。

　恒常権（facultas habituale）は、受任権の行使に関する規定に従います。これは、一般的にすべての事案のために、あるいは個々に限定されない一定数の事案のために、永久的に、または期限付きで付与されます。しかし、この権限が恒常的なものであることから、個々の行為のための（ad actum）権限委任に関する規定は省かれることになります。

　付与された受任権は、付与された人に密接に結びついた権能であり、これは恒常権についても同様です。それゆえ、裁治権者または東方教会の統治者は、職務を失って裁治権者としての権限がなくなることで、職務上自身が有していた恒常権も失います。しかしながら、裁治権者または東方教会の統治者に付与されていた恒常権それ自体は、この者が職務から退いた後も、同じ職務に就いた後継者に引き継がれます。これは、前任の裁治権者が、すでにその恒常権の行使を開始していた場合も同様です。ただし、恒常権が付与される際に別段の規定が定められている場合、または、権限が特定の人に限って一身専属的に付与されていた場合はこの限りではありません。

　受任権または再委任された権限を行使する者が、付与された範囲を超えて行為した場合、その行為は無効です。このような情況では、実際に受任権者が、特定の事案において有効に行為するために必要な能力（habilitas）を欠いている状態になるからです。このため、委任行為はすべて文書によって明確になされること

が重要となります。

委任者が、受任権の具体的な行使に関して指定した方法は、付与された権限の本質に触れるものではありません。ただし委任者が、この方法の順守を有効要件として (ad validitatem) 規定した場合はこの限りではありません。

すべての裁治権者および東方教会の統治者は、教会の通常の統治権あるいは少なくともそのうちの行政権を有しています。しかし、だからといって、教会の通常の統治権を有している者がすべて、裁治権者または東方教会の統治者であるとは限りません（例えば、主任司祭や地区ごとの修道会の上長は、通常の統治権を有していますが、裁治権者または東方教会の統治者ではありません）。すべての裁治権者および東方教会の統治者は、聖なる職階を付与された聖職者であることから、聖なる権能 (potestas sacra) を所持し行使する能力を持っています。裁治権者および東方教会の統治者は、条文に明確に示されているとおり、教会の固有または代理の通常の統治権ないし少なくともそのうちの行政権を有する聖務者です。

統治権は、立法権 (potestas legislativa)、行政権 (potestas executiva) および司法権 (potestas iudicialis) に区別されます。

立法権は、普遍法、特別法、固有法が定めた方式に従って行使されなければなりません。下位の立法者に与えられた立法権は、法律自体に明白に別段の規定が定められていない限り、これを有効に委任することができません。規則に関する位階制の原則に従って、下位の立法者は、上位の立法者の制定した法律に反する法律を有効に制定することができません。

個々の裁判官または合議制裁判官団に与えられた司法権は、法によって定められた方式に従って、裁判に関する規則および特別法または固有法の他の規定がある場合はこれに従って行使されなければなりません。司法権は、決定や判決のための準備行為でない限り、これをさらに委任することができません。

行政権の行使に関しては、この権限を有する者が、所轄の区域外に滞在している場合でも、自らの従属者に対して、従属者が所轄の区域から離れている場合であっても、これを行使することができます。ただし、事物の性質上、または明白な規定をもってこの可能性を排除する法律の定めが別にある場合は、この限りではありません（例えば上長は決定 decretum や命令 praeceptum を自分のために出すことはできません）。

滞在者に対する行政権の行使は、祝日あるいは償いの日に関する教会法第 1245 条の事例のように、恩典や免除の付与が行われる場合、または普遍法もしく

は滞在者を義務づける所轄地域の特別法が拘束力を持つ場合、その者が現に当該地域内に滞在することが条件とされます。こうした効力を有する特別法には、公的秩序に関する法律、法律行為の方式を定める法律、当該地域内に存在する不動産に関する法律が含まれます。

　固有あるいは代理の通常の行政権を有する者は、すべての事案のために一括して、もしくは個々の行為に対して個別に、これを委任することができます。しかし法律は、これに明白な例外を設けることができます。たとえば、教会法第508条第1項が定める、ゆるしの秘跡の祭式者（paenitentiarius canonicus）が有する通常権がその例に当たります。この条文では、ゆるしの秘跡の祭式者が持つ通常の権限は、他者に委任することができないとされています。ちなみに『東方教会法典』には、この役職についての規定はありません。

　使徒座から委任された行政権は、通常の行政権と同様に、個々の行為のためにまたはすべての事案に関して一括して再委任が可能です。ただし、受任者に一身専属的に委任されたものである場合、および再委任が明白に禁止されている場合はこの限りではありません。

　他の権威者から委任された行政権の再委任に関しては、すべての事案に関して包括的に委任が行われた場合、個別の事案についてこれを再委任することができます。しかし、1つの事案または特定の複数の事案に関して委任が行われた場合は、これを再委任することはできません。ただし、委任者が再委任の権限を明白に付与した場合はこの限りではありません。

　再委任された行政権は、これをさらに再委任することができませんが、最初に委任した者が明白な許可を与えた場合はこの限りではありません。これは、すべての受任者は、各自が独立した形ではあっても、常に委任者の権限に基づいて（iure delegantis）行為するため、いったん自らの固有の権限に従って（iure proprio）行為する者にまで遡る（その者から委任を受ける）必要があるからです。

　教会の行政に関する統治権（行政権）を解釈する際、通常の行政権およびすべての事案に関して包括的に委任された行政権については、広義に解釈されなければなりません。ひとつの事案または特定の複数の事案に関する受任権または再受任権については、狭義に解釈されなければなりません。ただし、受任権または再受任権を付与された者は、すべての事案に関して包括的に委任された場合も、ひとつの事案または特定の複数の事案について委任された場合も、受任権（potestas delegata）の行使に必要不可欠とされる権限（facultas）も付与されているものとみな

されます。

　行政権の行使に関して問題がある場合、他の権限ある権威者へ適法に訴願することが可能とされています。自己の上位権威者を含むすべての権限ある権威者へ訴願することは、常に変わることのない、あらゆる従属者の権利とされています（すべての信者はローマ教皇、使徒座に提訴する権利を有しています）。すなわち、自らの上位権威者の権限を無視することが、法律違反に当たる（in fraudem legis）と定められていない限り、組織上、自らの直接の上位権威者を飛び越えて、他の上位権威者に適法に訴願することも可能とされています。この位階的訴願は幅広い領域において適用が可能です[25]。当事者が、自らの事案に対処するうえで、適法かつ適切に行政権が行使されるように、自らの直接の上位権威者と同等の権威者にも、またこれよりさらに上位の権威者にも訴願することが可能です。ただしこれらの権威者は、通常権または受任権を有し、求められた行政権行使のための権限を持っている必要があります。訴願が行われた場合、通常はその者の直接の上位権威者の行政権は停止されませんが、具体的な個々の事例について、法律が別段の規定を定めている場合はこの限りではありません。いずれの場合も、上位権威者と下位の権威者との間では、教会内の首尾一貫した権能および職務の位階制の原則を重んじ、常に互いに敬意を払いつつ論理的に一貫した行動がなされるよう留意すべきです。

　連帯した複数名に対して同時に委任が付与された場合、委任状の規定に従って、その特定の業務を遂行すべく委任された行政権の行使を最初に開始した者は、他の者に委任された行政権の行使を排除します。しかし、このような機能の行使を妨げる原則には2つの例外が存在します。すなわち、一番初めに行政権の行使を開始した者が、業務の継続を妨げられた場合、あるいは業務の遂行をそれ以上望まない場合は、その者に代わって別の者が業務を遂行します。

　複数名に対して委任が付与された場合、連帯的に委任されたものと推定されます。

　受任権は以下の場合において消滅します。

・業務の終了、すなわち権限が付与された法律行為が完了した場合
・権限が付与された特定の期間が完了した場合（ただし、この権限が内的分野に

25　［訳者注］行政行為に対する位階的訴願については、『聖職者の違法行為と身分の喪失』（2017年、教友社）の93-101頁を参照。

おいてのみ与えられており、委任期間がすでに経過していることに気付かなかった場合は、有効に行使される）
・委任状の中に委任件数が定められていて、その件数が満了した場合
・委任の目的、すなわち委任者が権限を付与した具体的な理由が消滅した場合
・委任者が委任を直接取り消し、直接受任者へ通知した場合
・受任者が辞退し、これを委任者に通知し、これが委任者によって承諾された場合

　委任者の権利が消滅しても、委任された行政権は消滅しませんが、委任状において委任者自身がこの件について何らかの条項を設けている場合はこの限りではありません。
　通常権は消滅または停止することがあります。消滅は職務の喪失によって、停止は法律に従って職務が剥奪または罷免されることに伴って、これに対する異議申し立てが適法になされる場合に起こります。
　教会においては、教会の行政権の補完が認められています。行政権または特定の行為を遂行する権限が存在せず、信徒に損害が及ぶ特殊な状況に対処するために、教会法は柔軟性をもって、外的分野においても内的分野においても、行政権または他の権限を教会そのものが補完すると定めています。これは、特定の行為を行う主体が、これを実施するための権能または権限を欠いていたため、それ自体としては無効である行為について、主体の権能の欠如を教会が補う（Ecclesia supplet）ことによって、これらの行為を初めから有効なものとし、後から有効化する必要がないということを意味します。
　しかし、この補完の目的は、聖務者、信徒あるいは奉献生活の会の上長が、自身が所持しているのかどうか疑わしい行政権を自由に行使できるようにするためにあるのではなく、行政権が行使される対象である信者が、権能を欠いた無効な行為によって損害を被ることを防ぐことにあります。さらに権能の補完は、まるで常に所持されていて行使できる法的資格のように恒常的に実施されるものではなく、各々の状況に応じて（per modum actus）行われます。このような権能は、事物の状況が持続している限り存続します。
　教会による欠けた権能の補完の事例として、事実または法律についての一般的な錯誤（error commune：一般に流布した思い違い）を考慮しなければなりません。これは、何らかのことがらに関する誤った判断によって、ある人が（実際にはその

人は権限を持っていないにもかかわらず）行政権または堅信の秘跡を授与する権限ないしゆるしの秘跡で赦免する権限を有しているものと、一定の精神的な総体である共同体が確信を持つことになった状況を指します。堅信の秘跡およびゆるしの秘跡を有効に行うためには、司祭としての聖なる職階にあることの他に、必要な権限を付与されている必要があります。婚姻の合意を教会の名において受け取る権限についても、結婚式に立ち会った者がこれを有していなかった場合、同じことが言えます。こうした状況において、教会法第1112条第1項に基づいた信徒への婚姻の立ち会いの委任に関しては、教会法第144条第2項（東方教会法第995条）の中で第1112条が言及されていないことから、補完の対象事項とはされません。ちなみに『東方教会法典』においては教会法第1112条に関する規定は存在しません。

2.6. 教会職

cann. 145-196 CIC; cann. 936-978 CCEO

　教会職（officium ecclesiasticum：教会の職務）というものの概念は、法律そのものによって（ipso iure）、またはより多くの場合、決定（decretum）によって定められる、義務および権利に結びついた教会内での任務または役割として認められるあらゆる職務に及びます。これには、神法または教会の法によって恒常的に設置されるものと、教会の使命および本性に合致する霊的な目的のために遂行されるものがあります。

　教会職の授与とは、法の規定に従って、教会の職務が引き受けられること、あるいは権限ある権威者によってこれが与えられる行為を指し、一般的に、職務が授与される人の任命、地位の付与または受諾、職務の取得という、明白に区別される3つの段階から構成されます。教会法に従って職務の授与を行う方法は、単純に、選出を行い、被選出者がこれを受諾することによって授与される場合を除いて、すべて権限ある教会の権威者の介入を必要とします。すなわち権威者による職務の付与、各々の被推薦者に対する職務の委嘱、選出結果の認証、職務に請願選出された者の承認があります。

　職務を担う者を任命することを介して行われる教会法上の職務授与は、権限ある権威者によって行われます。この権威者は、職務の創設、変更および廃止も行

います。ただし、法律が別の規定を定めている場合はこの限りではありません。実質的に、職務の創設または変更を行った教会の権限ある権威者は、その廃止も行うことができますが、同時に職務を授与する自由（権利）が認められています。

　教会職に就任するためには、一般に、教会の交わりを有しており、かつ職務遂行のための適性を有していなければなりません。

　職務の候補者あるいは職務を授与する権威者による聖職売買（simonia）、すなわち霊的な事物を現世的なもの（金銭など）で売買することによって行われる職務の授与は、当事者がこの事実に関知しない場合でも法律上無効とされます。

　全面的な司牧に携わる職務は、司祭に対してのみ付与されます。『教会法典』の中で、「全面的な司牧　*plena cura animarum*」に言及しているのは第150条のみです。全面的な司牧は、それ自体、部分教会における司教職が扱われる時にだけ言及されるものです。それは、部分教会におけるその他のすべての職務が、この司教職に従属しているからです。ただ立法者は、この条文にそれほど狭い意味合いを与えようとはしていないことから、その強調点は、司祭職階の行使全体に置かれているというべきでしょう。そのように考えることで、これらの職務の位置づけを容易に理解することができるはずです。第一に、主任司祭や聖職者修道会の上長といった職務の授与は、法律の規定に従って行われます。そして第二に、司祭であることが要求される秘跡の挙行のように、司祭職階に叙された者だけが教会において遂行することのできる職務の付与は、職務そのものの本性に従って行われます。

　全面的な司牧に携わる職務の授与は、常に緊急の課題とされます。それゆえ全面的な司牧に携わる職務の授与に関しては、重大な理由なくして、権威者による迅速な授与を遅らせることはできません。

　同一人物に与えられた複数の職務が、この人物によって同時に果たされない場合、これらの職務は両立し得ないものとみなされます。こうした職務両立の不可能性は、例えば2つあるいはそれ以上の互いに遠く離れた居住地の職務のように、事物の本性に起因することもあれば、職務の兼任を禁止する法律によって規定されることもあります。いずれにせよ、この規則には無効要件は含まれていないため、この規則に対する違犯は、両立不可能な職務の授与を違法なものとし、それゆえこのような職務の授与は、取り消され得るものとされます。

　適法な職務の担い手が存在しない場合、職務は法律上空位（officium de iure vacans）であり、現実に職務の担い手を欠く場合、職務は事実上空位（officium de facto vacans）です。法律上空位でない職務授与は、その事実により当然無効であり、後に空位になっても有効とはなりません。また何者かによって不法に占められている法律上空位の職務は、それが適法でないと正式に宣言され、また付与状にその宣言について記載される際、これを他の者に授与することができます。

職務の授与は、外的分野に関する行政行為であるため、すべて書面によって行われる必要があります。しかしこの規定は、複数の教会職の兼務を法的に確認する必要性から、重要であるにしても、有効要件として（ad validitatem）求められているわけではありません。それゆえ、書面に残さない方が望ましいと賢明に判断される状況も考えられるのです。

職務の授与は、任意付与、推薦、選出、請願選出によっても行われます。教会職の授与の仕方と並んで、『教会法典』は、その喪失の仕方についても定めています。

職務喪失に関する規定は、実際、教会職の幅広い定義を考慮して、叙階に基づく権能（叙階権）または教会の統治権の行使を伴う職務のみならず、信徒固有の職務や奉献生活の会、使徒的生活の会における職務など、異なる権能を伴う他の職務に対しても適用されます。

教会職の喪失は、法律行為とみなすことも可能です。つまり、その法律行為によって、現時点での職務の担い手は職務遂行資格を失うと同時に、その職務に付随する義務および権利も失います。職務に伴う権能も、教会職の喪失により行使が不可能となりますが、一般的な錯誤に相当する事案についてはこの限りではありません。

教会職の喪失の仕方は以下のとおりです。
・職務が期限付きで付与されていた場合は定められた期間の満了
・定年
・辞任
・他の職務への転任
・罷免
・剥奪

法の規定に従って職務が喪失し、その法的効果として、法律上の空位が生じた場合、権限ある権威者、またはさまざまな状況に伴ってその義務を有する者は、推薦や選出といった教会法上の職務授与を行う権限を有する者すべてに対して、

可及的速やかにその旨を通知しなければなりません。

「名誉」の称号（titulus emeriti）は、定年に達するか、辞任が認められることによって職務を喪失した者に対してのみ、これを与えることができます。

前もって定められた期間の満了、または定年に達した場合は、それに伴いその旨の通知を権限ある権威者に行う必要があります。

職務喪失によって、その職務の法律上の空位の効果が生じるため、この職務を別の人に付与することが可能となります。この効果は、権限ある権威者が、現時点での職務遂行者に対して、個別的決定（decretum singulare）と同じように、正式な通知を行うことによってのみ獲得されます。これは、外的分野に関わる行政行為であり、また決定であるため、書面によって行われなければなりません。権限ある権威者が通知を行わない場合、予め定められた期間と年齢制限は延長されたとみなされるため、職務遂行者は、義務および権利を伴ったままその職務を十全な権限をもって（pleno iure）継続します。

【参考文献】

E. Baura, *Parte generale del diritto canonico. Diritto e sistema normativo*, Edusc, Roma 2013.

V. De Paolis – A. D'Auria, *Le norme generali. Commento al Codice di diritto canonico*, Urbaniana University Press, Città del Vaticano ²2014.

第3章　神の民－すべての信者

　公会議の教会論を教会法特有の言葉に置き換える最善の試みは、言うまでもなく『教会法典』の「神の民」を扱っている部分に見出されます。実際、そこには公会議の教会に関する教義憲章(『教会憲章』)との関係性があり、時には文字どおりの関連さえ認められる場合もあります。このような関係性は、『教会法典』の内容および言葉遣いと、特に『教会憲章』と『現代世界憲章』において示された第二バチカン公会議の教えとの相補性を支配している根本的な判断基準を、私たちが把握するように導いています。それゆえ公会議の新しさは、『教会法典』そのものの新しさを形づくるものでもあると言えるのです。

　公会議の教会論の主な要素として認められるものは次のとおりです。
- 教会を神の民として示す教え、また位階的権威を奉仕として示す教え
- 教会を交わりとして捉える教え、つまり部分教会と普遍教会、司教の団体性と教皇の首位性との関係を明確にする教え
- 神の民の構成員は皆、各人各様にキリストの3つの任務、つまり王的、預言的、祭司的任務に参与するという教え
- キリスト信者、特に信徒の義務および権利に関する明確な教え
- エキュメニズムに対する教会の責任

　受洗者は皆、教会の救いの使命を果たすために、それぞれが聖性へと招かれています[26]。公会議は、神の民のうちにある信徒の尊厳および各々の使徒的使命について取り上げながら、洗礼の秘跡の力に基づくすべてのキリスト信者が担う共通の使命を強調しています(『教会憲章』32項)。

　洗礼は、教会における聖性と使徒職に対する共通の召命の基礎を形成しますが、その召命に応える手段や様式は様々に異なります。主によって定められたこのような相違は、各自の召命において実現されるべき生活の状態と条件を、それ自体のうちに持っています。

　ここから、キリストの創設意志と聖霊の働きに合致した霊性や使徒職、法的な生

26　[訳者注] 教皇フランシスコ，使徒的勧告『ガウデーテ・エト・エクスルターテ　*Gaudete et exsultate*』―現代世界における聖性への招き―(2018年3月19日)参照。

活身分について異なる形態のうちに表わされるカリスマの多様性が導き出されるのです（ヨハ3:8参照）。

位階制という要素は、任務の多様性が基礎を置く根本的なものとして考えなければなりません。『教会憲章』の第3章の前文、つまり「教会の位階的構成」では、神の民における位階制といった要素の神学的根拠が述べられています（『教会憲章』18項）。

教会を構成する要素である「位階制」というものは、あらゆる教会生活についての言語表現が、その働きや意味だけに終始することなく、多様性の中の一致を保証するものとして常に位階的な要素に言及することが必要であるとし続けているほどに価値を有しています。

教会において、各部分教会間の一致を構築するよう特別な注意を払いながら、普遍的─部分的と区別される二極性のうちに、教会の奉仕職、任務、機能といったものが法的に形づくられなければなりません。それら各部分教会は、その中で各教会共同体が活動する、異なる地理的領域の人類学的、文化的なアイデンティティーに適った、永続性を持った交わりの教会論の原則を、カトリック教会の歴史の上に示すことを可能にするものなのです。

『教会憲章』は、古代の教父たちの本来のイメージに従って、三位一体に起源を持ち、その中で、またそこへ向かって歩む神の民こそが教会であるという、三位一体的ビジョンに基づいた教会の概念を取り戻しました。

3.1. 信者の定義と教会における法的身分
cann. 204-205, 207 CIC; cann. 7-8, 323 §2 CCEO

立法者は、法的なアプローチよりも神学的なアプローチによって、キリスト信者の法的身分を定義付けようとしました。立法者は、公会議の霊感（インスピレーション）を受けた文書を用いて、キリスト信者（christifideles）とは、洗礼によってキリストに合体され、キリスト自身の聖化し、教え、統治する任務に各人各様の仕方で参与する者となり、神が教会に委ねられた使命を果たすよう召された者のことであると示しています。このキリストの教会は、カトリック教会の中に存在し、教皇と教皇との交わりのうちにある司教たちによって統治されています。

洗礼を受けることで得られる教会のすべての信者の法的資格は、変えられること

も取り消されることもありません。しかし法的な行為能力、つまりそれぞれの法的な人格の自由な行使は、教会の交わりを前提とします。信者にとって、この教会との交わりが完全かつ充満の状態にあるのは、キリストがご自身の教会に与えたすべての善に、自らを一致させているときです。そもそもキリストは、ご自分の教会を内的・存在論的側面、ならびに現世的・外的な目に見える側面に従って創設することで、そのような救いの観点における善の充満を、唯一カトリック教会が有するように教会を作られたのです。

　教会との交わりの要素は、信仰告白、諸秘跡および統治の3つの絆（tria vincula communionis）において具現されます。信仰告白の絆は、信仰箇条に関する真理、すなわち啓示の内容と教会の伝統、神による啓示と通常かつ普遍の教会の教導権によって荘厳に定義されたことがら、教会によって決定的に示された信仰と道徳に関する真理、教皇と全司教団の真正な教導を完全な仕方で認めることから形づくられます。

　秘跡の絆は、新約の7つの秘跡と、それらの適切な実践を受け入れることから形づくられます。7つの秘跡を実践する際には、それぞれの秘跡に関する一般的な条件を定めた法典の規定に従って、教会法が信者に求める相応しい条件を満たして実践されなければなりません。この法的な絆は、秘跡がキリストと教会の行為、そして信仰、聖化、または教会の交わりのしるしであり手段を意味しているものを受け入れることを含みます。

　教会の統治の絆は、啓示された神法ならびに実定神法の求める制度において、また聖なる牧者たちが治め、教え、聖化する時に彼らへの同意において、その本質と形態とが現われてくる教会の位階的組織を受け入れることから形づくられます。

　その結果、受洗者の法的人格は、カトリック教会を特徴づける信仰、秘跡、統治の交わりが完全に保たれて実践され、またそれらが教理としてよく理解されているならば、自由にこれを行使することができるのです。このことは、教会の法律を通じても、例えば *communicatio in sacris*（本書12章の冒頭を参照）などの規則を順守することにおいて、大いなる救いに関する善である諸秘跡の共同利用を適切かつ実現可能なものとします。

　完全な交わりの3つの絆は、次の場合に失われます。
・背教、つまり信仰を全面的に放棄する場合
・異端、つまり受洗後、神的かつカトリックの信仰をもって信ずべき真理を執拗に否定するか、その真理について執拗な疑いを抱く場合

・離教、つまりローマ教皇への服従を拒否するか、または教皇に服属する教会の成員との交わりを拒否する場合

　教会の統治の絆に関して、すべての信者は、教皇と全司教団の真正の教導に知性と意志の恭順を表わさなければならないため、『教会法典』は、教皇と公会議によって断罪された教理を説く者、決定的なものと宣言されていないものも含めて真正な教えを頑迷に拒否し、警告を与えられたにもかかわらず改めない者、使徒座や裁治権者または法律上の上長に対する不従順な状態に警告後も頑迷に留まる者は、正当な刑罰によって処罰されなければならないと定めています。

　異端または離教の状態のうちに教育を受けた信者で、善意においてそのような状態に留まる者は、「分かれた兄弟」と呼ばれます（『エキュメニズムに関する教令』3項参照）。これらの信者は、教会の神学的、ならびに法的な意味で完全な教会の交わりのうちにありません。実際、このような離反は、法的に教会の特定の義務および権利の停止をもたらします。それでも、異端者や離教者は、教会の完全な交わりの回復のために必要とされている義務および権利の行使は可能とされています。そして場合によっては、*communicatio in sacris*の事例において規定された条件を満たしたうえで、礼拝への参加や、ゆるしの秘跡、聖体の秘跡、病者の塗油の秘跡の受領が許可されます。

　教会の位階的組織は、統治権や管理行為のための単なる機構でははく、キリストの祭司職への根本的かつ固有の参与をその目的としているのです。その意味において根本的に重要なのが、『教会憲章』の10項の次のテキストです。「**信者の共通祭司職と、役務的祭司職あるいは位階的祭司職とは、段階においてだけでなく、本質においても異なるものですが、相互に秩序づけられ、それぞれ独自の方法で、キリストの唯一の祭司職に参与しています**」。このような本質的な相違により、信徒と聖職者との間の法律上の身分において、根本的な区別がなされることが正当化されます。キリスト信者のうちにある機能的・秘跡的な存在論的相違は、受洗者の身分の同一性と教会の同じ使命に皆が参与することと何ら矛盾することなく、法的な面での聖務者と信徒との区別を生み出します。このような区別から、結果として、それぞれのカテゴリーに属する信者の身分の決定に関して、また異なる任務を統制する規律に関して、異なる法的結論が生じることになります。

　聖務者と信徒との区別は、神の制定によるものであり、聖なる叙階を受けるこ

とのうちにその根拠が見出されます。このことから、ともかく立法者が、位階制の原則に基づいた判断基準によって、聖務者と信徒との区別を図ったことは明確です。しかし教会の長い歴史の中で、このような判断基準が、教会自身の極端な聖職至上主義(クレリカリズム)を明確化するに至るまで、聖職者と信徒との区別が尖鋭化された時代を経験したことも周知の事実です。

現行『教会法典』は、第207条第2項において、教会のカリスマ的・制度的構造からくる神の民におけるすべての構成員の区別も提示しています。このような観点から、聖職者と信徒という二分割だけででなく、聖職者、信徒、奉献生活者からなる三分割が可能になります。この第207条第2項から、誓願または他の聖なる絆を伴う福音的勧告の順守の誓約によって、特別な仕方で神に奉献されたキリスト信者の教会法上の身分を明確に識別することができます。そのため、聖職者に叙階されていない奉献生活の会の会員に対しては、それぞれの奉献生活の会の会員のために普遍的あるいは個別的な立法者が制定した固有の規則と両立可能な仕方で、信徒の義務および権利の規定が準用できるものと演繹されます。

3.2. すべての信者の義務および権利

cann. 208-223 CIC; cann. 11-26 CCEO

ここで教会の歴史上、初めてすべての信者に対する共通の義務および権利の一覧表が『教会法典』の条文の中に組み込まれるという試みがなされています。これらの多くの信者に関する規定が以前の法規には存在しなかったこと、そしてそれらが体系的に相互に関係付けられながら、適切な配置の仕方で法典に挿入されることで条文が構成されていることは、極めて画期的なことと言えます。

洗礼によって、すべてのキリスト信者のうちには、尊厳性においても行動においても、真の平等が存在します。こうした原理の神学的な根拠は、洗礼における聖別に帰されるため、すべての信者は皆、キリストの姿に似た者となるように召されているところにあります。このすべてのキリスト信者の根本的な平等は、洗礼の秘跡を受けたことに基礎づけられています。

洗礼に基づく根本的な平等とは、それが何の限定もされないようなものであることを示唆しているわけではありません。「根本的な」と言われるのは、洗礼を受けたすべての信者に向けられた彼らに関係するすべてのこと、すなわち信者すべてにとっ

て共通することを指しているからです。「限定される」と言われるのは、キリスト信者 (christifideles) という教会法上の共通した身分 (status) と、聖職者や信徒、奉献生活者からなる神の民の中にある異なる召命に由来するさまざまな身分は、互いに区別されるものであることを指しています。このような平等は、まず純粋に神の民に属する歴史的な時の中での互いの関係性において、共通の「尊厳における平等」として認識されます。同時に、聖職者と信徒、および奉献生活者からなるすべての信者の使命が遂行される活動的な時の中での互いの関係性においては、共通の「行動における平等」として認識されます。

このような根本的な平等は、特別な教会法上の身分 (status) への帰属からもたらされる相違とも、また各々の身分 (status) に関係する固有の義務および権利の多様性とも、互いに相反するものではありません。というのも、この平等の概念は相関的なものであるため、等しい状況下での平等な扱いと、異なる状況下での違う扱いが前提とされているからです。したがって、すべてのキリスト信者は、各々異なる召命、教会法上の身分、教会の任務を有しながらも、キリストの体を構成するという責任において平等なのです。

平等の原理から、厳密な法的結論が導かれます。それは、キリスト信者の義務および権利の一覧表のようなものの形成となって表われますが、これは完璧な一覧表ではなく、あくまでも一例であり、公会議の公文書から『教会法典』の規則を導き出そうとした1つの試みでもあるのです。

・信仰、諸秘跡、統治という3つの絆において教会との交わりを保つ義務
・自らの聖性と教会内の一致の追求のために全身全霊を尽くす義務
・教会の宣教活動に協力する義務および権利
・自身の霊的な必要性と教会の善に関する意見を表明する自由を有しながら、教会の牧者に従う義務
・特に牧者から神のことばの教話と秘跡による霊的援助を受ける権利
・自らの霊性と典礼様式に従って自由に礼拝を行う権利
・自由に会を設立し運営する権利および集会を持つ権利
・個人のイニシアティブによって、またカトリックの名を冠するものとして要請される場合は権限ある権威者のイニシアティブによって、教会の使徒的活動を促進しまた支援する権利
・キリスト教教育を受ける権利
・教会の教導権に対して相応しい恭順を保ちながら、聖なる学問に携わる者が神

学を研究する正当な自由[27]
・自らの身分を自由に選択する権利
・名声とプライバシーを守る権利
・法の規定に従って平等に、また刑事訴訟においては適法性の原則に従って、教会内での各々の権利を正当に要求し擁護する権利
・自己の権利を行使する際に、共通善を保護し教会が必要とするものを援助する義務

3.3. 洗礼志願者の教会法上の身分
can. 206 CIC; can. 9 CCEO

　教会は、洗礼志願者に対して特別の配慮を示します。彼らは未だ信者ではありませんが、独特な仕方で教会に結ばれています。
　洗礼を受ける意志を表明した者に対して教会が要求する洗礼志願期は、
「単なる教義的真理や道徳的規律の説明を受けるだけでなく、キリスト信者の生活全体を適切な方法をもって習い、身に着けるためのものでなければなりません。これらを通して弟子は師キリストと結び合わされるのです。それゆえ洗礼志願者は、救いの神秘と福音の道徳の実践について適切に初歩的な教えを受け、順次行われる聖なる儀式を通して、神の民の信仰、典礼、愛の生活に導かれなければなりません。」(『教会の宣教活動に関する教令』14 項)
　とあるとおりです。
　つまり洗礼志願者(catechumenus)とは、未だ洗礼を受けていない者で、洗礼によってキリストの教会に合体されたいという意思を表明した者を指します。洗礼志願者は、洗礼の秘跡を通してのみ取得できる完全な法的資格は有していないものの、教会そのものとの特別な絆によって、教会に認められている一定の法的主体

27　神学と教導権との関係については次の教皇庁国際神学委員会ならびに教理省の文献を参照。Commissione teologica internazionale, tesi *Rationes Magisterii cum theologia*, sulla reciproca relazione tra magistero ecclesiastico e teologia, 6 giugno 1976, in *EV* 5/2032-2053; Id., commento *Thema de quo*, circa le tesi sulla reciproca relazione tra magistero ecclesiastico e teologia, 6 giugno 1976, in *EV Supplementum* 1/623-639; Congregazione per la Dottrina della Fede, istruzione *Donum veritatis*, sulla vocazione ecclesiale del teologo, 24 maggio 1990, in *EV* 12/244-305.

性を享受しています。

　教会法上の洗礼志願者の身分を取得するためには、彼らがキリストの教会に合体されたいという意志を表明し、洗礼の秘跡を通して信者となる内的な望みの外的な表明として、信仰、希望、愛に基づいた生活へ自らを導くことが求められます。このような意志の表明は、それ自体すでに効力を持つため、洗礼志願期への受け入れのための他の公式な行為を必要とはしませんが、洗礼志願期に受け入れるための典礼儀式によって、何らかの仕方で法的な承認を行うことは可能です。

　教会が洗礼志願者を自らに属する者と認めているため、立法者は、教会の法制度において定められた特別な配慮を彼らに示しています。これにより洗礼志願者は、葬儀について信者と同等の扱いを受けます。また彼らは、その立場に基づく制限を有しながらも、典礼生活と司牧活動に参加する権利、一般的および特殊な信仰教育を受ける権利、カトリックの信仰告白に基づく生活、さらに福音的生活を送る権利、そして特に洗礼を受ける権利を有しているだけでなく、教会の意向の実現に積極的に参加する義務および権利をも有しています。

　人は、洗礼によってキリスト信者（christifideles）となる時点から信者の共同体である教会の一員となるので、洗礼志願者は、厳密な意味ではそうではないものの、少なくとも社会的な状態としてみるなら、キリスト信者共同体の一員としての身分を有しているものと認識することができるように思われます。

　洗礼志願者は、志願者同士で集会を自由に持つ権利を有しており、場合によっては信者の会（団体）に参加することも可能です。この主題に関して、立法者は、カトリック信者の会にカトリック以外の者が所属することを想定していたということ、特に当初は、こうした者の信者の会への加入は私的会にのみ限定されたものとして考えられていたこと、そして最終的にはこのような限定の可能性そのものが排除されたことに着目すべきです。このことから、立法者の意向は、信者の会へのカトリック以外の者の所属については、普遍的な規則をもって規制しないということのように思われます。したがって、カトリックでない者、そして洗礼志願者の入会を許可するかどうかは、各会の規約によって決定すべきことがらであると考えられます。

　洗礼志願者の特典と義務を規定し、洗礼志願期に関する規則を制定するのは司教協議会の責務です。

　普遍的な立法者あるいは個別的な立法者によって、直接的に未受洗者に関係するものとして制定された規定は別として、未受洗者は、基本的に純教会法には拘束されません。

【参考文献】

J. R. Castillo Lara, *Some Reflections on the Rights and Duties of the Chrsistian Faithful,* Studia canonica 20(1986), 9-14.

G. Feliciani, "Obblighi e diritti di tutti i fedeli cristiani", in *Il fedele cristiano. La condizione giuridica dei battezzati,* EDB, Bologna 1989, 55-101.

I diritti fondamentali del fedele. A venti anni dalla promulgazione del Codice, LEV, Città del Vaticano 2004.

G. Incitti, *Il popolo di Dio. La struttura giuridica fondamentale tra uguaglianza e diversità,* Urbaniana University Press, Città del Vaticano 2007, 11-83.

A. Longhitano, "Laico, persona, fedele cristiano. Quale categoria giuridica fondamentale per i battezzati?", in *Il fedele cristiano. La condizione giuridica dei battezzati,* EDB, Bologna 1989, 9-54.

G. F. Morrisey, *The Rights and Duties of the Faithful According to the Code of Canon Law,* Studies in Church Law 1 (2005), 25-48.

第4章　信　徒

4.1.　信徒の定義のための諸要素
can. 399 CCEO

　1917年の『教会法典』には、信徒（laicus）に関してどちらかというと消極的な性格の条文[28]が幾つかありました。実際これらの条文では、信徒は聖職者の行為の対象として考えられていたので、信徒としての召命に関することがらよりも、教会内において禁じられている行為に関することがらの方が、執拗に強調されていました。たとえば、信徒は救いのために必要な援助を受ける権利を有すること、また特別な状況を除いて聖職者の服を着用してはならないということ、教会で教話をすることができないといった規定がありました。

　かつては叙階の秘跡に基づく聖職者と信徒の区別を定めることで、否定的な表現の仕方で、遠回しに信徒の定義付けがなされていました。そのため信徒は、叙階の秘跡に基づく任務である信者の指導や神への礼拝の役割には任じられていませんでした。

　当時は、信徒の本性に関する神学的な考察が未だ乏しかったので、信徒が一般に特殊な任務や職務を担うことなど認められるものではありませんでした。そのため、その内容が新しい法典に明確に取り入れられることになった第二バチカン公会議の発展を待たなければならなかったのです。その発展とは、公会議とその後の世界代表司教会議がこの点に関して示したより幅広い教導と、世界代表司教会議後の使徒的勧告『信徒の召命と使命　Christifideles laici』[29]における熟考の結果を指します。

　『教会法典』は、確かに信徒の定義をしていません。それは法典が、教義上の定

28　Cf. E. Zanetti, *La nozione di "laico" nel dibattito preconciliare. Alle radici di una svolta significativa e problematica*, Editrice Pontificia Università Gregoriana, Roma 1998, 73. この中で著者は、1917年法典の教理に従って、「信徒に関して否定的な表現（信徒とは聖職者でない者、位階制や聖なる権能から除外されている者）が使われているものの、それ自体は聖職者と比べたときの信徒の尊厳を軽視したり、信徒の全くの受動性を認めているわけではない」と述べている。

29　　教皇ヨハネ・パウロ2世，使徒的勧告『信徒の召命と使命　Christifideles Laici』（1998年12月30日）。

義を与えることを自らの管轄事項とはしていないからなのですが、その一方で、私たちは公会議の公文書の中にそれを見出すことができます。

『教会憲章』の 31 項は、まず消極的な仕方で、次のような信徒の定義付けを示しています。

「信徒とは、聖なる叙階を受けた者ならびに教会において認可された修道者の身分に属する者以外の、すべてのキリスト信者のことです。」

しかしこの定義は、さらに次のような積極的な仕方で補完されています。

「(信徒とは)すなわち洗礼によってキリストのからだに合体され、神の民に組み込まれ、自分たちの在り方に従って、キリストの祭司職、預言職、王職に参与する者となり、教会と世界の中で、自分たちの分に応じて、キリストを信じる民全体の使命を果たすキリスト信者のことです。」

ここで列挙されている信徒を定義する要素は、教会の信者全体に共通して言えるものであることが、直ぐに明白に理解されます。

『教会憲章』の 31 項の後半では、信徒の特殊な要素について明確に次のように教えています。

「信徒に固有の特質は、世俗に深く関わっていることです。・・・・・・信徒に固有の召命は、現世的なことがらに従事し、それらを神に従って秩序づけながら神の国を探し求めることです。信徒は世俗の中に生きています。すなわち、世の個々のそしてあらゆる務めと仕事に携わり、家庭と社会の通常の生活条件の中で生活するのであって、彼らの生活は、いわばそれらによって織りなされているのです。彼らはそこに神から招かれているのです。それは、自分自身の務めを果たしながら、福音の精神に導かれて、世の聖化のために、あたかもパン種のように内部から働きかけるためです。こうして信仰、希望、愛の輝きをもって、特に自分の生活の証を通して、キリストを他の人々に現わすのです。したがって、彼らが密接に関わっているすべての現世的なことがらが、いつもキリストに従って行われ、発展し、創造主と贖い主の賛美となるよう、それらすべてに光りを当て方向づけることは、特に彼らに託された使命なのです。」

『信徒使徒職に関する教令』の7項によれば、信徒に関する現世的秩序を構成するものとは、生活や家庭の福利、経済上の財産、技術と職業、政治団体の諸機構、国際関係、そしてそれらすべての発展と進歩とされています。

『教会憲章』の31項は、信徒だけでなく、聖職者も世俗的特質を持っていることを認めており、『修道生活の刷新・適応に関する教令』の11項[30]は、在俗会が同じような特質を持っていることを認めています。在俗会は、信徒の会においても聖職者の会においても、奉献生活の会であることは確かです。つまり世俗的特質は、排他的な意味で信徒の身分に固有なものではなく、在俗会の形態においては奉献生活者の身分にも属するものであり、また教区の聖職者の身分にも属するものと言えるのです。

公会議の教えによれば、信徒が関係するのは世俗的な領域だけでなく、霊的な領域、教会的な領域にもおよびます。『教会憲章』の31項は、信徒は世の中においてだけでなく教会の中でも、神の民全体の使命を果たしていると確言されています。それゆえ信徒は、教会における積極的な使徒職の多様な在り方に召されているのです（『教会憲章』33項；『信徒使徒職に関する教令』の関係箇所参照）。

信徒の定義に辿り着くことは困難です。しかし公会議の教えから、信徒固有のものではなくても、信徒としての信者の状態に明確に属する幾つかの要素が浮かび上がってきます。

4.2. 信徒の教会法上の身分

cann. 224-231 CIC; cann. 931-935 CCEO

信徒の義務および権利に関する項目の中では、信徒の権利の行使と義務の遂行が規定されているだけでなく、教会の職務や機能、奉仕職に対する信徒の純粋

---

30 「在俗会は修道会ではないが、教会から承認された、福音的勧告の真の完全な誓願宣立を世俗において実践する。この誓願宣立によって男性にせよ女性にせよ、信徒にせよ聖職者にせよ、世俗で生活しながら自らを奉献している。したがってこの人々は何よりも完全な愛徳のうちに自分自身を完全に神にささげることを志向し、会そのものも世俗の生活において固有で独自の、つまり世俗的性質を保ち、世俗の中で、あたかも世俗の中から使徒職を実践するために生まれたのであるから、いずれの場所においても効果的にそれを遂行できなければならない。」

な能力についても定められています。現行教会法における信徒の身分およびその義務および権利は、すべての信者の義務および権利に関する規定によって補完されるべきです。このような規定には、教会法第 224 条（can. 400, CCEO）において明確に言及されているものと、『教会法典』のその他の条文の中に分配されているものとが含まれます。

　信徒の定義を、さらに積極的かつ明確なものにするためには、公会議のさまざまなテキストを 1 つに繋ぎ合わせる必要があります。これらに関しては、公文書の中に、すべての信者に共通する要素だけでなく、信徒固有の要素についても明らかに示されています（『教会憲章』31, 36, 38 項；『信徒使徒職に関する教令』2, 4, 7 項）。信徒であることは、特別な仕方で世俗性によって特徴付けられ、そのため「信徒に固有の特質は、世俗に深く関わっているということである」と言われています。それゆえ次のように書かれています。

「信徒に固有の召命は、現世的なことがらに従事し、それらを神に従って秩序づけながら神の国を探し求めることです。信徒は世俗の中に生きています。すなわち、世の個々の、そしてあらゆる務めと仕事に携わり、家庭と社会の通常の生活条件の中で生活するのであって、彼らの生活はいわばそれらによって織りなされているのです。・・・・・・現世的なことがらのすべてに光りを当て方向づけることは、特に彼らに託された使命なのです。」（『教会憲章』31 項）

　また『信徒使徒職に関する教令』の 2 項では、次のように述べられています。

「この世の只中で生活して世俗の仕事に携わることが信徒の身分に固有のことなのです。そのため、彼ら自身、キリスト教的精神に燃えつつ、パン種としてこの世において使徒職を果たすように神から召されているのです。」

『教会法典』は、キリスト信者である信徒の定義をしていないものの、その義務および権利と多様な可能性を明確に示しています。
・救いのメッセージが、特に彼らなくして届けられない場所にもたらされるように努める義務および権利
・現世的ことがらの秩序に福音的精神を浸透させ、それを完成させる特別な義務、特に現世的ことがらを扱う際、ならびに世俗的任務の遂行に際してキリスト

を証しする特別の義務
・ 夫婦の身分にある者に関しては、婚姻および家庭を通して神の民の建設のために働く特別の義務
・ 両親に関しては、教会の教えに基づいて子女に教育を施す極めて重要な義務および権利
・ 福音の精神と教会の教えとの調和を保ちながら、地上の国のことがらに関して、自由を認められる権利
・ 適任と思われる信徒に関しては、教会の職務を引き受ける可能性
・ 適性を持った専門家または顧問として教会の司牧者を支援する可能性
・ キリスト教の教えに関する知識を習得する義務および権利、また教会立大学もしくは単科大学においてさらに深い知識を習得し学位を取得する権利、さらに教会権威者からの任命を受けて聖なる学問を教授する可能性
・ 男性の信徒に関しては、朗読奉仕者および祭壇奉仕者の奉仕職に恒常的に任命される可能性 [31]
・ すべての信徒に関しては、典礼行為における朗読者、解説者、聖歌隊等の役割を一時的に果たすことの可能性
・ 奉仕者が不足するなど特別な場合に、ことばの奉仕職を果たし、典礼の祈りを司式し、洗礼を授け、聖体を分配する職務を果たす可能性
・ 恒常的または一時的に教会の特別の奉仕職に任命された信徒に関しては、必要な養成を受ける義務ならびに自己および家族のために正当な報酬を受ける権利、さらに年金、社会保障、健康保険を受ける権利

　信徒が参与することができる、教える任務、聖化する任務、統治する任務に関する義務および権利の行使について、さまざまな履行の仕方が規定されています。これらの中には、次のようなものがあります。
　教える任務に関して、信徒は、神のことばの奉仕職、教会あるいは礼拝堂での教話、小教区あるいはカトリック学校、宣教に派遣された場所での信仰教育、そして聖なる学問の教育において、司教や司祭と共働するよう招かれることができます。

31　〔訳者注〕1992年7月11日に出された教皇庁法文評議会の教会法第230条第2項の真正な解釈として、女性も臨時の祭壇奉仕者、侍者を務めることができるとされた（*EV* 13/1867）。また典礼秘跡省は1994年3月15日に、女性を祭壇奉仕者に起用するかどうかを各司教の判断に委ねている（*AAS* 86 [1994] 541-542）。

キリスト教の教えを伝えるため、また子供の教育に配慮する両親の固有の務めを果たすために、信徒は会を設立し、それを運営できることも念頭に置くべきです。

聖化する任務に関しては、両親の聖化する任務、婚姻に立ち会う任務の信徒への委任、典礼奉仕、特に聖体奉仕、場合によって臨終の聖体の授与の可能性を強調すべきでしょう。

統治する任務に関しては、厳密には統治の行為でないものも含めて広い意味で統治の概念について言及されることがありますが、神の制定に基づいて教会が有する裁治権とも呼ばれる統治権（potestas iurisdictionis/regiminis）を持つことができるのは、法の規定に従って、聖なる職階に叙された者であるということを予め明確にしておく必要があります。信徒は、法の規定に従ってこの統治権の行使に協力することができるのです。

このことを前提として、信徒には、教会の中で積極的な参与が可能とされる幅広い分野があります。例えば、教会裁判所の任務において、信徒も裁判官（合議制裁判官団の構成員）、聴取官、公証官、裁判補佐官、公益保護官、絆の保護官、弁護人、鑑定人として任命されることができます。また教皇を代理する職務において、教皇使節として信徒が任命されることも可能です。さらに教会の組織・機関への参与に関しては、部分教会会議、教区代表者会議、経済問題評議会、司牧評議会[32]、教区本部事務局などのさまざまな教会の組織・機関、評議会の構成員、相談役、管理責任者となることができます。

信徒の義務および権利に関する規則を明確にし、教会内で信徒に開かれたさまざまな可能性を提示した後で、次のように確言する使徒的勧告『信徒の召命と使命』の 15 項から浮かび上がってくる信徒の特性をもう一度確認する必要があるでしょう。

「信徒にとって、世間にとどまって行動することは、単に人間学的、社会学的現実であるばかりでなく、特に神学的、教会論的現実でもあります。・・・・・・教会における信徒の立場は、その根底ではキリスト者としての新しさから定義され、またこの世におけるその特性によって特徴付けられています。」

---

[32] 聖職者省及び他の諸省によって公布された、信徒と聖職者との共働に関する幾つかの課題についての指針, *Ecclesiae de mysterio*（1997 年 8 月 15 日）, in *EV* 16/671-740 を参照。

【参考文献】

D. G. Astigueta, *La noción de laico desde el Concilio Vaticano II al CIC 83. El laico: "sacramento de la Iglesia y del mundo"*, Editrice Pontificia Università Gregoriana, Roma 1999.

S. Berlingò, "I fedeli laici nella missione della Chiesa", in Pontificium Consilium de Legum Textibus Interpretandis, *Ius in vita et in missione Ecclesiae*, LEV, Città del Vaticano 1994, 838-854.

F. Coccopalmerio, "I "christifideles" in genere e i "christifideles laici"", in E. Cappellini – F. Coccopalmerio, *Temi pastorali del nuovo Codice*, Queriniana, Brescia 1984, 15-54.

Gruppo Italiano docenti di Diritto canonico (a cura di), *I laici nella ministerialità della Chiesa*, Glossa, Milano 2000.

M. J. Huels, *The faithful of Christ, The New Canon Law for the Laity*, Franciscan Herald Press, Chicago, IL 1983.

I laici nel diritto della Chiesa, LEV, Città del Vaticano 1987.

M. L. Kizito, *Lay People and Tria Munera Christi, A Study from C. 204 § 1 to Instructio Ecclesiae De Mystero*, Urbaniana University Press, Città del Vaticano 2002.

L. Navarro – F. Puig (a cura di), *Il fedele laico. Realtà e prospettive*, Giuffrè Editore, Milano 2012.

A. Zambon, *Laicato e tipologie ecclesiali. Una ricerca storica sulla "teologia del laicato" in Italia alla luce del Concilio Vaticano II (1950-1980)*, Editrice Pontificia Università Gregoriana, Roma 1996.

E. Zanetti, *La nozione di "laico" nel dibattito preconciliare. Alle radici di una svolta significativa e problematica*, Editrice Pontificia Università Gregoriana, Roma 1998.

第5章　聖職者に立てられた信者

　1983年の現行『教会法典』において、「聖務者」(minister sacer)[33]と「聖職者」(clericus)という言葉の意味は完全に一致したものとなっています。ところが1917年の旧『教会法典』では、この一致は、さほど明確ではなく、「聖職者」(clericus)という言葉は、いわゆる「下級職階」(ordines minores)を授与された者、すなわち侍祭、祓魔師、読師、守門や剃髪者をも指すものでした。その一方で、1990年の『東方教会法典』においては、自治権を有する教会 (Ecclesia sui iuris)が特別法でこれを定めている場合、下級職階が保持されていることになっています。教皇パウロ6世の自発教令『ミニステリア・クエダム　Ministeria quaedam』[34] (1972年8月15日)は、この規律の改革を導入し、現行『教会法典』はそれを受け入れました。新しい規律によって、信者は助祭叙階を受けることで聖職者となると定められ、その聖なる職階は、助祭職、司祭職、司教職とされました。一方で、読師や侍祭は、それぞれ朗読奉仕者、祭壇奉仕者とされ、これを恒常的に引き受けた者も、あるいは助祭叙階を受けるための条件として引き受けた者も、あくまでも信徒の身分にあるとされました。

5.1.　聖職者の養成
cann. 232-264 CIC; cann. 328-356 CCEO

　立法者は、聖職者の知的ならびに規律的な養成だけでなく、広範にわたる総合的な養成を取り扱っています。そのため、聖職者の養成に関する内容は、法典のカトリック教育に関する条文の中にではなく、神の民に関する条文の中に置かれて

33　［訳者注］言語的表現として、ときに司祭や助祭と共に聖務に携わる信徒に対して広範な意味を持つ「聖なる奉仕者」といった、いわば「聖務者」と類似した曖昧な表現が用いられることがあるが、教会法上、厳密には叙階の恩恵を受けた信者だけが「聖務者」と呼ばれる。聖務者は法的な身分として「聖職者」と呼ばれ、「信徒」と区別される。この聖務者という立場は事情によって喪失し得るが、聖職者とされた恩恵、叙階による霊印は消滅しない。

34　AAS 64 (1972) 529-534.

いるのです[35]。

　このような理解の下(もと)で、法典における召命の全過程は、教区司教の管轄事項として、その始まりから聖職階位への受け入れの判断までを考慮したものとなっているのです。

　教会は、自らの聖なる奉仕職を養成する独占的な義務および権利を有しています。それは、正当な教会権威者の管轄権に対する第三者のあらゆる干渉を排除する仕方で行われるべきものなのです。

　この権利の表明は、カトリック教会の中で、第二バチカン公会議の次の一般原則の適用を形にしたものです。

「宗教団体には、国家権力の法的手段や行政行為によって妨げられない権利として、自分たちに固有の奉仕者を選出し教育し指名し移動させる権利があります。」(『信教の自由に関する宣言』4項)

　召命の促進は、キリスト信者共同体全体の責務です。キリスト信者共同体全体という表現は、普遍教会、部分教会、小教区、キリスト信者の家庭、教育者、司祭、特に主任司祭、そして言うまでもなく司教を指します。ここに列記されていない教会の諸団体、運動、神学校それ自体にも召命を促進する役割があります。ただ召命司牧をどのように遂行すべきかという指示は、唯一司教たちに向けられています。それは司教たちが、聖なる奉仕職の重要性と教会における聖職者の必要性を、委ねられた民に認識させることと、召命を促す企画を立ち上げ支援することです。

　叙階された奉仕職（聖職者）への召命は、司教協議会の規定に従って、小神学校やそれに類する施設、大神学校、終身助祭候補者のための特定の家など、立法者が定めた特定の施設において培われます。

　小神学校は大神学校とは異なり、また単なる寄宿学校（college/collegio）とも異なります。というのも、小神学校そのものは召命に関係する組織として定義されているものの、すべての教区において、あるいは諸教区の集合体において、絶対に必

35　[訳者注] 2016年12月8日に聖職者省から公布された『司祭召命の賜物―司祭養成のための基本綱要―』(The Gift of the Priestly Vocation: *Ratio Fundamentalis Institutionis Sacerdotalis*) の第6章では、司祭養成は、神の民そのものにとって非常に重要な事柄であるがゆえに、神の民のあらゆる構成員がそれぞれの固有の立場からこれに関わるべきであるとされている。

要なものとはされていないからです。逆に、「大神学校は司祭養成のために必要不可欠」(『司祭の養成に関する教令』4項) です。したがって、各教区においてあるいは複数の教区において、最低でも1つの大神学校を有していることが必須とされているのです。重要なのは、他の教区の大神学校においてであれ、諸教区共立神学校においてであれ、各教区にとって司祭職への準備が配慮されるということなのです。

諸教区共立神学校の設立には、使徒座の事前の認可が必要です。国あるいは地方レベルの司教協議会が管轄する全地域のための神学校の設立は、司教協議会から使徒座に認可を申請しなければなりません。幾つかの教区のための神学校を設立する場合は、関係する教区司教から使徒座への認可の申請が必要です。また大神学校設立に際しては、その神学校の規則についても使徒座に認可を申請し、それを取得する必要があります。

大神学校における養成は、6年の期間にわたってこれが行われなければなりません。例外として教区司教は、状況に応じて、この期間を変更することができます。例えば、司教が適切な司祭に志願者の世話を託した場合、一定期間を神学校外で過ごすことができますが、その場合、最低でも4年間は神学校内で過ごすことが必要とされます。

大神学校への入学を許可する管轄権は司教にあります。その際、司教は、立法者が定めた判断基準と、『養成綱要』(ratio institutionis)[36]や神学校の規則(regolamento) に定められたその他の判断基準に従わなければなりません。法典の判断基準は、公会議の『司祭の養成に関する教令』の第6項からその着想を得ています。すなわち、大神学校への入学志願者は、人間的・道徳的資質そして霊的・知的な資質を備えており、身体的・精神的な健康および正しい意向を有していなければなりません。必要な書類としては、洗礼証明書と堅信証明書が挙げられていますが、これ以外に、『養成綱要』(ratio)や神学校の規則が定める他の書類が必要となる場合があります。他の神学校または修道会から退学または退会させられた志願者の受け入れに際しては、退学あるいは退会処分の理由に関して関係上長の証明書が必要となります。

適格な入学志願者の神学校への受け入れを保障するために、教皇庁教育省は

36　2016年12月8日に聖職者省から公布された『司祭召命の賜物―司祭養成のための基本綱要―』(The Gift of the Priestly Vocation: *Ratio Fundamentalis Institutionis Sacerdotalis*) を参照。

1つの指針を公布しました[37]。この指針により、使徒座はラテン教会の共通法が完全に適用される地域（宣教地ではない地域）の司教協議会に対して、他の神学校から退学したか退学させられた志願者の受け入れに際して、交換されるべき情報を整備しておくための適切な手続き規則を公布することを許可しました。そのような規則が義務化されるためには、聖座の事前の承認（praevia recognitio）が必要とされます。

　教区司教は、直接的な教育の機能を持たなくとも、神学校の運営・管理について関係規則を制定することにより配慮する最高責任を担っています。諸教区共立神学校の場合、この責任は関係する全司教に帰されます。司教の主要な任務は次のとおりです。
・『養成綱要』（ratio）の規定を適応させて、神学校の円滑な運営のための固有の規則を認可すること
・頻繁に神学校を訪問し、養成と教育について監督すること。また聖なる職階への受け入れの最終決定が自らに任せられていることから、聖なる叙階を授けることを念頭に置いて、各神学生の召命の歩みについてよく理解すること
・経済的な必要について措置を講じること

　神学校における真の固有の養成の責任は、司教の名において養成指針に基づき適切に任務を遂行する、司教が選定した特定の人々に委ねられます。彼らは、霊的、教育学的、専門的によく準備されていなければなりません（『司祭の養成に関する教令』5項参照）。教会法は、養成に関わる次のような人物の一覧を挙げています。すなわち神学校校長、副校長、会計責任者、教員、さらに養成の任務を遂行する霊的指導者（spiritus director）と霊的生活の学生指導者（moderator vitae spiritualis）、さらに通常の聴罪司祭とその他の聴罪司祭です。ただし、叙階の許可ならびに神学校からの退学の決定に関して、上長は霊的指導者および聴罪司祭に意見を求めることはできません。この規則は明確です。その理由は、霊的指導およびゆるしの秘跡は、秘跡内・秘跡外を問わず内的分野の権能の行使に関わるものだからです。霊的指導者は、叙階の適正に関する意見を直接志願

37　Congrégation pour l'éducation catholique, instruction *Par la présente instruction,* á propos de l'admission au séminaire de candidats provenant d'autres séminaires ou familles religieuses, le 8 mars 1996, in *EV* 15/384-394.

者に与えますが、志願者が校長にそれを伝えるかどうかは、その者の自由な判断に任されています。

　神学校校長の一般的な任務は次のとおりです。すなわち『養成綱要』(ratio)の規則、教区司教の指針および神学校の規則に従って神学校の運営を指揮すること、また副校長、教員、神学生の協力のもとで、神学校の規律を定めた規則の順守に配慮すること、教務主任の支援のもとで、教員が適切に担当業務を遂行するよう配慮すること、神学校が小教区の管轄外にあることから主任司祭の機能をもって神学校内のすべて人を支援することです。したがって、神学校校長またはその代理者は、婚姻と神学生の定期的なゆるしの秘跡を除いて、主任司祭として機能する通常権を持っています。ただし、ゆるしの秘跡に関しては、神学生本人が、特別な事情からこれを神学校校長に自由に希望する場合はこの限りではありません。

　副校長は当然、神学校の運営において校長を補佐しながら、ときに校長の代理を務めます。

　法人としての神学校の代表は校長です。その一方で、会計責任者（oeconomus）は、その主要な業務として通常の管理業務を担当します。神学校は公法人に当たるため、その財産は教会財産に関する規則に従って管理される必要があり、そのための顧問会を設けている必要があります。神学校の必要経費を賄うのは教区司教の役目でもあり、諸教区共立神学校の場合は関係する司教が、自分が担う部分に関して（pro parte sua）、協議による共通理解のもとで（communi consilio）この役割を果たします。「神学校の必要経費」とは、具体的には神学校の設立と維持に係わる経費、神学生の生活費、教員への報酬と、その他すべての必要経費のことを指します。神学校の必要経費を賄うために、司教は特定の教区の企画の他に、神学校のための負担金（pro seminario）を課すことができます。この負担金は一般的な性格のもので、司教が代表を務めるすべての法人に対して、その収入に相応し、かつ神学校の実際の必要に応じて決定されなければなりません。

　神学校内に学校が設けられている場合、その教師も学生の養成の協力者とみなされます。哲学、神学、教会法を教える教師は、司教および諸教区共立神学校の場合は関係司教によって任命されている必要があり、徳と学識に秀でた者で、聖座から認可された大学または単科大学において博士号または教授資格を取得した者でなければなりません。それぞれの固有の科目には、それぞれ別の教員が任命されるよう配慮しなければなりません。教員の任務遂行に著しい瑕疵が生じた

場合には、任命した権威者によってその者は罷免されなければなりません。神学と哲学の教師は、その任務に就く前に、任命者またはその代理人の面前で、聖座により承認された定式に従って信仰宣言を行わなければなりません。教員および学事担当責任者（moderator studiorum）が任命されて、カリキュラムの調整役としての役割を果たし、かつ神学校の規則や『養成綱要』（ratio institutionis）に沿って、校長の権威のもとで各教員がその職務を遂行することを保証します。

1983年の『教会法典』は、霊的指導司祭（spiritus director）と霊的生活の学生指導者（moderator vitae spiritualis）との間に区別を設けています。これら2つの人物に関しての法典の編集史的背景[38]は、かなり複雑な事情を持っており、それぞれに帰すべき意味内容はあまり明確ではありません。とはいえ、1981年の教会法典改正委員会の総会では、「単一の表現を使用できないのか」というある教父からの申し出に対して、「2つは異なる法的人物である」といった回答がなされました[39]。この理由で、これらは2つの異なる法的人物であると解され、現行の『教会法典』には両方の表現が残されることになりました。また、法典改正作業の当初から、1名以上の霊的指導者の必要性が感じられていたこと、さらに霊的指導者間での適切な協力ならびに学生の良心の自由に対する保障が望まれていたことも、その理由

---

[38] この問題のより具体的なアプローチについては次の文献を参照のこと。F. Coccopalmerio, "La formazione al ministero ordinato", in *La scuola cattolica* 112 (1984) 239-244. ただし、ここで取り上げられている解決策が全て正しいと認めることは難しい。なぜなら、例えば単に霊的指導者の役割は、ゆるしの秘跡のためだけであるということには同意できない（同上241項参照）。もしそうであれば、立法者が、別途、通常の聴罪祭司やその他の聴罪祭司を設けている理由がなくなる。［訳者注］この点に関して、2016年12月8日に聖職者省から公布された『司祭召命の賜物―司祭養成のための基本綱要―』(The Gift of the Priestly Vocation：*Ratio Fundamentalis Institutionis Sacerdotalis*) では次のような説明がされている。「霊的指導者には、内的分野（foro interno）における神学生の霊的な歩み、そして神学校の様々な信心業と典礼生活の指導と調整の責任があります。神学校に複数の霊的指導者がいる場合、そのうちの1人が「霊的養成の調整役」(coordinatore dell dimensione spirituale)になります。彼は典礼生活を監督し、他の霊的指導者と外部の聴罪祭司の活動を調整しながら、年の黙想や月の静修のプログラム、典礼暦年に沿った祭儀を取り仕切ります。そして神学校校長とともに霊的指導者の生涯養成を支援します」(136項)。またこれと同様に、神学校には知的養成、人間的養成、司牧的養成の各分野ごとに調整役(coordinatore; 使徒座は法典にあったmoderatoreよりもこの用語を好んだ)が置かれるべきであるとも述べられている(137項)。

[39] Cf. *Communicationes* 14 (1982) 163-164.

として挙げられます。この2つの異なる法的人物の間にある唯一の根本的な違いは、次のような点にあると思われます。まず霊的生活の学生指導者は、学生がこれを自由に選ぶことができ、司教によって任命された指導司祭の中に入っていない限り、学生が自己の上長に報告すべきものとして権威ある自らの意見を示すことができません。逆に霊的指導者は、司教によってその任務を託されている以上、学生に対して叙階の許可に関して権威をもって自らの意見を示すことができます。

通常の聴罪司祭とその他の聴罪司祭に関しては、神学校の内外を問わず、神学生はどちらの聴罪司祭のもとにも赴く自由を有しています。養成者の立場から、直接、聴罪司祭および霊的指導司祭に対して、叙階もしくは退学について意見を訊ねることは禁止されています。なぜならそれは、規律・指導に関する分野で外的分野の実践として取り扱われるべきものであり、聴罪司祭および霊的指導司祭の管轄範疇から外れていることだからです。

教会は、聖なる奉仕職の志願者を養成する固有かつ独占的な義務および権利を有しています。養成の第一の責任者は司教であり、教皇パウロ6世の言葉によれば、司教は「自己の教区の召命および自身の司祭の養成について最も責任ある教師」[40]なのです。なお奉献生活の会および使徒的生活の会の神学生の養成の責任者は、所轄の上級上長です。

司教や上級上長たちの責任とは、召命の促進、大神学校への入学許可、神学校外での養成、叙階に向けた審査（scrutinium）[41]、総合的かつ最終的な評価といったことがらにおいて実行される個人的かつ広範にわたる総合的な責任です。

5.2. 聖職者の入籍

cann. 265-272 CIC; cann. 357-366 CCEO

教会の伝統は、「聖職者は皆、共同体での奉仕を目的とした職務遂行のために

40　教皇パウロ6世『1975年6月6日の説教』, in *AAS* 67 (1975) 377 を参照。

41　志願者の叙階の適正を把握することに関して、典礼秘跡省は、この審査の重要さに関する書簡を出している。この書簡は教令でないにしても、その内容は「教会の善のための強い勧告」といった意味合いがある。典礼秘跡省、志願者の叙階の適正に関する審査についての回状 *Entre las más delicadas*（1997年11月10日）, in *EV* 16/1322-1338 を参照。

叙階されなければならない」という原則を常に守ってきました。それゆえ、所属する共同体なくして叙階は与えられません[42]。まさに叙階は、教会において（in Ecclesia）、また教会のために（pro Ecclesia）執り行われるものなのです[43]。

　入籍（incardinatio）とは、聖職者が部分教会もしくは属人区、または入籍の権限を有する奉献生活の会もしくは使徒的生活の会に所属することを意味します。在俗会の場合、助祭叙階を受ける聖職者は、聖座がその在俗会自体への入籍を認める場合を除いて、自らの奉仕職を遂行する部分教会（教区等）に入籍することになります。一部の聖職者の会は、聖職者省から入籍を志願する会員を、その会に入籍させる権限を取得しています。このことは東方教会においては、『東方教会法典』の第357条第1項に定められているように以前から可能とされてきました。『教会法典』は、最初の入籍と二次的な入籍の2種類の入籍について規定しています。最初の入籍は、聖職者となる助祭叙階によって行われます。二次的な入籍（移籍）は、複雑な行政行為を通じてなされるもので2つの異なる形式があります。それは正式な認可による形式と法そのものによる（ipso iure）形式です。

　正式な認可による二次的入籍すなわち移籍は、すでにある部分教会に入籍している聖職者が、その他の部分教会に新たに入籍することを指します。この行政行為が有効とされるためには、元の（a quo）教区司教の除籍書と移籍先の（ad quem）教区司教の入籍書が必要とされ、それぞれ司教によって署名されていなければなりません。これには一定の時間経過は必要とされません。

　一方、法そのものによる（ipso iure）移籍には、時間の経過を伴うものと、奉献

42　［訳者注］「神は司祭たちを、彼らに影響を与えている具体的な人間や教会の現状の中からいつも呼び出します。そして、神は司祭たちを、その同じ状況の下へと遣わすのです」（教皇ヨハネ・パウロ2世、使徒的勧告『現代の司祭養成　Pastores dabo vobis』5項）と教えられているように、根本的に司祭召命とは、全ての教会共同体のために、その中で育てられ生み出されるものであって、教会共同体とは全く関係のない私的な営みや自己実現などではなく、また限定的あるいは閉鎖的なグループのためのものでもない。

43　「司祭は、頭であり、牧者であり、教会の花婿であるキリストを表わすものとして、『教会の内に』立てられるばかりでなく、『教会に対して』も立てられるのです。・・・・・司祭は、復活したキリストを教会的、秘跡的しるしとして体現する者であるがゆえに神秘としての教会の奉仕者です。司祭は、司教と一体となり、司祭団との密接な関係のうちにあって、異なる召命、カリスマ、奉仕を調和させながら、教会の一致を作り上げるがゆえに交わりとしての教会の奉仕者です。そして、教会共同体を福音の宣教者、証人とするがゆえに派遣としての教会の奉仕者です。」（同16項）

生活の会または使徒的生活の会への移籍によるものがあります。

時間の経過を伴うものとは、自己の入籍先の部分教会に所属しながら、適法に、つまり自己の司教の許可を得て、他の部分教会での職務遂行のためにそこに移動している聖職者の事案を指します。この種の移籍は、教皇パウロ6世の自発教令『エクレジエ・サンクテ Ecclesiae sanctae』[44]（I, 3, §5）で規定され、さらにこれを「沈黙の移籍」と定義した使徒座最高裁判所署名院によって教義的解釈の対象とされ[45]、現行教会法典に採り入れられました[46]。

奉献生活の会あるいは使徒的生活の会への受け入れによる移籍は、ある部分教会からそうした会、組織へ転属する聖職者の事案を指すものです。

こうした移籍を認めるために、教区司教は次のことがらを確認しなければなりません。

・その聖職者が、自己の部分教会にとって必要かつ有益であり、その者の生計に関する法の規程を順守できること
・元の（a quo）教区司教が、除籍書と当該聖職者の生活、品行、勉学に関する証明書を発行していること
・聖職者が書面をもって、「法の規定に従って、新しい部分教会において献身することを望む」旨を宣言していること

また移籍とは異なる移動は、ある聖職者が自分の所属する部分教会に在籍しながら、籍を置く元の（a quo）教区司教の許可と移動先の（ad quem）教区司教の事前の承諾を得て、所属先の教区とは異なる教区において奉仕職を遂行するよう招かれていることを理由に、移動先の教区に居住または駐在することを指します。

元の教区の司教は、自己の部分教会の真の必要がある場合を除いて、正当な移動の許可を拒むべきではありません。当該聖職者は、相応に準備された適格者

44　*AAS* 58 (1966) 757-787.

45　使徒座最高裁判所署名院，終局判決 *Incardinatus erat*（prot. n. 9375/77 C.A., 1978年6月27日），in *Communicationes* 10 (1978) 152-158.

46　教会法第268条第1項は次のように定めている。「自己の部分教会から他の部分教会へ適法に移動した聖職者は、受け入れ先の部分教会の教区司教及び自己の教区司教の双方に移籍の意向を書面で表明し、どちらの司教もその受領後4ヵ月以内に書面に記して反対の意思を表明しない限り、5年を経過したときに法そのものによって移動先の部分教会に入籍する。」

でなければなりません。また、元の教区司教は、聖職者の移動先の教区司教との書面による協定によって、当該聖職者の権利および義務を確定するよう措置を講じなければなりません。移動の許可は、一定期間においてこれを定めることができますが、これを更新することもできます。

　当該聖職者は、自己の部分教会の籍を失わず、復帰に際しては、そこで聖なる奉仕職に当然伴うすべての権利を享受します。教区司教は、正当な理由があれば、聖職者を自己の教会に呼び戻すことができます。その際、移動先の司教と締結された協定および自然法上の衡平が尊重されなければなりません。また移動先の教区司教は、正当な理由がある場合、他の部分教会の聖職者に対して、自己の管轄領域内にそれ以上滞在する許可を拒否することができますが、そうした場合においても常に締結された協定および自然法上の衡平が尊重されなければなりません。

　教区司教だけが、聖職者の入籍および除籍ならびに正当な移動を認可することができます。したがって、教区を臨時に管理する教区管理者は、司教座空位の教区において入籍および除籍ならびに他の部分教会への適正な移動の許可を与えることはできません。

　ただし、司教座の空位が1年経過した後であれば、教区管理者は顧問会の同意を得て、これらの手続きを行うことができます。

5.3. 聖職者の義務および権利

cann. 273-289 CIC; cann. 367-393 CCEO

　教会における聖職者に固有の使命は、特に聖なる任務としての秘跡の挙行において具体化されます。その任務は、すべてに先立つ神の選びと聖別のうちにその起源を持つものです。それゆえ、位階的祭司職と信徒の共通祭司職との間には、存在論的な区別があり、第二バチカン公会議は、この区別を「**身分による区別のみならず、本質的な区別でもある**」と宣言しました（『教会憲章』10項）。信徒の共通祭司職と、役務的あるいは位階的祭司職は、身分（教会における責務の違い）のためだけでなく、本質（人の根本的かつ存在論的な違い）においても異なるものなのです。このことは、必然的に権能、すなわち役務的な権能と信徒の権能の根本的な違いの存在に反映されています。

この基本的な神学の所与は、聖職者固有の奉仕職における彼らのアイデンティティーを保護するためのものとして、聖職者の法的身分を特定することに寄与する特別な教会法の規則を必要としました。この身分は、叙階の秘跡に基づくものです。キリスト信者（Christifideles）という共通の身分（status）から、ある人は叙階の秘跡を授かって聖職者となり、キリストに代わって（in persona Christi）行動し、神の民を牧するよう聖別され、任命されます。聖なる職階によって与えられるものとは、具体的に、さらに増し加えられる何かではなく、むしろ単純に、本質的に何か違うものであることを示唆しています。

　以前と比べて現行『教会法典』の規定では、もはや聖職者の特権については何も語られず、聖職者の義務および権利について言及されています。その際、公会議の『司祭の役務と生活に関する教令』と『教会における司教の司牧任務に関する教令』において浮かび上がった根本的な要請に基づく聖職者の生活スタイルおよび叙階に基づく奉仕職の本性と、教会法の規則の内容との関連性が明確にされています。

　聖職者の義務として次のことがらが挙げられています。位階的な交わりに配慮すること。委ねられた任務を受け入れ誠実に全うすること。聖職者同士、互いに兄弟愛をもって協力すること。信徒の使命を認め推進すること。自己の霊的生活に配慮し聖性に励むこと。独身を守ること[47]。聖職者の会を組織することによって教会の交わりを保つこと。聖職者の身分に相応しくない会への参加を控えること。自己の生涯養成を準備すること。自己の教区内に居住すること。教会の定めた聖職者に相応しい衣服（habitus ecclesiasticus）を着用すること。教会の権利の擁護または共通善の促進にとって必要である場合を除いて政党および組合の活動および公職、商売や取引、身分に馴染まないことがらに関与しないこと。兵役に志願しないこと。

　司祭にはまた、共同生活を営むこと、質素な生活スタイルを実践すること、平和と調和を促すことが奨励されています。

　さらに聖職者は、教会職を取得する権利、生活費および社会保障を受ける権利を有しています。

47　［訳者注］司祭の独身制についてはさまざまな議論がなされてきたが、教会の精神としては、すでに使徒時代にその起源があると言われている。Cf. Christian Cochini, *Apostolic Origins of Priestly Celibacy*, Ignatius Press, San Francisco 1990.

5.4. 聖職者の身分の喪失

cann.290-293 CIC;cann394-398 CCEO

　秘跡である叙階は、霊印を刻印する――つまり受洗者を聖務者として立てる――存在論的な情況を作り上げます。受洗者が、ひとたび有効に叙階された場合、このような存在論的・秘跡的な情況は永続性を持ち、これを取り消すことはできません。聖職者の身分（status clericalis）とは、有効な叙階に付随するすべての義務および権利を含む、教会における聖職者の法的状態を指します。

　聖なる職階（ordo sacer）は、決して喪失することはありません。何らかの法的行為をもってその執行を制限または禁止することができるものの、ひとたび有効に叙階が授けられた場合、叙階に基づく権能（potestas ordinis：叙階権）は決して奪われることはありません。その一方で、聖職者の身分は喪失することがあります。つまり、聖なる叙階からもたらされるすべての義務の免除によって、有効な聖職叙階に基づく義務および権利は喪失します。これには独身を守る義務の免除も含まれますが、それは唯一教皇によってのみ与えられます。その一方で、裁判判決および行政決定によって、聖なる叙階が無効であると宣言された場合、教皇への訴願なしに直ちに独身を守る義務を含むすべての義務および権利は消滅します。また独身制の免除は、それ自体、当然、聖職者の身分の喪失を含みます。

　聖職者の身分は、叙階の無効宣言に伴って、当然、喪失します。また追放もしくは使徒座の答書によっても喪失します。

　聖職者の身分の喪失の第一の事例は、裁判判決または行政決定によって聖なる叙階が無効であると宣言される場合です。第二の事例は、適法に追放（除名）の刑罰が科せられる場合です。聖職者の身分の喪失の第三の事例は、使徒座からの答書によってこれが認められる場合です[48]。この答書は、もともと有効に聖なる叙階を授与されたにもかかわらず、例えば、実際は強度の恐怖の下で叙階され、その恐怖が過ぎ去った後、その叙階を追認せず、少なくとも沈黙を守ったまま奉仕職を実施していたといったような場合に与えられることが想定されています[49]。

48　［訳者注］これら3種類の聖職者の身分喪失に関しては、『聖職者の違法行為と身分の喪失』（2017年、教友社）を参照のこと。

49　［訳者注］もともと聖職者の義務の免除に関する使徒座の答書は、こうした叙階前に遡る

聖職者の身分を喪失した者には次のことが生じます。
・法そのものにより（ipso iure）その身分に付随する固有の権利のすべてを失う
・聖職者の身分に付随するすべての義務から解かれる
・叙階に基づく権能の行使が禁止される
・当然（eo ipso）、すべての職務と任務を喪失する
・当然（eo ipso）、受任権も喪失する

　聖職者の身分を喪失した時点から叙階権の行使が禁じられた聖職者であっても、死の危険にある信者がゆるしの秘跡を求める場合、たとえ権能を有する司祭が臨席していたとしても、いかなる懲戒罰および罪をも有効かつ適法に赦免することができます。

　聖職者の身分の喪失そのものは永久的なものです。ただし、復職の請願に対して管轄権をもつ聖座の答書が与えられた場合は復職が可能です。

　復職が可能であるということは、有効に叙階の秘跡が授与されたことに基づいています。なぜなら、叙階において霊印が刻印されているため、秘跡そのものが存続しているからです。聖職者の身分に復帰する際には、いわゆる恩典の答書によって、以前と同様にその義務および権利が取り戻されます[50]。しかしそれらも当然、喪失する可能性があります。

　聖職者の身分への復帰は、適法に科せられた追放の刑罰が消滅した場合、聖座の答書が与えられた場合、教皇がその専権事項である独身の義務の免除を与えた場合に実行可能となります。ただし、裁判判決もしくは行政決定により、聖なる叙階の無効が宣言された場合はこの限りではありません。なぜならこの場合は、そもそも初めから叙階の秘跡そのものがなかったからです。

原因に関わるもの、つまり聖職者として叙階されるべきではなかった者に与えられるもので、叙階後に生じた原因に対してはこれが認められないとされてきた。現在は、民法上の婚姻を行ったり、子供をもうけていたり、長期にわたって聖職者としての職務を放棄したために取り返しのつかない状況にある聖職者を対象にした免除も認められているが、これらの者が偽りのない真の悔い改めをもって免除を申請する場合にのみ、これが認められ得るとされている。詳しくは『聖職者の違法行為と身分の喪失』（2017 年、教友社）を参照。

50　［訳者注］詳しくは『聖職者の違法行為と身分の喪失』（2017 年、教友社）の 226-232 頁を参照。

[教会法典]

「属人高位聖職者区」（praelatura personalis）
第294条 使徒座は、司祭の適切な配分を推進するため、または種々の地域ないし種々の社会的団体のための特別な司牧活動あるいは宣教活動を行うために、在俗聖職者である司祭および助祭によって構成される属人高位聖職者区を、関係する司教協議会の意見を聴いたうえで設立することができる。

第295条 （1）属人高位聖職者区は、使徒座が作成した規則によって統治され、固有の裁治権者として高位聖職者がその責任者に任命される。この高位聖職者には、国内または国際神学校を設置し、学生を入籍させ、属人高位聖職者区での奉仕のために叙階されるよう奨励する権限を有する。
（2）この高位聖職者は、前述の目的のために奨励した者の霊的養成、および正当な生活の維持について配慮しなければならない。
第296条 信徒は、属人高位聖職者区と協定を結ぶことによって、属人高位聖職者区の使徒的事業に献身することができる。ただし、その組織への協力の方法およびそれに伴う主要な義務および権利は、規則に適切に規定されなければならない。

第297条 同様にその規則には、あらかじめ教区司教の同意を得たうえで、属人高位聖職者区が、その司牧的事業あるいは宣教活動を行っている部分教会、またはこれから行いたいと思っている場所の裁治権者との関係を規定しなければならない。

【参考文献】

G. Appassery, *Priestly Formation, Ephrem's Publications*, Satna 2010.

V. De Paolis, "I ministri sacri o chierici", in *Il fedele cristiano. La condizione giuridica dei battezzati*, EDB, Bologna 1989, 103-173.

G. Incitti, *Il sacramento dell'ordine nel Codice di diritto canonico. Il ministero dalla formazione all'esercizio*, Urbaniana University Press, Città del Vaticano 2013.

第5章 聖職者に立てられた信者　97

S. Karambai, *Ministers and Ministeries in the Local Church*, St. Paul's, Mumbai 2005.

D. Mogavero, "I ministri sacri o chierici", in Gruppo Italiano docenti di Diritto canonico (a cura di), *Il diritto nel mistero della Chiesa, 2: Il popolo di Dio. Stati e funzioni del popolo di Dio. Chiesa particolare universale. La funzione di insegnare*, Lateran University Press, Città del Vaticano ³2001, 77-137.

H. W. Woestamn, *The Sacrament of Orders and the Clerical State*, Saint Paul University, Ottawa ³2006.

第6章　キリスト信者の会

　教会においてキリスト信者の会（consociationes christifidelium）を設立する権利が肯定されたことは、誰もが認める第2バチカン公会議の功績の1つです。

「キリスト信者は、個人として、それぞれの生活の異なった状況において使徒職を実行するように召されています。しかしながら、人間はその本性上社会的な存在であって、神が嘉(よみ)するのは、キリストを信じる者たちを1つの神の民（1ペト2：5-10参照）、そして1つのからだとして結び合わせること（1コリ12：12参照）であると銘記しなくてはなりません。したがって、団体でなされる使徒職は、人間としての要求にもキリスト信者としての要求にもみごとに応えるものであり、また同時に「二人または三人がわたしの名によって集まるところには、私もその中にいるのである」（マタ18：20）と言われているように、キリストにおける教会の交わりと一致とのしるしをも示しています。それゆえ、キリスト信者は心を1つにして自分の使徒職を果たさなければならないのです。自分の家族という共同体においても、またそのもの自体がすでに使徒職の共同体的性格を示している小教区、教区においても、さらに自ら自由に選んで加入したグループにおいても、使徒とならなければなりません。」（『信徒使徒職に関する教令』18項）

　固有の目的によって、すなわち固有の目的を達成するための行動によって明示される信者の会という事象の重要性は、カトリック教会全体の使命と関連しているものと言えます。それは、教会の使命は、「人々の救いにかかわっていますが、その救いはキリストへの信仰とキリストの恵みによって達せられるものなのです。したがって、教会とその全成員の使徒職とは、まず、ことばと行いによりキリストのメッセージを世に告げ知らせ、キリストの恵みにあずからせることにあります」（『信徒使徒職に関する教令』6項）と言われているとおりです。一方で、教会の信者の会の活動は、神の民の成長と完成のためにあるもので、各々の信者が異なる仕方で受け持っているすべての信者に属する使命そのものから離れたものであってはならないのです。

　信者の会（団体）は、「団体そのもののためにあるのではなく、むしろ教会が

世に対する使命を果たす際にそれに奉仕すべきもの」(同 24 項) なのです。これらの信者の会にはさまざまなものがあり、それについて公会議の文書は次のように述べています。

「直接または間接に超自然的目的を追求する会、すなわち、より完全な生活を送るために、あるいはキリストの福音をすべての人に告げるために、キリスト教の教えを広めたり公の礼拝を推進するため、社会的目的を追求するため、あるいは信心業や愛の業を行うためなどを目的とする会をも促進し、また奨励しなければなりません。」(第二バチカン公会議『教会における司教の司教任務に関する教令』17 項)

『信徒使徒職に関する教令』は、さらに次のように述べています。

「使徒職を行う団体のうち、あるものは教会の一般的な使徒的目的を目指し、あるものは福音化と聖化に特化した目的を追求し、あるものは現世的秩序のうちにキリスト教の精神を浸透させることを目的とし、あるものは慈善事業を通して特別な仕方でキリストのあかしを立てるのです。」(『信徒使徒職に関する教令』19 項)

　信者にとって、自由にキリスト信者の会に加わる権利は、教会それ自体の使命に結び付いた目的の達成のためだけでなく、より完全な生活の促進を通じて信者自らが聖性に到達するための手段の1つでもあります。このことについて、公会議は次のように勧めています。「これらの団体のうちで最初に考慮すべきものは、成員の実生活と信仰とのより緊密な一致を助成し強化するような団体です」(同 19 項)と。
　カトリック教会において、信者の会を自由に設立する権利と教会権威者との関係を明確にするためには、信者の自由なイニシアティブによって設立されている信者の会と、教会権威者によって設立され統治されている会とを別々に検討する必要があります。前者について公会議は、次のように認めています。「教会内には、信徒が自由に選んで設立しその賢明な判断によって運営されている、数多くの使徒的事業が見出されます。」(同 24 項)
　単純に、信者の会は、共通の目的のために設立され、位階的権威者から特別

な自治を認められているすべての信者の会のことを指します。これに関して位階的権威者は、単に基本方針と霊的支援を提供すること、すなわち教会の共通善に向かう使徒職の行使を規整し、信仰の正統性と正しい規律およびカトリックの道徳性が守られていることを監督する責務を有しています。信者たちのイニシアティブによって設立された信者の会と位階的権威者との関係は、幅広い正統な自治と自由に特徴づけられるもので、会が位階的権威者によって認定されるとしても、それらは決して減じられるものではありません。実際のところ、「**このような事業によって、教会の使命は、ある種の状況のもとではよりよく果たされうる**」（同 24 項）のです。

　位階的権威者によって設立され、統治されている信者の会の場合、設立者である位階的権威者の介入の範囲はより大きなものとなります。これについて『信徒使徒職に関する教令』は次のように教えています。「**教会の権威は、特別な責任を引き受けることになりますが、教会の共通善が要求するところに従って、直接に霊的な目的を目指す使徒的な団体や事業の中からあるものを選んで特別に支援することができます。**」（同 24 項）

　このような仕方で位階的権威者の関与によって、こうした信者の会の法的統治は、位階的権威者とその奉仕職に、より密接に結ばれます。それゆえ、このような位階的権威者は、「**状況に応じて使徒職を異なった仕方で秩序づけながら、ある形態の使徒職を自己本来の使徒的任務にいっそう密接に結びつけます。しかし、双方の本質的な性格とその違いは保つように心がけ、したがって、信徒が自発的に行動するために必要な自由は奪わないようにする**」（同 24 項）必要があります。この場合、信者の会の統治は、自治の原則というよりも、位階的権威者に従属するという原則によって保たれていると言えます。

　それゆえ信者の会を設立する権利と、然るべき位階的権威者との間の関係性を考察する際、第２バチカン公会議の教えは、２つの異なる会の設立形態を提示しています。１つ目は、信者の会がメンバーの意思に強く依拠しており、その体制そのものが、実際に自治的であるという形態です。２つ目は、信者の会が教会の権威者に依拠している形態です。しかしいずれの場合も、位階的権威者との関係は、それぞれ異なるものであっても明確に認められたものであり、それゆえ自由に信者の会を発足する権利の範囲も狭められるものであはりません。

6.1. すべての信者の会のために設けられた共通の規範
cann. 298-311 CIC; cann. 573-574; 576-578; 581 CCEO

　教会法典改正委員会は、補完性の原理に従って、多くの規則を団体ごとの会則に、すなわち下位の立法者に委ねることに関して、信者の会を組織する明確な判断基準として、次のように指導しました。
　「多様な側面と目的を備えた信者の会という事象が、教会の中で益々増えているなかで、それらに関する規定がむやみに増えることによって、信者の会の存在そのものや会の漸進的な発展が阻害されないようにすることが重要です。」[51]

　さらに同委員会は、次のことがらも念頭に置いていました。
「信者の会を組織する権利の行使は、信者が今すでに、そして将来ますます世界を旅する教会の共通かつ唯一の使命に参与することができる方法の１つです。したがって、これを妨げることは望ましいものではなく、実際に、会則をあまりにも厳格なものとした場合、この事象の発展を極端に抑制してしまう恐れがあります。」[52]

　教会において信者の会を創設し、組織し、設立する教会法上の基準は、次の要素によって特定することができます。
- 設立目的（キリスト信者としてより完全な生活を奨励し、公の礼拝若しくはキリスト教の教えを広めることを推進し、または他の使徒的事業、すなわち福音宣教の企画、信心若しくは愛徳の業を実践し、地上的秩序をキリスト教的精神によって活性化すること）
- 各会固有の目的に応えることができる体制を備えるために、各会が定めるべき会則の本質的な内容
- 信仰、道徳および教会の規律に関する基本的な要素における教会の権限ある権威者との関わり
- 会員の入会と退会、およびその義務および権利の特定

51　*Communicationes* 2 (1970) 97-98.

52　*Communicationes* 2 (1970) 97-98.

・法律と会則に基づく適法な自治

　教会法には信者の会を特定するための幾つかの判断基準が挙げられています。1つ目は、公的会（consociatio publica）と私的会（consociatio privata）という分類です。2つ目は、教会の権限ある権威者しか認めることができない「カトリック」という名称を冠しているか否かという分類です。3つ目は、会を統治する人のカテゴリーによる分類です。すなわち聖職者によって統治されている場合は、聖職者による会、信徒によって統治されている場合は、信徒による会と言われます。4つ目の分類は、「第三会」（ordines tertii）もしくは、他の相応しい名称で呼ばれる会です。そして最後の分類は、全世界的な会あるいは国際的な会、または国ごとの会あるいは教区の会といったように、その会の活動領域や範囲によって特定されるものです。上記以外の分類は、以下の例のように他の基準によって定めることができます。
・会の構成員による分類（聖職者の会、信徒の会、そして聖職者と信徒の両方を含む会など）
・各会の会則に定められた会そのものが発足した目的による分類
・教会権威者の介入の度合いによる分類。すなわち教会権威者によって設立された会として、あるいは教会権威者に賞賛されている会または推奨されている会として認められているかどうか、その度合いに基づく分類

　教会法の規定に従って設立された信者の会は、キリスト信者に相応しい、より完全な生活を奨励し、公の礼拝若しくはキリスト教の教えを広めることを推進し、また教会の使命の一般的な目的と一致する他の使徒的事業をその活動の目的とします。
　逆に、例えば、政治的な集団、労働組合や職業別の集団、その他の一般的なカテゴリーの集団のように、まさに世俗的秩序に帰される目的で集まり、それゆえ教会法と関係せず、信者が市民として社会的秩序の中で組織し得る会は、ここでいう信者の会には含まれません。こうした組織は、キリスト信者なかでも信徒が、信者として良心に突き動かされて自らの責任の下で行動する、世俗の中で働くキリスト信者のインスピレーションに基づくものです。教会法は、こうした会を組織する事象を正当なものとみなし、またこれを励ましてはいますが、これを規制する権限はないと明言しており、信者個人の名による取り組みと、教会の名によって、あるいは少なくとも教会内において（in Ecclesia）実現される取り組みとを区別する原則を明言するにとどめています。

『教会法典』は、まず私的会の法的側面の輪郭を描出しています。私的会は、教会の中で自由に会を組織するという権利の行使において、個々の信者のイニシアティブによって設立されます。この自由は、実定法の規則に反することなく、教会の法制度が追求する一般的な目的とも関係を保っている法的に適性とされる範囲に限られます。

　私的会のなかには、教会権威者によって賞賛または推奨される会が含まれます。結果として、一般的な承認を得ることを考える時点で、すべての私的会が賞賛または推奨されている必要はありません。というのも、このことは法人格を取得するための前提条件となる法的行為（認可）とは区別されるからです。この私的会の承認に際して、教会の権限ある権威者は、普遍法と会則との適合性を審査し、いかなる矛盾もないことを確認したうえで、その会が教会の法制度とは関係のない目的を追求するものでないかどうか評価します。

　承認と監査は、2つの異なる法的意味を持っています。いずれの行為も、すべての信者の会の権利が教会の法規において保護され、また会内部の活動および第三者が関わる活動において会の秩序を保ち、規定に沿ってそれが取り行われることを保証する目的を持っています。

　いかなる会であっても、教会の権限ある権威者の同意なしに、「カトリック」という名称を持つことはできません。私的会とは異なり、教会権威者によって設立された会は、当然「カトリック」という名称を有します。事実上、私的会に限って、カトリックという名称を持つこと、および教会の唯一の使命を達成するために用いられる手段と追及される目的の適合性についての確認が問題とされます。

　結果として、「カトリック」という名称を使用するためには、会が追求する目的が、教会の使徒的使命に一致するものであり、私的に追求されるイニシアティブであり続ける場合であっても、何らかの仕方で教会が「公的に」取り組む活動でもあることが明確に認められる必要があります。

　公的会は、教会の権限ある権威者自身によって設立されている以上、教会の組織構造に組み入れられており、教会の名において活動します。反対に私的会は、その会則に定められた（教会の目的と一致している、あるいは少なくともそれに反していない）特別な目的の追求のために、独自の名において活動し、信者たちの自由とイニシアティブによって設立されています。

　公的会を特徴づける要素は以下の3つです。
・新たな会の発足の基礎となる創設文書（これは、少なくとも理論的には、法人と

しての設立文書とは明らかに区別される）
・共通の関心事の達成と結ばれた目的の追求
・教会の名による活動

　確かに公的会は、通常、公共の利益のための目的を追求するものです。その目的には、キリスト教の教えの普及や公的礼拝の促進またはその性質上、教会権威者に留保されている他の目的も含まれます。しかしその一方で、教会の組織には委ねられていない、信者の私的な自治に委ねられた特定の目的についても、私的なイニシアティブ（取り組み）によっては十分に達成されないと判断された場合、教会権威者は公的会を設立することが確かに可能であり、少なくともその設立を認めることができます。その際、教会権威者は、公的な法制度に従う信者の会を設立することになるのですが、そうした会に固有の目的に基づいて直接的にこれを設立するのではなく、専ら実際の教会生活における諸要素を裁量・評価して、権威者自らの権限によって設立することになります。これらの会は、信者の立場からの私的なイニシアティブの不足を補うために、位階的権威者によって設立される会のことを指しています。

　さらに聖職者の会というものがあります。聖職者の会は、聖職者の統治のもとにあって、聖なる叙階権の行使を前提とし、かつ聖職者の会として権限ある権威者によって認可されたものを指します。立法者は、どのような職務の行使を想定しているのかを具体的に示していませんが、会の目的として聖務が明確な特徴とされていなければならないことは確かです。例えば、宣教地における任務、あるいは移住者や民族集団のような特別な司牧的配慮を必要とするさまざまな理由を持った信者のカテゴリーのための任務などが考えられます。さらにある聖職者が、こうした種類の会への入会を希望する際は、自己の裁治権者の許可が必要とされることは当然です。

　またこうした信者の会の中には、修道会に依拠する伝統的に「第三会」と呼ばれる会があります。現在は、その他の相応しい名を持つこともできます。この信者の会は、使徒的生活を送り、権限ある教会の権威者によって承認された規則を順守して、キリスト信者としての完全性を目指すものです。これらの会は、いずれかの修道会のカリスマによって導かれている一方、その会員は、世俗の中にあって生活を続けているため、やはり世俗的な性格をとどめています。

　いかなる信者の会も、会の性質と目的に合致し、時と場所の慣例に適合した固

有の名称を持たなければなりません。会の名称は、会を識別するために必要とされるもので、これが公開されていれば、第三者が必然的に会の存在と向き合うきっかけにもなります。教会法の規定では、一般の法律のそれとは異なり、会の周知に寄与し会に対する保証を提供するための登録制度といったようなものは存在しません。

いかなる信者の会も、自己の会則を有さなければなりません。この会則は、会の設立に関する文書とは異なるもので、公的会の場合は、教会の権限ある権威者によって、私的会の場合は、設立にかかわる信者の意思に基づいて制定されます。実際、会の設立文書には、その会を他と区別し特徴づける要素が含まれます。

会則に含まれる要素、つまり会の目的すなわち団体をつくる理由、所在地、統治、ならびに特に集会の形式や代表、役員、事務職員および財産管理責任者の任命、また入会と退会に必要な条件については、短く要約し過ぎてはなりません。特に会の生活と会独自の目的追求に関する活動についての要素も同様の扱いとなります。各会は、法的な事務局または運営上の事務局（本部）を有していなければなりません。これらの公式な事務局が、信者の会の統治に関する事務局とその活動に関する事務局とに分かれていることに反対する規定はありません[53]。

信者の会は、教会の権限ある権威者の監督の下に置かれます。すべての信者の会は、聖座の監督下に置かれています。また教区立の会は、地区裁治権者の監督下に置かれています。

1つまたは複数の会に所属するためには、法の規定および各会の規則を順守する必要があります。会員が、会に与えられた権利および特権、免償および他の霊的な恩恵を享受するためには、法の規定および会固有の規則に従って有効に入会していること、ならびに適法に除名されていないことが必要であり、それのみで十分です。

修道会の会員は、固有法の規定に従って、また自己の上長の同意を得たうえで、信者の会に所属することができます。法典には在俗会および使徒的生活の会の会員についての言及は何もありませんが、このこと自体は、実際に、彼らが排除されているということを意味しているわけではありません。以前の『教会法典』に定

53　会則が社会的に認知されることに関する規則はないが、これが国家法上有効とされる方式に従って作成されることは望ましい。そのようにして社会の法制度が、教会の信者の会全般を、或いは教会の法人に類する機関を認知することを保証すべきである。つまり、教会法的秩序における法人に類する組織に対して国家法上の効果が認められるよう規定する特定の規則があって然るべきである。

められていた制限条項の一部を廃止することによって、現行の『教会法典』は、少なくとも修道会の会員が信者の会に所属可能であることを明確に認めていることに留意すべきです。

　会に適法に入会した人は、誰であれ法および規則の規定に基づいた正当な理由がない限り、退会させられることはありません。

　適法に設立されたすべての会は、普遍法や会則の規定を順守することにおいて、自由に会を組織する権利を具体的に適用する、正当な統治に関する内的自治を享受します。

　信者の会のために特別規定を定める権限には、当然のことながら、会則を実行できるようにするための組織的ならびに行政的な規範を設ける具体的な可能性だけでなく、会の組織の機能、とりわけ決定機関（会員の会議）および統治機関（代表、役員、財産管理責任者）の機能を備える自由も含まれます。これらの機関以外に、理事会、または管理者がその義務を遂行するために管理者を補佐する2名の相談役が設けられます。経済問題評議会は、公的会および法人格を有している私的会ではその設置が義務づけられています。当然のことながら、会の任務遂行における特定の業務は、会則にその詳細が明記されていなければなりません。

　しかしながら、このような組織上の、また管理運営上の自治は、絶対的なものと考えられるべきではありません。実際、普遍法によって、いくつかの制限が定められています。例えば、会則に別段に定められていない限り、聖職者の会の会長は聖職者とされています。また、団体付司祭（cappellanus）若しくは補佐役の聖職者（assistens ecclesiasticus）は、教会権威者によって任命される必要があり、彼らは会の代表になることが禁止されています。さらに、会則が制限規定を定める可能性も除外されるべきではありません。

　私的会の全体像の見てみると、大きく2つの異なる種類に分類することができます。それは法人格を備えた私的会と、法人格を持たない私的会です（『信徒使徒職に関する教令』24項参照）。

　法人として設立されていない私的会は、会として義務および権利の自治的な主体となることはできません。したがってこうした会は、その構成員（会員）の集合とみなされます。これは、会の財産が自然人としての会員に帰属していることを意味します。会の代表は、個々の会員から委任を受けた代表として、あるいは代理人としてのみ行動することができ、もっぱら個々の会員の名において、または会員を代理して契約行為（法律行為）を行うことができます。それゆえ、個々の会員の名にお

いて負うことになった義務は、連帯して、かつ無制限に自然人たる個々の会員の義務とされます。

　私的会に属する財産は、いわゆる教会財産ではないため、教会の資産の一部とみなされません。言い換えれば、私的会の財産は、普遍教会、聖座およびその他の公法人に属する財産として、合法的に教会が所有権を主張することができるものではありません。教会に属していない財産は、私的な法人によって所有され、会則に別段の定めがない限り、会則の規定に従って管理されます。法人格を持たない私的会の場合、ともかく教会法の分野においては重要性を有しているという意味合いにおいて、教会財産に関して話題にされることがあります。しかし、その重要性とはいったいどのようなものでしょうか？　また、私的会が法的主体性を有していると言えるのでしょうか？

　教会の立法者によると、法人として設立されていない私的会は、会として義務および権利の主体となることはできません。それでもなお、ある種の主体性を享受しているとされています。例えば、名称を持つ権利を有し、会則を備えることができます。また権限ある権威者の監督のもとに置かれています。さらに特権、免償およびその他の霊的な恩恵を享受することができます。特別な規定を定め、会議を開催し、代表および役員全般を任命することができます。このことから、少なくとも、法人格を持たない私的会は、単に法人格を持たないとはいえ、主体として存在しているものと言えます。実際、法人格とは、団体としての会に対して、より多くの保護と保証を与え、その主体性を評価する、教会法上の観点で重要性を帯びる特性に過ぎません。

　キリスト信者の会については、特に次の点が強調されるべきです。すなわち、特別な規定によって、キリスト教的精神をもって地上的秩序を活性化するために設立されている信者の会への配慮を助長すること、ならびに信徒の会の指導者を励まして、これらの会が同一地域内で活動する他の団体と協力しながら、また会員を適切に養成できるように配慮することです。

6.2. **信者の公的会**

cann. 312-320 CIC; cann. 575-576; 580; 582-583 CCEO

　1917 年の旧『教会法典』は、正当な権威者による設立の他に、同権威者の承

認によっても、教会の中で信者の会が公認されることを認めていました。

公的会とは、権限ある教会の権威者の意思によって組織され、教会の名において設立され、同権威者によって統治される会のことを指します。また公的会は、共通善を考慮しつつ、信心および愛徳の業を目的として、とりわけその性質上、教会の権限ある権威者に留保されている目的を追求します。これらの目的は、教会の名によってキリスト教の教理を教え、公の礼拝を促進し、またはその性質上、教会権威者に留保されている他の特別な目的、あるいは本質的に私的な目的であってもキリスト信者の私的な取り組みによっては十分に達成できないその他の霊的な目的など、会の設立と関わる特別な目的を指します。権限ある教会の権威者（聖座、司教協会議、教区司教）によって、あるいは使徒座の特権に基づいて、他の権威者（奉献生活・使徒的生活の会の上長、裁治権者）によって設立された公的会は、設立の決定をもって法人格を取得します。これらの会は、教会の名によって、常に教会権威者の最高規整のもとに置かれ、公的な使命を引き受けます。

公的会は、常に、そのようなものとして会を設立するという決定によって自らが受け取った法人格を享受します。

公的会の設立および統治において教会権威者が果たす役割が最重要なものとされていることから、中には自由に会を設立する権利が教会には存在しないのではないかと考える専門家もいます。しかし、そのような結社の自由が欠けていると主張することには、確かに現実的ではないと言えます。実際には、公的会の設立に際しても、信者の誰もがそのイニシアティブを取ることができますし、また会則を作成する際にも同じことが言えます。権利や特権そして義務を適切に享受している信者たちが、これらの公的会に名称を付けることや、さらに代表の職務を果たすことの可能性は、決して否定されるものではありません。

会則の承認、その改訂または変更については、会を設立した聖座、司教協会議、教区司教がそれぞれの管轄権において認可することができます。いずれにしても、会が法人格を取得するためには、このような法律行為が必要とされます。

また上述の権威者には、キリスト信者の会が自ら起こしたその本性に合致したイニシアティブについての上位権威者としての指導、とりわけ会が所有し管理する財産の的確な運営が任せられています。キリスト信者の会は、毎年、所轄の教会権威者に対して集めた献金および寄進について、誠実に会計報告をしなければなりません。

公的会に入会するための条件およびその方法は、会則によって定められます。さ

らに、普遍法によって定められている他の条件が加えられます。それは、カトリックの信仰告白、完全な教会の交わり、破門制裁が科せられていないか若しくは宣言されていないことです。

公にカトリックの信仰を放棄した者、教会の交わりから離反した者、または破門制裁が科せられた者は、公的会に有効に入会することはできません。適法に入会した者が、このような状況に陥った場合、その者は退会させられなければなりません。退会の措置に先立って、非難の通知（警告）がなされなければならず、退会命令にはその理由が示されている必要があります。信者の入会に対して不適合とされる障害を取り除く目的から、常に教会法上の警告が発せられなければなりません。名誉を守る権利と、自己弁護の権利を保障するために、こうした警告は必ず当事者に通知される必要があり、会則の規定によって信者の会の諸機関に対して、あるいは権限ある教会の権威者に対して、秘密保持と自己弁護を求める当事者の権利が保護されることが求められます。

公的会における教会権威者の立場を考慮すると、これらの会に関する統治の規律は、私的会のように会独自の自治によるものとすることはできず、反対に位階的権威者と密接に結ばれた法律上の規律によるものでなければなりません。

団体付司祭若しくは補佐役の聖職者の任命[54]は、会則にその記載がなくとも、必要に応じて、会の上級役員に相談したうえで、教会の権限ある権威者によって行われます。また、公的会において選出された代表の認証、または推薦された代表の任命あるいは固有法による指名、さらに正当な理由に基づく代表の解任は、教会の権威者の権限に属します。ただし代表の解任に際しては、会則の規定に従って、事前にその会の代表自身および会の上級役員の意見を聴取しなければなりません。また明確な反対規定が存在しない事案においては、一般原則に従って解任の措置に対して上訴することが可能です。

非聖職者の会では、会則に別段の定めがない限り、団体付司祭または補佐役の聖職者は会長職に任命されることはできません。一方、この会長の任務は、信徒でも果たすことができます。しかしながら、直接的に使徒職の実践を目指すキリスト信者の公的会においては、政治政党の指導的職責を果たしている者は、誰で

54　信者の会における司祭の存在に関しては、教皇庁信徒評議会の文書『信者の会における司祭、そのアイデンティティーと使命　*Priests within Associations of the Faithful. Identity and Mission*』（1981年8月4日）, in *EV* 7/1282-1387 を参照。

あれ代表になることが許されません。

　最後に、重大な理由によってそのことが必要となる特別な事情のもとでは、教会の権威者は、自らの名によって、会を一時的に指導する代理者を指名することができます。

　公的会の教会権威者に対する従属関係は、公的会の財産管理と運営の自治に対する制約において明確に現われてきます。その理由は、各会の会則の規定に基づいて、公的会は教会権威者の監督下に置かれており、これらのことがらについて報告義務を有しているからです。

　この報告義務とは、直接的に献金あるいは寄進に関しての、単なる報告の義務だけを指しているわけではありません。実際、財産と管理の自治に対する制約は、教会財産の管理を担う教会権威者が有する会の監督権限に基づくものでもあるのです。

　こういった管理に関する自治をめぐって特別な制約を有している公的会の体制については、立法者が公的会に、すべての公法人と同じように、教会の名において行動すること（agere nomine Ecclesiae）を認めているという事実のうちに、まさに合理的で筋が通った説明を見出すことができます。教会の名において行動することとは、教会固有の使命を実行することにおいて明示されるもので、公的会が会固有の活動を教会の名において遂行することを指します。そのように、公的会の現世的財産を教会財産とみなす理由は、公的会が教会の名において活動しているという事実以外に、これらの会が共通善を追求するために存在し、活動しているという事実にも由来します。言いかえれば、公的会は、より大きな教会の使命という枠組みにおいて、会固有の活動および目的の追求のために、教会の領域において現世的財産を利用していると言えるのです。

　法人である以上、キリスト信者の公的会は、その性質上恒久的なものです。ただし、100年間にわたる活動の休止によって、またはその会を設立したのと同じ権限ある権威者によって適法に廃止された場合、消滅します。

　公的会の廃止に関して、聖座については、法典はいかなる制限も設けていないのに対して、司教協議会と教区司教が権限を行使できるのは、重大な事由（ab graves causas）の存する特定の状況に限定されています。『教会法典』には明確な言及がないにしても、後者による廃止の場合、行政訴願および使徒座署名院最高裁判所（Sectio Altera）への上訴が認められています。

　キリスト信者の公的会は、代表および他の上級役員の意見を聴取したうえで、教

会の権限ある権威者によってのみ廃止されます。廃止された会の財産は、会則の規定に従って処分されなければなりません。そのような規定が存在しない場合、会の財産は、創立者と寄付者の意思また第三者の既得権を害することなく、直接上位にある法人に移されます。

6.3. 信者の私的会
cann. 321-329 CIC

　1917年の(旧)『教会法典』では、私的会は「信徒の会」(laicorum associationes)と呼ばれていました。教会の権限ある権威者に排他的に留保されている目的を除いて、信者の意向とその自由なイニシアティブによって、教会内の会に関係するあらゆる目的に合致した「私的会」と呼ばれる会が設立されます。
　私的会にはさまざまな種類のものが挙げられます。それらの会は、上述したとおり、教会権威者の承認によって「カトリック」の名称を持っているかどうかで区別される場合があります。さらに、法人として設立されていなくとも、会が賞賛若しくは推奨されることもあり得ます。ただし、いかなる信者の私的会も、その会則が教会の権限ある権威者の承認を得ていない限り、教会で公認されることはありません。
　私的会は、法人格を享受するものと、そうでないものとがあります。実際、キリスト信者の私的会は、教会の権限ある権威者(すなわち全世界的に、あるいは国際的に活動する信者の会については聖座、1つの国内全域で活動を行うことを意図して設立されている会についてはその地域全体を管轄する司教協会議、一教区内で活動する会については教区管理者ではなく直接、教区司教)の正式決定によって法人格を取得することができます。ただし使徒座の特権に基づいて、その設立が他の権威者に留保されている会については、教区司教の権限からは除外されます。
　私的会は、自主的に会を設立し、指導し、運営する権限を持つ信者たちの自由なイニシアティブによって創設されます。しかし、私的会としての性質を変えることなく会則の承認を得ることが切に求められます。法人格の取得についても、常に会則の承認をその必須条件としています。私的会は、かなりの程度の自治を享受する一方で、教会の権限ある権威者の統治と監督の下に置かれています。会の自

治は、その内部の制度および財産管理においてより明白なものとして現われてきますが、財産が会の目的に応じて運用されるように監督する権威者の権利は妨げられるものではありません。

私的会においては、会の生活における多くの領域において実現されている、広い範囲での自治が認められています。例えば会員は、会の代表と役員を自由に指名し、さらに教区内で適法に奉仕職を果たしている司祭の中から、地区裁治権者の認証を受けて霊的顧問（consiliarium spiritualem）を自由に選任することができます。また、会則の規定に従って、会の所有する財産を自由に管理することができます。

私的会は、法そのものによってではなく、権限ある教会の権威者の特別な決定によってのみ正式に法人格を取得することができます。法人格を持つものとされた私的会は、個々の会員の財産とは異なる、会の唯一の法的財産を持つようになります。それゆえ私的会の財産を含む諸々の権利は、法人格が取得されたとき、会そのものに属するものとされ、会員に対しては、会とその規則に従って間接的な仕方でのみ関係するものとなります。

法人格を持たない私的会については、状況は異なります。実際、それがいかなるものであれ、キリスト信者の私的会は、自己の会則が教会権威者によって承認されていない限り、法人格を取得することはできません。それでも上述したとおり、会則の承認は、会の私的であるという性質を変えるものではありません。したがって、仮に会則の承認のための手続きがなされていないといった場合は、法人格の支えが不足していることから、会は会員を法的に守る保障の提供能力を欠くため、信者を十分に保護することができません。しかしながら、事実上、法律によらずともこうした会は存在します。そして法律は、私的会とその会員の法的状態（身分）について、何らかの規定を定めなければなりません。その際、会の法的財産と会員の法的財産とを区別する必要があります。こうしたことが、次の教会法第310条の規定を理解するための背景となります。

「法人として設立されていない私的会は、会として、義務および権利の主体となることはできない。ただし、会に入会しているキリスト信者は、共同で義務を引き受け、かつ共有者および共同占有者として権利および財産を取得し、所有することができる。キリスト信者は、この権利および義務を委託者または代理人を介して行使することができる。」

6.3. 信者の私的会

　私的な会と呼ばれるのは、信者の創造力に基づいて、その本性からして（natura sua）教会権威者に留保されていない私的な目的を自らのものと定める、個々の信者によって設立された会のことであり、仮に会則の承認を得た後であっても未だ法人格を取得していない会のことを指します。これらの会は、教会と関係した目的を追求してはいるものの、正式な教会法上の任務を受けておらず、教会の名において（nomine Ecclesiae）会の使命を遂行するものではありません。

　私的会は、より広範な自治を享受しながらも、とりわけ財産の管理においては、その財産が会の目的に応じて運用されていることを保証する必要から、教会権威者の監督と統治のもとに置かれています。

　私的会と位階的権威者との関係性は、会則の承認およびその改訂において、その中心点を見出します。ここでの自由に関して、位階的権威者は正しい規範を定めるために、熱心かつ丁寧な心遣いをすべきです。特に、少数派の人々を保護するための規則が欠如していることを考慮しながら、会の活動と共同生活における個々の信者の保護、さらにこれらの会に興味を抱き、会との関係を持つ第三者の適切な保護に関しても配慮すべきです。

　結局、私的会に対して認められた自治の多岐にわたる広範な段階において、力の分散や浪費を避け、共通善に向けて使徒職を秩序づける教会権威者の監督責任に関する公会議の原則は不動のままです（『信徒使徒職に関する教令』24項参照）。

　キリスト信者の私的会は、会則の規定に従って消滅します。会則には、既得権および寄付者の意向を妨げることなく、消滅した会の財産の措置についても定められなければなりません。しかしながら、私的会は、その活動が教会の教義もしくは規律に重大な害を及ぼす場合、若しくはキリスト信者の躓きとなる場合には、権限ある権威者によって廃止されることがあります。

　会の消滅は、その設立文書において定められた理由によっても起こり得ます。たとえば次のような状況が挙げられます。
・定められた期限が経過した場合
・設立目的が達成されなかった場合
・会員全員がいなくなった場合
・会の会議によって自己消滅が決定された場合

　法人格を有する会の場合、その法人の消滅とともに、別途正式な廃止の措置を

必要とすることなく、法人格もなくなります。また会則の規定に従って、あるいは教会権威者の判断に基づいて会が存続しなくなるとき、私法人も消滅することを考慮する必要があります。

　法人格を持たない私的会の財産は、会則にその規定がなく、尊重すべき寄付者の意向による拘束もない場合、私的会が消滅または廃止された場合、会員の間で分配されることになります。しかしながら、こうした財産は、消滅または廃止された会と全く同じ目的若しくは類似した目的を有する会へ譲渡されることが望ましいとされています。

【参考文献】

Esperienze associative nella Chiesa. Aspetti canonistici, civili e fiscali, LEV, Città del Vaticano 2014.

P. Giuliani, *La distinzione fra associazioni pubbliche e associazioni private dei fedeli nel nuovo Codice di diritto canonico*, Pontificia Università Lateranense, Roma 1986.

Gruppo Italiano docenti di Diritto canonico (a cura di), *Fedeli, associazioni, movimenti*, Glossa, Milano 2002.

Le associazioni nella Chiesa, LEV, Città del Vaticano 1999.

L. Sistach Martínez, *Associations of Christ's Faithful*, Wilson & Lafleur Ltée, Montréal 2008.

L. Navarro, *Diritto di associazione e associazioni di fedeli*, Giuffrè Editore, Milano 1991.

第7章　奉献生活を営む信者

7.1. すべての奉献生活の会の通則

cann. 573-606 CIC; cann. 410-414; 419; 426; 434-435; 438-441; 448-450; 481; 505-508; 511; 554-557; 563-564; 566; 568; 570-571; 1505 CCEO

　立法者は、第二バチカン公会議の『教会憲章』43-47項から霊感(インスピレーション)を受けた豊かな神学的・法的要素に関する記述をもって、奉献生活の会に関する規則を開始します。そこでは、奉献生活(vita consecrata)とは、教会と神の国の建設ならびに世の救いのために、新しい特別な身分を通して自らを神に捧げ、キリストにより近く従うための永続的な生活の一形態であることが示されています。このような生活形態は、教会の権限ある権威者によって教会法に従って設立された組織の中で、各会に固有の規則に従った誓願や、他の聖なる絆による貞潔・清貧・従順からなる福音的勧告の誓約によって実現されます。公的誓願[55]は、修道会に固有のものであり、聖なる絆(約束、宣誓)は在俗会に固有のものです。

　福音的勧告の誓願は、教会の中での一定の身分を形成します。それは、教会の位階的構造に属するものではありませんが、教会のいのちと聖性に深く係るものです(『教会憲章』44項)。

　福音的勧告(『教会憲章』43項)は、教会が主から受け、また主の恵みによって常に保ってきた神の賜物です。それは、師であるキリストの教えと模範に基づいており、それを通して神と教会と人類への完全な奉献が実現されます。

　福音的勧告を引き受けることは、奉献生活の本質的な要素です。それについての正しい意味を解釈し、固有の法によってその実践を規律し、その実施の永続的で具体的な形態を承認すること、また会の創立者の精神と健全な伝統に従って会が発展し栄えるように配慮することは、権限ある教会の権威者の務めです(『教会

---

[55] ［訳者注］誓願が教会の名において、その適法な上長によって受理される場合「公的誓願」と呼ばれる。その他の場合は「私的誓願」である。教会が盛式と認める場合は「盛式誓願」、その他の場合は「単式誓願」である (cf. can. 1192)。伝統的に盛式修道誓願によって、世俗に関わるいっさいの事柄、結婚する権利や財産権の完全な放棄すなわち財産の所有、管理ならびに使用の権利全てを放棄していた。現在、各々の誓願によって、こうした権利の放棄がどの程度義務づけられるのかについては、それぞれの修道会の会憲や会則に定められる。

憲章』45 項）。

　奉献生活は、聖職者の会と信徒の会、修道会と在俗会、観想会と使徒的活動の会といったように、そのカリスマと形態に関して類い稀なる驚くべき多様性を見せています。しかし、それらすべては、祈るキリスト、神の国を告げるキリスト、善を行うキリスト、人々と共にこの世の只中に生きるキリスト、そしていかなる場合にも常に御父のみ旨を全うするキリストに、より密接に従うという共通の目的を持っています（『教会憲章』46 項）。

　それぞれの会は、教会によって承認された会の創立者の特定の意向と計画、ならびに会の健全な伝統によって明確に定められた、会の本性と目的、精神と性質を持っています。これらすべては、会の精神的遺産をなすものであり、教会内で正式に認められた会の正当な自治が、その基礎を置くところでもあります。

　教会の権威者によって行われる教会法に従った会の設立は、教会内での奉献生活の会と使徒的生活の会の法的な存在にとって必要不可欠なものです。会の設立は、あらかじめ聖座に諮らなければならないものの、それ自体としては教区司教の権限に属しています。教区司教は、それが教区の権限に属する（教区法の）奉献生活の会や使徒的生活の会を設立する権威を持っています。しかし、一度こうした会が設立されると、会の廃止に関しては、それが聖座の専権事項とされているため、司教はその廃止の決定を下すことができません。会の設立は、あらかじめ会憲が承認されたうえで、法そのものによって（ipso iure）法人格が付与される決定を通して成立します。

「新しい会を創設する際には、不要な会あるいは十分な活力を備えていない会が不賢明に生じないよう、その必要性あるいは少なくとも大きな有用性、および発展の可能性を十分に考慮しなければなりません。新しい教会においては、特別な仕方で修道生活を促進し、育てなければなりませんが、その際、住民の特性と風俗、その土地の慣習や状況を考慮に入れる必要があります。」
（第二バチカン公会議『修道生活の刷新・適応に関する教令』19 項）

　会は固有の遺産を効果的に守るために、正当な自治を享受します。つまり個々の会は、正当な自治権を有します。特に教会の中で、特別な規律を享受し、固有の遺産を守ることのできる統治に関する自治権があります。このことと一致して、個々の会は、会固有の規律を持つことができるとともに、会固有の自治を守るために、その地区裁治権者の裁治権から除外されています。

地区裁治権者の責任の下にある教区法の会である修道会にも正当な自治が認められているだけでなく、地区裁治権者は、自己の教区内に存在するすべての会の正当な自治を維持し保護する義務を負っています。各会の固有の法規は、とりわけ基本的な法典すなわち会憲の中に示されます。会憲は、創立者の意向と計画、健全な伝統と会の統治に関する基本的な規則、会員の規律、入会と養成、聖なる絆の固有の対象に従った会の本性、目的、精神、会固有の性質に関する会の遺産を含んでいなければなりません。

基本的な法典である会憲の作成は、それ自体、総会の権限に属しますが、聖座法の会については聖座によって、また教区法の会については、もしその会がすでに複数の教区に広がっている場合は関係する教区の司教に諮ったうえで、その会の本部所在地の司教によって会憲が承認されなければなりません。

会憲の他に、会内部の権限ある権威者よって公布された、会憲適用のための規則を集めたその他の法典、規定、指針などを持つこともできます。

奉献生活者の身分は、聖職者および信徒いずれの立場のものともなり得ますが、その本性からして、聖職者の身分でもなく、また信徒の身分でもありません（『教会憲章』43項）。しかしながら会は、聖職者の会であることも信徒の会であることもできます。

聖職者の会とは、創立者の意図した目的に従って、あるいは適法な伝統に従って聖職者によって統治され、聖なる職階の行使を引き受ける会であり、かつそのようなものとして教会の権威者によって承認された会のことを言います。

信徒の会とは、その本性、性質、目的からして、創立者または適法な伝統によって定められた、聖なる職階の行使を含まない固有の任務を有し、またそのようなものとして教会の権威者によって承認された会を言います。

奉献生活の会は、それが使徒座によって設立されたか、その正式決定によって承認されたものは、聖座法による会（教皇庁立の会）と言われ、教区司教によって設立された使徒座の承認の決定を伴わないものは、教区法による会（教区立の会）と言われます。

すべての会およびその会員は、教皇に対する特別な従順の義務を負っています。会の善益とその使徒職の必要性によりよく応えるため、教皇は、普遍教会に対する自らの首位権に基づいて、共通善を念頭に置きながら、奉献生活の会を地区裁治権者の管轄から解いて直接自己の権限の下に、あるいは教会の他の権威の下に置くことができます。

7.1. すべての奉献生活の会の通則

　聖座法による会であれ教区法による会であれ、奉献生活の会および使徒的生活の会の総長は、使徒座の定める様式と時期に従って、会の状態および生活の概要を使徒座に報告しなければなりません[56]。

　このような報告は、会と使徒座との交わりをより良いものとする目的があります。その交わりとは、教会的な交わりに基づくもので、使徒座が発行した規則を順守することにおいても示され、また聖座法の会にとっては、会内部の統治と規律について使徒座の権限に服することにおいても表わされます。

　教区法による会は、教区司教の特別な配慮の下に置かれています。教区司教は、その内部統治と規律を適宜監督することにより、起こり得る内部統治と規律の乱れを排除、予防し、会の善益と発展を促進する義務を負っています。しかし、司教との関係においても、また使徒座との関係においても、適法な自治権を有しているという原則は厳然として保たれています。教区内で活動している教区法による会について言えば、司教は会内部の上長ではありません。しかしながら、自治権を有する隠世女子修道院（Monasterium monialium sui iuris）に関しては、それが完全な自治を有しており、あるいはそれが聖座法による会であったとしても、特別な監督の責務は、その地の司教にあります。

　会憲の承認と、それに対して適法になされる変更の認証は、会の本部所在地の司教の権限に属します。しかし、会全体に関するより重要なことがらで、会内部の権威者の権限を越えた問題の処理に関して、使徒座の介入が必要と思われるものについては、この限りではありません。会が複数の教区に広がっている場合は、会の本部所在地の司教は、あらかじめ関係する他の教区司教に諮る義務を負っています。

　教区司教は、特別な場合に、自己の教区内に存在する教区法による会の会員について、会憲からの免除を与える権限を持ちます。しかし聖座法による会に関しては、その管轄権は使徒座、さらに会憲によって免除の権限が付与されている上長に属します。

　奉献生活の会と使徒的生活の会において、統治権は個人的であると同時に集団的でもあります。普遍法と会憲によって規定されたこの権限は、上長と会の議会に帰属します。

56　2008年5月11日の奉献生活・使徒的生活会省の書簡、*La Sede apostolica* 及び付録の "Linee orientative per la stesura della relazione periodica", in *EV* 25/450-460 を参照。

聖座法による聖職者修道会では、会の上長と議会は、普遍法と会憲に由来する権限だけではなく、教会から彼らに与えられた固有の意味での統治に関する教会の権能を、内的分野においても外的分野においても享受します。

カトリック信者は、正しい意向に促され、普遍法ならびに会の固有法が要求する資質を備え、何ら障害に妨げられておらず、相応しく準備ができている者であれば誰でも、奉献生活の会または使徒的生活の会に入会することができます。

奉献生活の本質的部分である貞潔・清貧・従順の福音的勧告の順守は、各会固有の性質と目的に留意しながら、各会の会憲の定めに従ってさまざまな形態をとることができます。会員は、誓願または他の聖なる絆を通して、会の固有法に従って、完全な愛徳に達するために、それらの勧告を完全かつ忠実に守るよう努力します。

教会には、奉献生活の会と使徒的生活の会の他に、隠遁生活（vita eremitica/anachoretica）と奉献されたおとめの身分（ordo virginum）[57] も存在します。ある信者は、隠遁者または隠修士としての生活によって、より厳格な仕方で自らを世俗から沈黙と孤独の中へ切り離し、絶え間ない祈りと償いによって、彼らの生活を神への賛美と世の救いのために捧げます。またある女性たちは、おとめの身分への奉献によって、キリストにより近く従うことに邁進するために、教区司教から認可された典礼儀式に従って聖別されます。このような聖別をもって、彼女たちは神秘的な婚姻によってキリストと結ばれ、教会への奉仕のために献身します。聖別されたおとめたちは、個別的な形で生活を営むこともできますが、それぞれ異なる厳格さを持つ絆を有しながら、事実上あるいは法に従って共同体を形づくることで、連合した形でも生活することができます。

教会から正式に認められている奉献生活の形態には、修道会、在俗会、使徒的生活の会があります。3つの福音的勧告の誓願による奉献生活の新しい形態の認可は、使徒座にのみ留保されています。しかしながら、聖霊から教会に託された奉献生活の新しい賜物を識別し、その創始者を支え、助け、彼らの意図を適切な会則によって擁護することは、教区司教の責務に属します[58]。

---

57 ［訳者注］奉献生活・使徒的生活会省が 2018 年 7 月 4 日に公布した、奉献されたおとめのための指導書『エクレジア・スポンセ・イマーゴ　Ecclesiae Sponsae Imago』を参照。

58 諸カリスマの識別に関する有益な指針として、教皇ヨハネ・パウロ 2 世の使徒的勧告『奉献生活 Vita consecrata』の 62 項を参照。また司教の管轄事項とされるカリスマの識別の基準に

7.2. 修道会

cann. 607-709 CIC; cann. 414-415; 418; 420-427; 431; 433; 436-438; 441-448; 450; 452-453; 456-462; 464; 467-469; 471; 473-477; 487-498; 500-503; 508-510; 512-516; 519; 521-528; 529-533; 536; 538-541; 543-554; 556-559; 562; 566-567; 638 CCEO

　修道生活(vita religiosa)とは、3つの福音的勧告の誓願を通して、キリストのうちに全人格を神に奉献する生活を指します。それは神によって創設された、来るべき世のしるしで、感嘆すべき婚姻のごとき主との一致を、教会において表わすものです。また修道生活は、神と兄弟たちへの具体的な愛において、その生涯を主への絶え間ない礼拝とする修道者の完全な自己贈与に、犠牲的な性格を与えるものでもあります。

　修道会(institutum religiosum)は、会員たちが、終生誓願か期限が来るたびに更新される有期誓願を公的に立て、共同体において兄弟的生活を送り、この世から離れて生活することにおいて、在俗会や使徒的生活の会からは区別されます。

　修道生活は、本質的に共同体として営まれる兄弟的生活です。したがって修道者の共同体は、適法に設立された会の家(修道院)に居住して生活を営み、法の規定に従って任命された固有の上長によって統治されていなければなりません。

　共同体としての兄弟的生活の源泉と中心は聖体です。そのために共同体は、聖体祭儀と聖体安置のための礼拝所を持たなければなりません。

　正当な権威者によって教会法上適切に設置された複数の修道院からなる集合体は、修道会の管区を構成します。適法に設立された修道会の個々の管区は、法そのものによって法人格を有します。

　修道院の設立は、会憲によって定められた会内部の権威者の権限に属します。しかし、それが有効であるためには(ad validitatem)、部分教会の責任ある牧者である教区司教の事前の同意が必要とされます。この同意は、修道者たちを教区の司牧的任務と教区の共同体の中に組み入れるものです。これはことがらの性質上、文書化されなければなりません。

　隠世女子修道院を設立する必要が生じた場合は、さらに使徒座の許可も求めなければなりません。

ついては、司教省の指針『アポストロールム・スッチェッソーレス *Apostolorum successores*』の107項(*EV* 22/1827-1828)を参照。

修道院は、もしそれが実際に教会と修道会のために有益であり、また会員が会の目的と会の精神に従って修道生活を適切に営むことができるものである場合に設立することができます。しかしその反対の場合、つまりもし設立されようとしている家（修道院）に物的にも霊的にも必要な手段を提供できそうにない場合は、これを設立してはなりません。

　教区司教の修道院設立に対する同意は、会固有の性質と目的に従って生活を営み、法の規定に従って会固有の活動を行う権利をその会に付与するものです。ただし、教区の諸活動と調和するように、場合によって一定の条件が司教から付加されることもあります。また聖職者修道会に対しては、司教の同意は、教会を持ち、聖なる奉仕職を実践する権利を付与するものでもあります。

　修道院を、本来の設立目的とは異なる使徒的事業や活動のために転用しようとする場合には、教区司教からの文書による同意が必要とされます。ただし、単に内部の統治や規律だけに関係する変更の場合には、この同意は必要ではありません。

　幾つかの修道院は、或る特別な制度に服しています。自治権を持つ盛式祭式者会の修道院（domus religiosa canonicorum regularium）および隠世修道会の修道院（domus monachorum）は、完全な自治権を有し独立しており、その修道院内部の上長は、法律上、上級上長とされます。聖座法の聖職者修道会においても、上級上長は裁治権を持っています。ただし、彼らの自治権は、会内部の生活と共同体の規律に関することだけで、法の規則に従って使徒座と司教に従属しています。男子の会と結ばれている女子の隠世修道院も自治権を持っており、それゆえ固有の秩序と固有の統治権を持っています。自治権を持つ独立した隠世修道院が、その会固有の統治者の他に上級上長を持たず、また会憲で定められた従属関係によって他の修道会に結ばれていない場合は、教区司教の特別な監督の下に置かれます。

　適法に設立された聖座法または教区法による会の修道院は、事前に教区司教に諮ったうえで、会憲の定めに従って総長によってのみ廃止されることができます。廃止された修道院の財産は、創設者や寄進者の意思や適法な財産取得者の権利を侵害することなく、会の固有法の定めに従って処分されなければなりません。修道会が、ただ1つの修道院で成り立っている場合、その唯一の修道院の閉鎖は会の廃止と同等であると考えられるため、修道院の廃止の権限は使徒座だけに留保されます。財産の処理についても、同様に使徒座にその決定権があります。盛

式祭式者会および隠世修道会の自治修道院の廃止は、会憲に別段の定めがある場合を除いて、総会の権限に属します。自治権を持つ隠世女子修道院の廃止は、使徒座の権限に属します。その財産の用途に関しては、会憲の規定が順守されなければなりません。

　修道会の上長と総会は、普遍法と固有法に定められた真正な権能を行使します。この権能とは、本質的な意味で奉仕のためのものです(『修道生活の刷新・適応に関する教令』14 項)。このような奉仕の精神は、上長がその代理者の務めを果たす神のみ旨に対する従順、自身の権威の下にある修道者たちに対する尊敬、会員の積極的かつ責任ある従順の促進、すべてにおいて神の愛の追及が優先される兄弟的な共同体の建設が実現されるように促します。

　修道会全体を統治する者(最高統治者、総長)、またはその一管区またはそれと同等のものを統治する者(管区長)、または自治権を持った修道院を統治する者は、上級上長とみなされます。聖座法による聖職者の会において、上級上長は少なくとも行政権を持っている限り裁治権者です。大修道院長またはベネディクト会の修道院連合の上長、隠世修道院あるいは祭式者会の連合の上長も、その権限には制限があるものの上級上長です。

　教会法に則って設立された修道会の管区とは、総長や地区長からは区別される管区長という固有の上長の権限のもとに置かれた複数の修道院の集合体を指します。

　通常、一般的には「総長」と呼ばれる会の最高統治者の権限は、すべての管区、すべての修道院、すべての会員に及ぶもので、固有法に基づいて行使されます。他の上長たちは、自己の権限を、限定された固有の職務の範囲内で行使します。管区長の権限は、管区全体と所属する個々の修道院、それらに属する個々の会員の上に及びますが、それは普遍法と固有法に従って行使されなければなりません。地区の長(個々の修道院長)の権限は、共同体全体とその個々の会員に対して行使されます。

　上級上長に関しては、会憲に定められたとおり、またその他の上長に関しては通常、固有法に従って、上長の職務に就くための終生誓願宣立後の適切な期間が法律で定められていなければなりません。

　一般的に上長の職務は、固有法においてその期間が定められる一定期間に限定されます。しかしながら、総長と自治権を持つ修道院の上長たちは、仮に会憲がそのように定めている場合は、終身職として任命されることもできます。通常、職

務の任期が満了した場合、固有法が定めている場合、上長は再任されることが可能です。また上長は、普遍法や固有法の規定に従って、任期中に罷免され、または他の職務に移されることもあります。

上長の任命は、会員の全体または一部のグループによる選挙によって、あるいは権限を有する上長の指名によって行われます。

総長は会憲の定めに従って、総会の選挙によってのみ任命されることができます。総長の選挙は他者の認証を必要としません。

完全に独立した自治権を持つ隠世修道院に関して、その上長の教会法に従った選挙は、所在地の教区司教がそれを主宰します。教区法による修道会の総長の選挙には、同様に、会の本部所在地の司教がその任務を遂行します。

その他の上長の任命に関しては、普遍法と会憲の定めるところに従って、選挙または指名によって行われます。

上長の権限は、個人に帰属するものであることは確かですが、彼らの権限の行使に関して、意見の聴取ないし同意を得る必要があると普遍法ならびに固有法が予め規定している場合は、自身の顧問たちによってそうした支援を受けることになります。

修道院ならびに修道者の生活と規律は、上長による視察の対照とされます。この視察は、一般的には上級上長によって実施されますが、他の者にこの任務を委ねることもできます。また教区司教は、自己の教区内にある自治権を持つ隠世修道院と教区法による修道会の個々の修道院に対して、修道規律を含めて視察を行う権利と義務を負っています。

会内部の上長、あるいは教区司教による教会法に定められた視察の間、修道者たちは視察者に対して信頼をもって接し、彼らに対してなされる適法な質問に対しては、真理に基づき、愛をもって回答する義務を負っています。如何なる仕方であっても、この義務から会員たちを離反させたり、視察の目的を妨げたりすることは誰にも許されません。

すべての上長は、自らの家（修道院）に住んでいなければならず、固有法が許可する場合以外、その家から離れてはなりません。

ゆるしの秘跡と霊的指導に関して、上長は修道者に正当な自由を認めなければなりません。隠世女子修道院や、養成のための修道院、また比較的大勢の信徒の会員を擁する共同体においては、その地の地区裁治権者によって承認された十分な数の聴罪司祭が確保されていなければなりません。しかしながら会員は、それ

らの聴罪司祭のもとに行く義務はありません。聴罪司祭に関しては、聖座法による聖職者修道会においては上長の承認だけでこと足り、その地の地区裁治者の承認は必要とされません。

　会員がそれを自発的に求めないかぎり、上長が自己の服属者の告白を聴くことは禁じられています。同様に、服属者に対して上長に自分の良心を打ち明けるよう誘導することも禁じられています。

　修道会の統治には個人的な仕方の他に、団体的な仕方も有ります。総会は、会憲の規定に従って会の中で最高の権威を行使する団体的統治機関です。聖座法による聖職者の修道会の総会および使徒的生活の会の総会は、教会法の規則における立法、行政、司法からなる統治権を有します。

　総会は、固有法の定める様式に従って、会全体を代表します。総会の主な任務には、法的に認められた会固有の精神的遺産の保護、適切な刷新の促進、総長の選出、より重要な問題の処理、固有法の規範の公布などがあります。

　総会の他に、固有法によってその権限が定められた個別の会議もあります。

　統治行為の範囲の中には、現世的財産の管理も含まれていなければなりません。修道会、管区、そして固有法が定めた場合には個々の修道院も、法そのものにより法人としての資格を有します。会憲がそれを除外するか制限していない限り、法人の権限として、財産を取得し、また所有、管理、処分する能力を有します。

　修道会の現世的財産は、それが公法人に属しているため、教会の現世的財産に関する規則と固有法の定めによって管理されるものであることから、本来の意味での教会財産です。上長の権威のもとで財産の管理を行うのは会計責任者（oeconomus）です。会計責任者の職務は、上長の職務から、特に総長と管区長の職務からは当然、区別されていなければなりません。しかし地区のレベルでは、他の形体をとることが不可能な場合に限って例外が認められています。その場合、共同体の上長は、会計責任者の任務も兼ねることができます。

　すべての会計責任者は、固有法に定められた時期および様式に従って、自らの管理報告書を所轄の権威者に提出しなければなりません。

　独立した自治権を持つ隠世修道院と教区法による修道会は、教区司教の特別な監督に委ねられているため、年に一度、地区裁治者に自らの会計報告書を提出しなければなりません。

　通常の管理の目的および様式を超える行為を定め、そのような行為の有効要件を規定するのは、普遍法の範囲内において固有法に属することです。通常の管

理行為は、上長の他に、固有法においてその目的のために任命された職員によって、それぞれの職権の範囲内で有効に行うことができます。譲渡ならびに法人（修道会、管区、修道院）の財産状態の悪化を来たす恐れのあるいかなる取引も、それが有効であるためには、法の規定に従って、権限を有する上長が、その顧問会の同意を得て与える書面による許可を必要とします。ただし、それぞれの地域について聖座の定める最高額を超える取引を行う場合、また誓願に際して贈与されたものの場合、さらに芸術的・歴史的に貴重なものの場合には、その譲渡の有効性のためには、さらに聖座の許可も必要とされます。

　完全に独立した自治権を持つ隠世修道院または教区法による修道院が行った譲渡行為、または通常の管理の目的および様式を超える行為も、その有効性のためにはその地域の司教の文書による同意が必要とされます。

　法人（修道会、管区、修道院）が、負債または債務を負う契約をした場合、それが上長の許可のもとに契約されていたとしても、当該法人自体がその責任を取らなければなりません。

　もしある修道者が、上長の許可を得て、自分が処分権を有する個人の財産に関して負債または債務を負う契約を結んだ場合は、当人自らその責任をとらなければなりません。それに同意するか許可を与えた上長には、何の義務も責任も問われません。

　もしある修道者が、権限のある上長から何の指示も許可も受けることなく負債や債務を負う契約を結んだ場合は、当人自らその責任をとらなければなりません。

　修道会と個々の会員は、団体として愛徳と清貧の証しを与えなければなりません。

　固有法の規定に従って志願者を修練期へ受け入れるにあたり、その権限を有する所轄の上級上長は、慎重に自らの統治権を行使する責任を有しています。受け入れが有効であるためには、志願者の年齢が17歳以上であること、心身の健康、適切な性質、会固有の生活を営むのに十分な成熟度を有していることの他に、婚姻の絆から自由であること、他の修道会への転属の場合を除いて、現時点で奉献生活の会または使徒的生活の会と結ばれる聖なる絆から自由であることが求められます。志願者も上長も共に、暴力、あるいは強度の恐怖、または詐欺によって入会するよう／させるように仕向けられてはなりません。その場合、誓願は無効とされます。また以前に奉献生活の会または使徒的生活の会に所属していた事実を故意に隠蔽してはなりません。

　固有法は、志願者の受け入れの有効性のために、他の障害または条件を定めることができます。

修練期に受け入れるためには、洗礼と堅信の証明書ならびに法律上自由の身分の証明書の提出が求められます。聖職者、またはすでに他の奉献生活の会あるいは使徒的生活の会、あるいは神学校に在籍していた者については、それぞれの上長からの証明が求められます。

　修練期への受け入れは、大きな責任を伴う重要な行為です。そしてこれによって、修道会での生活が始まります。固有法は、さらに志願者の適性と障害事由の不在についての証明書を要求することができます。また、それが必要と認められる場合、上長は秘密裡にでも、その他の情報を求めることができます。

　修練期は、修練者に自らが選んだ修道会との関係における自己の召命をよりよく認識させ、会の生活様式を体験させ、会の霊性によって自らを養成し、自身の意向と適性を確認させるための期間です。

　修道会での生活は修練期と共に始まりますが、本来の意味での修道生活とは、修道会に正式に入会する誓願と共に始まります。修練期は、そのために正式に指定された修道院（修練院）で果たされなければなりません。修練院の設立、移転、廃止は顧問会の同意を伴う総長の権限に属します。正式に修練のために指定された修道院は、修練者が有効に修道生活への準備を全うすることのできる唯一の場所です。例外的な方法として、総長は顧問会の同意のもと、特別な場合に、志願者が修練期間を修道会の別の修道院で、修練長の役割を担う修道者の指導のもとで過ごす許可を与えることができます。上級上長は、修練者のグループを、一年のうち決められた日数の間、会の別の修道院に滞在させることができます。

　修練期の共同生活の期間は12ヵ月でなければなりません。修練院の共同体の外での使徒職の実習のための期間を、修練期が全体で2年間を超えない範囲で固有法に従って追加することができます。上級上長は、特別な場合に、適性について疑問があると思われる志願者に対して、6ヵ月間修練期間を延長することができます。

　修練者の養成は、固有法に定められた養成の規則に従って、上級上長の権限のもとで任務を遂行する修練長に委ねられます。修練長は、その修道会の終生誓願を宣立した会員で、その任務に適法に任命された者でなければなりません。必要な場合は、修練長に補佐役をつけることができますが、修練院の責任を負うのはあくまでも修練長です。具体的には、修練長とその補佐役は、修練者に寄り添い、彼らが人間としてまたキリスト者として徳を養い、祈りと克己を通して完徳に向かって歩むように、また救いの神秘の観想とみことばの朗読および黙想へと導かれ、

聖なる典礼において神に栄光を帰すように、さらに福音的勧告の実践を通してキリストにおいて神と人々に奉献された生活を生きるように準備され、会の性格と精神、目的、規律、歴史、生活について学び、教会と牧者に対する愛を深めるよう教育しなければなりません。

修練院での期間は、養成の活動に充てられなければならず、修練者は勉学などこの目的を超えた任務を負わされてはなりません。

修練者は、修練期間中に、またはその終了時に自由に修道会を去ることができます。修道会も修練者を去らせることができます。修練期が終わると、適性があると判断された修練者は、最初の修道誓願に受け入れられます。その適性について何らかの疑義がある場合、上級上長は、固有法の規定に従って6ヵ月を超えない範囲で、さらに修練期間を延長する許可を与えることができます。その結果適性があると判断されなかった場合、修練者は会を去らなければなりません。

誓約を行う修道者は、公的な誓願をもって従順、貞潔、清貧の3つの福音的勧告を守る義務を引き受けます。そして教会の奉仕職を通して自らを神に奉献し、普遍法と固有法の定める義務および権利をもって修道会に合体されます。

義務および権利は立願者と修道会にとって相互的なものです。それは、教会から認可された制度的かつ公的な性格を持つ、真の、そして固有の相互契約によって互いが結ばれているということを意味します。

有期誓願の期間は3年以下であっても6年以上であってもいけません。このような制限の範囲内であれば、固有法は異なる期間を定めることができます。有期誓願が有効であるためには、志願者が満18歳以上で、有効に修練期間を終了しており、権限のある上長からその顧問会の決定をもって自由に入会が認められなければなりません。誓約は、明瞭に述べられ、強制や強度の恐怖あるいは詐欺によらずに表明され、適法に上長によって受理されなければなりません。有期誓願期の終わりには、自発的にそれを求め、適性があると判断された修道者は、誓願の更新または終生誓願を許されます。そうでない場合、修道者は会を去らなければなりません。特別な場合に、権限のある上長は、固有法に従って9年を超えない範囲内で有期誓願期を延長することができます。終生誓願は、正当な理由がある場合、これを早めることができますが、3ヵ月間を超えてはなりません。終生誓願が有効であるためには、立願者が満21歳に達していること、およびそれに先立つ有期誓願期が少なくとも3年以上であることが求められます。

どの修道会においても、初誓願の後に固有法に従って会の『養成綱要』(ratio

institutionis）に定められた継続的な養成が保証されなければなりません。

　修道者は、福音的勧告の誓願宣立によって、各修道会の会憲の中に表明されている福音の最高の掟に基づいてキリストに従うことに専念します。この掟からその他の義務、すなわち祈りにおいて、また毎日感謝の祭儀に与ることにおいて、神のみことばを読み深めることにおいて、さらに時課の典礼において、聖母マリアへの崇敬において、年の黙想の時において、そして耐えざる神への回心において、神との一致に励む義務が導き出されます。

　修道者は自らの修道院に居住し、共同生活を営まなければなりません。ただし、自らの上長の許可を得て、適法に修道院を不在にすることができます。修道院を不在にする間も、修道者は会員としての自らのすべての権利を保持し、自らの新しい身分（修道者としての身分）に相応しいすべての義務に拘束されています。非常に頻繁に起こり得る不在の特別な動機は、自らの両親の世話をするというものです。総長が顧問会の同意を得て3年間の院外生活（禁域法の免除）を許可する場合を除いて、不在が一年を超える場合は、聖座の許可を求めなければなりません。

　上長の権限から逃れるための違法な不在は、それが6ヵ月間続いた場合、その会員が修道会から追放される正当な理由になり得ます。しかしながら、上長は賢明にその修道者を探し出し、その者が修道院に戻って自らの召命を全うするように援助する義務を負っています。

　修道会は、その本性と使命のゆえに、その固有法が定めるところに従って、修道院の一部が修道者だけに留保されるよう禁域を設けなければなりません。観想生活を目的とする隠世修道院においては、禁域の規律はより厳格です。観想生活に専念する女子修道院では、使徒座の規則に従って教皇禁域（clausura papale）が順守されなければなりません[59]。

　修練者は、（最初の）修道誓願を宣立する前に、自らの財産の管理を自分が望む人物に譲渡し、かつ会憲に別段の定めがない限り、完全な自由意思をもって自らの財産の使用権と収益権について措置しなければなりません。終生誓願の宣立前に、修道者は可能な限り国家法上も有効な遺言書を作成しなければなりません。

59　［訳者注］教皇フランシスコ、隠世女子修道会のための使徒憲章『ヴルトゥム・デイ・クエレレ Vultum Dei quaerere』（2017年6月29日）参照。この使徒憲章において、隠世女子修道院の生活における生活全般、特に会員の養成、祈り、神のみことばの中心性、聖体とゆるしの秘跡の重要性、共同体の兄弟的生活、修道院の自治、連合、禁域、労働、沈黙、メディア、修徳に関する考察と規律が示されている。

会員がその労働によって、あるいは修道会の関係で取得した財産は、すべて会に帰属します。固有法に別段の定めがない限り、年金、助成金、保険金その他会員に支払われる財産はすべて会に帰属します。固有法によって会員に本人の財産の完全な放棄が求められる場合は、その放棄が可能な限り、国家法上も有効とされる方式で文書化されなければなりません。

　上述されたとおり、すべての修道会は適法な自治権を有しており、聖座法による会は、地区裁治権者の管轄権からの免除（exoneratio）を享受しています。しかしその免除は、本来的に内的統治と規律に関して与えられるのであって、信者の司牧（cura animarum：霊魂の世話）、神への公的礼拝の実施やその他の使徒職の活動に関するものには与えられません。これらの諸活動においては、すべての修道者は司教の権限の下に置かれています。それゆえ、起こり得る衝突を避けるために、修道者の使徒的活動を企画する際に、各々の教区においては使徒職の活動とその調整の責任が教区司教に帰されることを考慮して、司教と上長とが協議のうえで共通の合意を得られるように努めなければなりません。この件に関しては、司教協議会ならびに個々の司教たちとの適切な調整と効果的な協力関係を結ぶことをその目的の1つとする上級上長会議が助けになるはずです。司教が修道会に対して何らかの事業を委託する場合、司教と権限ある上長との間で、展開されるべき事業、その責任を負う修道者、経済的側面に関して明確に規定した協約が結ばれなければなりません。

　最後の大きな章は、修道会からの会員の離別に関する問題に充てられています。それは、他の修道会への転属、一時的な離別（院外生活）または決定的な離別（退会）、ならびに追放（除名）処分といった場合に起こり得ます。

　終生誓願を宣立した会員は、自己の修道会から他の修道会に、双方の会の総長がそれぞれの顧問会の同意を得て与える認可をもって転属することができます。この規定は、終生誓願を立てた修道者にのみ関係するものです。なぜなら、有期誓願者は、誓願の期間満了時に、自由に他の修道会に移ることができるからです。新しい修道会に受け入れられると、終生誓願を立てた修道者は、少なくとも3年間の試修期を過ごさなければなりません。新しい修道会における誓願宣立まで、前の会での誓願は存続しますが、会員が元の会において有していた権利および義務は停止されます。試修期間が終わると、修道者は新しい修道会で終生誓願を受け入れてもらえるよう願い出ます。その反対の場合は、還俗の恩典を得ない限り、元の修道会に戻らなければなりません。

修道者が、自治権を持つ隠世修道院から同じ会の修道院、または同じ会の連盟ないし連合の他の修道院に転属する場合は、双方の上級上長の同意と、その修道者を受け入れる修道院の議会の同意が必要であり、かつそれだけで十分とされ、新たな誓願宣立は必要とされません。修道会から在俗会、または使徒的生活の会への移動は、その逆の場合も含めて、聖座の許可が必要とされ、その指示に従わなければなりません。

会からの離別は、「禁域法の免除＝院外生活」(exclaustratio)と言われる一時的なものと、「還俗」(secularization/secolarizzazione)と言われる決定的なものとがあります。院外生活は、一時的な措置であるため、会からの決定的な離別（退会）をもたらすものではありませんが、決定的なものである還俗の場合は、会からの完全な離別をもたらします。院外生活は、終生誓願を立てた修道者に固有のもので、修道者から強く求められた場合あるいは権限ある権威者によって課される場合があります。有期誓願の期間満了時には、還俗を自由に行うことができます。また還俗は、有期誓願の期間中に、または終生誓願を立てた後にも会員本人から強く求められることがありますし、有期誓願の満了時に権限ある権威者から課される場合もあります。

総長は、その顧問会の同意を得て、重大な事由がある場合に、終生誓願宣立者に対して3年を超えない期間に限って院外生活（禁域法の免除）のゆるし（indultum）を与えることができます。修道者が聖職者である場合は、さらに居住すべき地の地区裁治権者の同意を事前に得ていなければなりません。このゆるしの期間の延長、または3年を超える許可は聖座に留保されています。また教区法による会については、その権限は教区司教に留保されています。

隠世修道女に対して院外生活のゆるしを与える権限は、専ら聖座にのみ属しています。

重大な事由が存する場合、総長がその顧問会の同意を得て提出する請願に基づいて、聖座法による会については聖座により、教区法による会については教区司教により、院外生活を会員に課すことができます。院外生活者となった修道者は、あくまでも会員としての身分にとどまり、その上長に従属し、かつその配慮のもとに置かれ、特に聖職者修道者については地区裁治権者にも従属し、かつその配慮のもとにも置かれます。この会員は、その新しい生活状況と相容れない義務からは免除された者とみなされます。またそれが禁じられていない限り、会の制服を引き続き着用することができます。ただし通常、会の選挙権および被選挙権は有しません。

有期誓願期の修道者は、誓願の期間満了時に、または有期誓願の期間中でも会を去ることができます。後者の場合、聖座法による会においては、総長がその顧問会の同意に基づいて、そのゆるしを与えることができます。教区法による会および自治権を持つ独立した隠世修道院においては、顧問会の同意に基づく総長のゆるしが有効であるためには、その者の属する修道院所在地の教区司教によって認証されなければなりません。

　有期誓願の期間を終了した会員に対して、正当な理由がある場合に、権限を有する上級上長は、顧問会の意見を聴取したうえで、次期の誓願宣立の許可を拒否することができます。

　身体的、または精神的な病気は、有期誓願の宣立後に罹患したものであっても、専門家の判断により、その会員を会の生活には不適当な者と認めた場合、病気が会の怠慢によって、または会の中で従事していた労働に起因するものである場合を除いて、その者の誓願の更新、あるいは終生誓願の宣立を受け入れないための十分な理由になり得ます。

　有期誓願期の修道者が精神疾患に罹患した場合は、新たな誓願に受け入れられる状態にないとしても、退会が認められることはありません。

　修練期間の終了後、または誓願宣立後に適法に退会した者に関しては、修練期を繰り返すことなく、総長がその顧問会の同意を得て再入会を許可することができます。ただし、有期誓願宣立前の相応の試修期間もしくは終生誓願宣立前の相応の有期誓願期間が定められる必要があります。

　終生誓願を宣立した修道者が会を去るためには、極めて重大な事由が必要とされます。退会のゆるしの請願は、総長宛てに提出されます。聖座法による会に関しては、退会のゆるしを与える権限は聖座に留保されています。教区法による修道会に関しては、その会員が所属する修道院の所在地の教区司教もそのゆるしを与えることができます。

　適法に与えられた退会のゆるしは、通達行為と共に発効し、誓願と誓願宣立に伴うすべての義務からの免除をもたらします。聖職者である修道者については、入籍を認めてくれる教区司教を見つけるか、少なくとも試験的に（ad experimentum）受け入れてくれる司教を見つけるまで、このゆるしは与えられません。試験的な受け入れの場合、司教がその者の受け入れを拒否しない場合、5年が経過した時点で、法そのものによって（ipso iure）その修道者は適法にその教区に入籍されます。

　最後に、会からの離別は追放という形でも起ることがあります。法律は、周知の

棄教、および国家法上だけであっても婚姻締結を試みたことによって、事実そのものにより[伴事的に]追放が科されることを規定しています。殺人を犯した者、誘拐、監禁した者、身体に障害や重傷を負わせた者、あるいは意図的な堕胎を遂行した者、内縁関係にある者、その他の第六戒に反する罪を犯した者に関しては、追放の処分は必ず科されなければなりません。またそれ以外の事案でも、それが重大でありかつ外的で、有責性があり、法的に立証される場合は、当該修道者は追放される可能性があります（たとえば、奉献生活の義務を常習的に怠ること、聖なる絆に繰り返し背くこと、重大な事案に関する上長の適法な命令に対して頑なに従わないこと、会員が咎められるべき行動によって重大な躓きを生じさせること、教会の教導職によって誤謬と断罪された教義を頑に支持または宣布すること、唯物論あるいは無神論に染まったイデオロギーを公に支持すること、上長の権限から意図的に逃れるために6ヵ月以上にわたって不適法に修道院を不在にすること）。しかしながら、会員によって重大な外的な躓きや会内部に極めて重大な損害がもたらされる危険性がある場合、その者が直ちに修道院から追放されることもあります。これら伴事的な追放と即時的な追放に関しては、上級上長による事実の宣言で足りるため、形式上の手続きは必要ありませんが、その他すべての追放に関しては、関連する規則に従って[60]行政手続きを行う必要があります。

司教職にあげられた修道者は、その会の会員として留まりますが、従順の誓願の効力によってローマ教皇にのみ服属するものとされます。また自らの賢明な判断によって自己の立場と相容れないと認められる義務には拘束されません。

また誓願宣立によって自己の財産の所有権を喪失している場合には、事後に取得する財産に対する使用権、収益権および管理権を有するものとされますが、所有権については、教区司教の場合は教区に帰属します。その他の場合には、会の所有能力の有無に従って会または聖座に帰属します。一方、誓願宣立によって

---

60 ［訳者注］この手続きは教会法第697-700条に従って行われる。証拠の収集後、書面によって或いは2人の証人の前で理由を示しながら問題の会員に追放処分の警告を行い、15日後に再度戒告を行ってもその会員が悔い改めない場合、上級上長は顧問会と協議し、公証官と共に署名した全ての書類を当該会員の抗弁書と共に総長へ送付する。総長は4人からなる顧問会と共に事案を審議した後、秘密投票の結果を決定書にして発行する。除名の決定が法的効果を持つためには、聖座法の会は聖座による承認を、教区法の会は教区司教の承認を得なければならない。自治権を有する隠世修道院に関しては、除名の決定は教区司教の権限に属するため、顧問会で承認された書類を教区司教に送る必要がある。

自己の財産の所有権を喪失していない場合は、所有している財産に対する使用権、収益権および管理権を回復し、事後に取得する財産に対しては完全な所有権を有するものとされます。

定年退任した修道者である司教は、自己の居所をその会の修道院の外にも選定することができます。適切かつ相応な生計維持に関しては、教区の奉仕に従事した者については、教区ないし司教協議会の配慮の下に置かれます。ただし所属する会が生活維持について配慮することを望む場合はこの限りではありません。

7.3. 在俗会

cann. 710-730 CIC; cann. 563-569 CCEO

在俗会（institutum saeculare）は、その最初の法的規範を教皇ピオ12世の使徒憲章『プロヴィダ・マーテル・エクレジア *Provida Mater Ecclesia*』[61]から受け取りました。在俗会は、在俗性に基礎を置く固有の性格を持った奉献生活の一形態です。修道者とは異なり、在俗会の会員は共同体生活を営まず、世俗社会の中で生活し、そこで働きながら世の聖化のために貢献するよう努めます。

在俗会に所属する者は、その奉献によって聖職者であるか信徒であるかといった教会法上の身分を変えるものではありません。

在俗会においても、聖なる絆によって、会員は従順・貞潔・清貧からなる福音的勧告を受け入れますが、これらの絆は私的誓願の形を採っています。私的誓願とはいえ、それらの絆は、常に会固有の世俗性をその生活形態において守ることを要求する具体的な義務を定める会憲の規定において教会から承認されています。

世俗の中に生きることで、在俗会の会員は、その中で「パン種として、その内部から」（『教会憲章』31項）働きます。信徒の会員は、キリスト信者としての生活の証しと自らの奉献に対する忠実の証しとによって、またこの世の事物を神の計画に従って秩序づけ、世界が福音の力によって生かされるように貢献することにより、さらに会員に固有の在俗的生活形態に基づいて行われる教会共同体に対する奉仕

---

[61] 教皇ピオ12世，キリスト信者の完徳に関する在俗会とその教会法上の身分についての使徒憲章『プロヴィダ・マーテル・エクレジア *Provida Mater Ecclesia*』（1947年2月2日），in *AAS* 39 (1947) 114-124.

によって、教会の福音化の使命にも参与します。聖職者の会員は、彼らの奉献された生活の証しによって、特に司祭職による証しによって、また格別の使徒的愛徳をもって兄弟たちの助けとなり、かつ神の民の只中で自らの聖なる奉仕職によって、この世の聖化のために協力します。

在俗会の会員たちは、この世の一般的な生活状態において、単独で、もしくは自分の家族の中で、または兄弟的生活集団の中で、会憲の規則に従って生活を営みます。

在俗会の会員である聖職者は、通常は教区に入籍しますが、もし自身の会に入籍するのであれば、使徒座の特別な許可が必要となります。

教区に入籍している会員は、教区司教に従属しますが、自分の会における奉献生活に関することがらについては会の上長に従属します。聖座の許可によって会に入籍した者は、会の固有の事業あるいはその統治に任命された場合には、修道者と同様な仕方で司教に従属します。

在俗会の統治権は、それがたとえ聖座法による聖職者の会であっても、本来の意味での教会の統治権とは異なります。したがって会憲は、上長の任期や任命方法について、会の統治の固有の形態を規定しなければなりません。会の総長職には、最終的な形で会に加入した者だけが就任することができます。

在俗会の現世的財産は、それが教会の公法人の財産である限り教会財産です。各会の固有法は、会のために活動する会員に対する会の義務を、特にその経済的な面での会の義務について規定しなければなりません。

在俗会の会員は、自己の固有の召命に、より忠実に応えるために、また使徒的活動がキリストとの一致そのものから湧出するようにするために、熱心に祈り、聖書の奉読に専念し、年の黙想を適切に果たし、固有法の規定に従って他の霊的実践に励まねばならず、またできる限り毎日感謝の祭儀に与り、自由にかつ頻繁にゆるしの秘跡に赴き、さらに自由に選んで良心の指導を受けるように努めなければなりません。

会への受け入れは、最初の試修期ならびに有期または終生もしくは最終的な聖なる絆への受け入れを問わず、会憲の規定に従って、総長とその顧問会の権限に属しています。成人に達していない者、また現在、奉献生活の会または使徒的生活の会に所属している者、結婚の絆に結ばれている者の最初の試修期への受け入れは無効です。会憲は、入会の有効性のために他の障害事由、あるいは他の条件を定めることができます。さらに入会が認められるためには、会の固有の生

活を相応しく送るための候補者に必要な成熟度が欠けていてはなりません。
　最初の試修期は、志願者が自身の神からの召命および会への固有の召命をいっそう的確に認識し、かつ会の精神および生活様式について訓練するために役立つものでなければなりません。
　養成において、志願者は福音的勧告に従って生活を営むように、また生活を全面的に使徒職に向けて変えていくように支援されなければなりません。また最初の試修期は2年以下であってはならず、その期間の長さと具体的な形態は、会憲に規定されていなければなりません。
　最初の試修期を終えると、適性があると判断された志願者は、会憲に定められた聖なる絆を引き受けることを許されますが、不適切と判断された者は会を去らなければなりません。最初の有期の加入期間は5年未満であってはなりません。最初の5年を超える有期の加入期間が過ぎた時、適性があると判断された会員は、終生の会員として受け入れられなければなりません。事実上の最終的な加入は、在俗会の絆が一定期間継続する有期的なものであるため、更新を繰り返すことで維持されます。しかしながら最終的な加入は、一定の法的効果に関しては終生の加入と同等とみなされ、そのことは会憲の中に定められていなければなりません。
　最初に聖なる絆を引き受けた後も、養成は会憲の定めに従って続けられなくてはなりません。会員は養成者たちの責任のもとに、人間に関する知識においても神に関する知識においても教育されなければなりません。在俗会は、会憲に定められた一定の絆によって、その会の精神に従って福音的完徳を目指して努力し、その会の使命に参与する他のキリスト信者を、自己の会に参加させることができます。しかしながら、彼らは本来の意味において在俗会の会員ではありません。
　会からの離別は、有期の加入期間の終わりに、有期の加入期間の途中に、また終生会員になった後でも可能です。修道会の場合と同様に、在俗会においても追放と他の会への転属が可能とされています。

7.4. 使徒的生活の会

cann. 731-746 CIC; cann. 554-562; 572 CCEO

　使徒的生活の会（societas vitae apostolicae）は、奉献生活の会と似たものです。使徒的生活の会は、会員が修道誓願を立てることなく、会固有の使徒的目

的を追求し、会憲に定められた固有の生活形態に従って、共同体において兄弟的な生活を営みながら愛徳の完成を目指すものです。

誓願がないという点では、本来の意味における奉献生活ではないものの、幾つかの会においては、会員は会憲に規定された何らかの聖なる絆によって福音的勧告を受け入れます。使徒的生活の会は、共同生活と使徒的活動目的、ならびに完全な愛徳の追及によって特徴づけられます。

使徒的生活の会と奉献生活の会との間にある類似性のゆえに、いくつかの共通の規範が存在します。その規範は、それぞれの本性上の違いを維持しながらも、使徒的生活の会全般に適用され、また特に会憲に定められた何らかの絆によって福音的勧告を引き受ける会にも適用されます。

奉献生活の会との共通の規範の他に、使徒的生活の会は固有の規範も持っています。会の家と共同体は、あらかじめ書面によって与えられる教区司教の同意を得て、会憲の定めに従って権限ある権威者によって設立されます。この司教の同意には、聖体祭儀を行い、聖体を安置するための少なくとも1つの礼拝堂（oratorium）を持つ権利が含まれています。会の家および共同体の廃止に関しても、教区司教に意見を求める必要があります。

会の統治は、各会の本性に従って会憲によって規定されます。

会員の受け入れ、試修期、入会と養成は、各会の固有法によって定められます。会員の受け入れに関しては、修道会のために定められた条件が順守されなければなりませんが、試修期と養成要綱（ratio）は、会員が会の使命と生活のために適切に準備されることを保証する目的から、会の目的と性質を考慮したうえで、これを固有法によって規定しなければなりません。

聖職者の使徒的生活の会においては、会憲が別のことを規定していない限り、聖職者は会に入籍されます。勉学と聖職叙階については、在俗の聖職者に対する規定に従って計画されなければなりません。使徒的生活の会への加入は、会と会員に相互的な義務を生じさせます。すなわち会員については、会憲に規定された権利と義務を、会については、会員を会憲に従って自らの固有の召命の目的へと導く配慮を行う義務を生じます。使徒的生活の会の会員は、会の内的生活と規律に関しては会の統治者たちに従属しますが、公的礼拝、信者の司牧（cura animarum：霊魂の世話）、その他の使徒的活動に関しては教区司教の権限に従属します。

会員が、ある教区に入籍されている場合、その司教との関係は、会憲あるいは

個別の協定によって定められることになります。

　この場合、使徒的生活の会の会員は、会憲の規定に基づいて従わなければならない義務の他に、聖職者に共通の義務も順守しなければなりません。ただしことがらの性質から、または文脈から、結果として異なることが導かれる場合はこの限りではありません。特に会員は、固有法の規則に従って共同生活を順守する義務を負っており、そのことによって会の家または共同体を不在にすることについても規整されます。

　会憲に別段の定めがない場合、会と同様に、またその部分と家も法人格を有します。したがって普遍法と固有法の定めにより、現世的財産を取得し、所有し、管理し、処分する能力を有しています。このような能力は、固有法の規定に従って会員にも当てはまります。しかし、会のために会員によって取得されたものは会に帰属します。

　まだ最終的に会に所属していない会員の退会と追放については、会憲の中に規定されなければなりません。最終的に会に所属している会員は、顧問会の同意を得て総長から、会を去るゆるしを得ることができます。ただし、会憲の規定によって退会のゆるしの権限が聖座に留保されている場合はこの限りではありません。

　会員は、退会のゆるしとともに会員としての権利と義務を喪失します。

　他の会への転属については、総長にそれを許可する権限がありますが、その場合、総長は自己の顧問会の同意を得る必要があります。一方、奉献生活の会への転属、または奉献生活の会から使徒的生活の会への転属については、聖座の管轄事項となります。

　総長は、顧問会の同意のもとに最終的に会に所属している会員に対して、会の外で生活するゆるしを与えることができます。それが聖職者に関するものである場合は、その者が居住する場所の地区裁治権者の許可も必要とされます。

　会に最終的に所属する会員の追放（除名）に関しては、修道会のために定められた同様の規則（cf. cann. 694-704）を適切な適応を行って準用しなければなりません。

【参考文献】

J. Abbass, *The Consecrated Life. A Comparative Commentary of the Eastern and Latin Code*, Faculty of Canon Law –Saint Paul University, Ottawa 2008.

7.4. 使徒的生活の会

V. De Paolis, *La vita consacrata nella Chiesa*, edizione rivista e ampliata a cura di V. Mosca, Marcianum Press, Venezia 2010.

F. D'Ostilio, *The exercise of Sacred Power in Religious Institutes*, LEV, Città del Vaticano 2000.

R. Fusco – G. Rocca (a cura di), *Nuove forme di vita consacrata*, Urbaniana University Press, Città del Vaticano 2010.

Gruppo Italiano docenti di Diritto canonico (a cura di), *La vita consacrata nella Chiesa*, Glossa, Milano 2006.

R. McDremott, *The Consecrated Life: Case, Commentary, Documents, Readings*, Canon Law Society in America, Alexandria, VA 2006.

D. Salachas, *La vita consacrata nel Codice dei canoni delle Chiese orientali*, EDB, Bologna 2006.

第8章　教会の最高権威

8.1.　ローマ教皇および全司教団
cann. 330-341 CIC; cann. 42-54 CCEO

「主の制定によって、聖ペトロと他の使徒たちが1つの使徒団を構成していたのと同じように、ペトロの後継者であるローマ教皇と使徒たちの後継者である司教たちは、互いに結ばれています。」(『教会憲章』22項)

　それぞれの後継者の継承方法が異なるように、それぞれの権能の行使の仕方も本質的に異なっているとしても、ローマ教皇と全司教団との間の類比的な関係から、この2つの主体の結びつきが生じるのです。実際に、ローマ教皇は全司教団のかしらとしてペトロの立場を直接的に継承しますが、司教たちは全司教団体の構成員として、司教職に叙階される際、使徒団の一員としての立場を継承することになります。キリストから直接的に権能を与えられた使徒たちは、全教会にその権能を行使できたのですが、司教たちは、自分がかしらとして委ねられた一定の部分教会の範囲内においてのみ、その権能を行使することができるとされています。司教たちは、全司教団のかしらとの位階的な交わりの中で、全教会に対して、全司教団として権能を行使することができる反面、個々の権能を全教会に行使することはできません。
　ローマ教皇の任務および尊厳における首位性は、第一に、彼がローマ教会の司教でありペトロの後継者であること、また全司教団のかしら、キリストの代理者、全世界に広がる普遍教会の牧者であることに基づいています。
　そのため教皇の首位権は、通常・最高・十全・直接かつ普遍的です。
　ローマ教皇は、適法な選挙(コンクラーヴェ)によってその首位権を取得し、全教会に対して常にその権能を自由に行使することができます。選出の受諾の後、選出された者がすでに司教聖別を受けている場合には直ちにローマの司教、真の教皇であり全司教団のかしらとなり、その事実そのものによって普遍教会に対する最高権威を取得し、それを行使することができます。もし選出された者が、司教職位になければ、即座に司教聖別を受けることになります。
　現在は、1996年2月22日に教皇ヨハネ・パウロ2世によって公布された教皇選

出に関する使徒憲章と付属する新しい規則[62]が効力を持っています。この規則は、教皇ベネディクト16世が2007年と2013年に公布した自発教令によって、その幾つかの条項の改訂が行われました。この教皇選出に関する使徒憲章は、適法な選挙結果の受諾や新たに選出された教皇の司教聖別に関して、教皇位をめぐる教義上の問題解決を目的とはしていませんが、この2つの行為が互いに密接に結び付いていることは明らかです[63]。

ローマ教皇は、枢機卿団やその他の者の受理なくして、その最高位の職務を辞任することができます。この場合、有効性のために重要とされるのは、自由意志と公的表明をもって辞任が行われることです。最近退位した名誉教皇ベネディクト16世がまさにその例です。

ローマ教皇は、普遍教会の上に自己の権能を有するのみならず、すべての部分教会およびその集合体の上にも、その権能を有しています。この権能によりローマ教皇は、司教たちを任命し、彼らの司牧者たちを提供し、司牧者の奉仕と信者の生活に配慮します。また司教職の辞任の受理に際して判断を下し、司教たちの権威を擁護します。

この教皇の首位権によって、司教たちが自らの司牧的配慮に委ねられた部分教会の上に有する固有・通常かつ直接的な権能が保証され、強化されるのです。また、彼らが「キリストの名において、しかし単独で、この権能を行使する場合、・・・・・・最終的には教会の最高権威によって規制され、また教会もしくは信者の善を考慮して、一定の限界内に制限されるのです。」(『教会憲章』27項)

それゆえローマ教皇の決定に反対して上訴することも訴願することも許されていません。仮にそれが、司法行為において判決が下されたものであっても、行政行為において決定が出されたものであっても同様です。というのは、ローマ教皇は十

62　教皇ヨハネ・パウロ2世、使徒座空位及び教皇選挙に関する使徒憲章『ウニヴェルシ・ドミニチ・グレージス *Universi dominici gregis*』(1996年2月22日)、in *EV* 15/243-383 を参照。

63　1917年法典の第219条の規定がそうであるように、歴史的にみて教皇に選ばれた者が教皇としての裁治権を行使するのに司教聖別が必須であるという教義が一般的なものとして認められたことはない。1917年法典の第109条は教皇の裁治権の起源は、適法な選出と受諾であると言っている。教皇の選出と司教聖別の関係をめぐる議論については、次の文献を参照のこと。G. Ghirlanda, "Accettazione della legittima elezione e consacrazione episcopale del Romano Pontefice secondo la Cost. ap. *Universi dominici gregis*", in *Periodica* 86 (1997) 615-656.

全かつ最高の権能を有しているからこそ、その判決や決定に対して異議申し立てを行うことはできないのです。事実、ローマ教皇は、その権威が明確に神法に由来するがゆえに、絶対的な特権を享受しているのです。

教皇が、その職務を遂行するにあたっては、さまざまな形で彼を助ける司教の協力や、枢機卿ならびに他の人々や諸機関の助けを受けます。そのすべての人およびさまざまな機関は、教皇の名とその権威に基づいて託された任務を遂行します。この人々の中には、世界に広がる部分教会の必要性について適切な情報提供ができる、教皇庁の諸省に協力する教区司教の存在を忘れてはなりません。また、教皇の名とその権威に基づいて働くさまざまな機関とは、第一にローマ教皇庁の諸組織を指します。

使徒座の空位および完全な障害事態においては、「nihil innovetur- 何事も変更されてはならない」という原則が順守されるとともに、こうした事態に対して制定された他の特別法が適用されなければなりません。使徒座空位に関しては、前述の使徒憲章『ウニヴェルシ・ドミニチ・グレージス Universi dominici gregis』の規定が適用されなければなりません。

全司教団（すべての司教の集団）もまた、教会に対する最高かつ十全な権威の主体ですが、これは常に教皇との一致のうちにあって、初めてそのような主体であり得るのです。このようにして教会には、ペトロの後継者であるローマ教皇と、使徒たちの後継者である司教たちから構成される使徒的団体が絶えず存在しています。ローマ教皇は、適法な選挙の結果の受諾、および選出された教皇が司教職にない場合はその司教聖別をもって、全司教団のかしらとなります。司教は、秘跡的聖別によって全司教団の構成員となり、全司教団の構成員およびそのかしらとの位階的交わりにおいて、聖化する任務とともに教える任務、ならびに統治する任務を同時に受けます。

ローマ教皇は、教会の最高の牧者として、その職務から要求されるように、常に自由にその権能を行使することができますが、全司教団は、常に団体としてその権能を行使できるわけではありません。全司教団は、特定の期間に限って、教皇の同意の下でのみ、司教集団全体を行為の主体として、その権能を行使するのです。教皇は、ときに全司教団なしでも行動することができる反面[64]、全司教団はその

---

64 ［訳者注］例えば、普遍教会に適用されるエクスカテドラ（教皇座宣言）や自発教令は全ての司教との了解の下で出されているわけではない。

かしらなしには存在し得ないのです。同じように、教皇なくして、もしくは彼に反して全司教団は行動することができないのです。

全司教団が、教会に対する権能を荘厳な仕方で行使する場が公会議です。教皇との一致、およびその権威の下で、1つの会議に招集された全司教団は、全教会の善益に関わる事案について話し合い、共に決定を下します。

公会議には、全司教団の権能が荘厳に行使される特別な形式が備わっています。この荘厳な形式の他に、必ずしも全司教が一堂に会するという会議の荘厳さを伴わない他の形式も明確に認められています。それは、全世界に散在している司教たちが一致した行為を通じて、全司教団も同じ権能を行使できるというものです。しかし、この行為が真の団体的行為となるためには、全司教団のかしらである教皇が、自らの発意によって公的にそれを団体的行為として宣言するか、あるいは司教たちの発意によるものであれば、教皇がそれを団体的行為として自由に承認、受理する必要があります。

以下のことがらは、全司教団のかしらの特質を持つローマ教皇の排他的な管轄事項です。
・公会議を招集すること
・自らまたは代理人を通じて会議を主宰すること
・公会議において順守すべき規則を制定すること
・公会議において討議されるべき議題を提案および決定すること
・公会議の教父が付加した議題を承認すること
・公会議会場を移転させること、公会議を中断または解散させること
・教令（決議事項）を承認または認証し公布すること

もし公会議開催中に、教皇の死去または辞任により使徒座が空位になった場合には、新しい教皇が公会議の継続を命じるか、またはそれを解散するまで、公会議は法そのものにより中断されます。

議決投票権を持って公会議に出席する権利および義務を有するのは、全司教団の構成員であるすべての司教であり、かつ司教のみです。司教職にない他の人も、教皇から個人的に、または全司教団によって招集されることが可能ですが、公会議においてその人がいかなる役割を有するかを決定するのは、教会の最高権威者の役目とされています。第二バチカン公会議においては、この種の参加方法が大きく取り入れられ、多くの聖職者修道会や使徒的生活の会の上級上長がさ

まざまな仕方で召集されました。さらに公会議の参加者として、顧問および専門的な役割をもった神学および教会法の専門家が任命され、おもにさまざまな委員会の文書作成や企画立案を手掛けました。最終的には、カトリック教会と完全な交わりを有さない諸々のキリスト教共同体および教団の会員も、オブザーバーとして招集されました。

8.2. 世界代表司教会議
cann. 342-348 CIC

　世界の異なる地域から選出された司教たちは、世界代表司教会議（synodus episcoporum）と呼ばれる会議に参集して、ローマ教皇がすでに制定したかあるいは制定する形式と方法に従って、教会の最高の牧者に対して、より効果的な協力を提供します。この会議は、カトリック教会の司教職全体を代表するもので、すべての司教が位階的交わりにおいて、共に教会の配慮に深く参与していることを示すものです。

　世界代表司教会議は、その本性からして、キリスト自身から直に権能を授かり、その意思に基づいて制定された全司教団とは異なるものです。全司教団は、神の制定による機関であるのに対して、世界代表司教会議は、1965年に教皇パウロ6世の自発教令『アポストリカ・ソリチトゥード *Apostolica sollicitudo*』[65]によって設置された、純粋な教会の規定による機関です。

　通常、特別、臨時といった目的を持つこの会議は、次のことがらを実行します。
- 全世界の司教たちとローマ教皇との間の緊密な一致と協力関係を促進すること
- 教会の内的生活、および現代世界における活動に関係する諸問題、諸状況について具体的かつ直接的に情報提供を行うこと
- カトリック教理の本質的側面と教会生活における行動様式との間の関係性を確立し促進すること
- 部分教会の状態に関して、またそれらが普遍教会に与え得る影響に関して適切

65　教皇パウロ6世，世界代表司教会議（シノドス）の設置に関する自発教令形式による使徒的書簡『アポストリカ・ソリチトゥード *Apostolica sollicitudo*』（1965年9月16日），in *EV* 2/444-457 を参照。

な情報交換を行うこと
・定期的に開催される会議で提起する議題に関して意見表明を行うこと

　この会議の任務は、提起された議題について討議し意見を具申するだけにとどまり、決定を出すことで問題を解決することをその目的とはしていません。その意味で世界代表司教会議の具体的な役割とは、純粋に補佐的なもの、諮問のためにあるものと言えます。
　しかし純粋に諮問のための機関であるとは言っても、会議を教皇が招集する点においても、また特定の期間、司教職を遂行するために世界代表司教会議に集まった司教たちを、神の民の証人ならびに牧者、教師として普遍教会が認めている点においても、同会議は非常に大きな権威を持っていると言えます。特別な事情において、教皇が同会議に議決権を付与する際は、討議されている問題に対して会議自体が何らかの決定を行うことができることも重要な点です。ただしこの場合、教皇の権威の下に置かれている世界代表司教会議において出された決定は、教皇によって承認される必要があります。
　世界代表司教会議は、直接ローマ教皇の権威の下にあります。この場合、教皇の役割は次のとおりです。
・自ら適時と判断するたびごとに、世界代表司教会議を招集し会議の開催地を指定すること
・選出された代議員、その他の代議員および世界の代表司教を承認すること
・会議開催前に討議されるべき議題を決定すること
・会議要綱を決定すること
・自らまたは代理人を立てて会議を主宰すること
・会議を閉会、延期、中断または解散すること

　討議される議題の性質によって、世界代表司教会議は次の3つの種類に分類されます。
・通常総会――普遍教会の善益に直接関連することがらを取り扱う総会で、3年に一度開催される
・臨時総会――早急な解決を要する問題の処理のための総会で、開催される頻度は定まっていない
・特別会議――特定の教会管轄地域の善益に直接関連することがらを取り扱う

会議

開催される世界代表司教会議の種類によって代議員の構成に違いが生じます。

通常総会に参加する代議員である教父は、この総会の教父の大多数を占める各国の司教協議会から選出された司教たち、ならびに総長連合において選出された聖職者修道会の代表の聖職者 10 名です。この他に、法の定めによりローマ教皇庁の諸省の長官を務める枢機卿、東方教会の総大司教、主幹大司教および主都大司教が代議員として参加します。教皇から直接任命される代議員もいます。また各司教協議会から選出された司教および総長連合から選出された聖職者の参加を承認するのは教皇の役目です。

臨時総会は、早急な解決が求められる問題を処理する必要がある時に教皇が招集します。この総会の大半を占める代議員を構成する教父は、このために選ばれた、職務上関係する各国の司教協議会から選出された司教です。加えて、総長連合から選出された聖職者 3 名が参加します。この他に、法の定めによりローマ教皇庁の諸省の長官を務める枢機卿、各国ならびに諸国合同の司教協議会の会長、東方教会の総大司教、主幹大司教ならびに主都大司教も参加します。教皇から直接任命される他の代議員もいます。

特別会議は、1 つまたは複数の教会管轄地域の善益に直接関係することがらを取り扱う会議です。主な代議員として、当該地域の司教たち、ならびに議題に関係するローマ教皇庁の諸省の長官を務める枢機卿たちが参加します。

世界代表司教会議は、常設の事務総局を有し、教皇から任命された事務総長がこれを指揮します。この事務総長は、事務局顧問に補佐され、次の世界代表司教会議の議題の準備や、前の世界代表司教会議の提案を教皇の決定を受けた後に公布する役割を果たします。

現在は 2006 年 9 月 26 日に公布された、世界代表司教会議のための新しい規定[66]が効力を有しています。この規定は以前のものを踏襲してはいるものの、以前のものとは異なる幾つかの新しい原則を持っています。それらは次のとおりです。

・総書記の役割の具体化
・議長代理の導入
・専門家、傍聴人、兄弟的友好使節（カトリック以外のキリスト教団体からの参加

---

[66] 2006 年 9 月 29 日の国務省の答書 *ex Audientia Sanctus Pater*, in *EV* 23/2195 及び世界代表司教会議の規則 (*Regolamento*), in *EV* 23/2196-2317 を参照。

者)の導入
- カトリック東方教会から選出された代議員に対する配慮の強化
- 事務総局の特別会議の設立
- ラテン語以外の諸現代語を使用することの許可
- シノドスの教父たちの間で自由な討論を可能にすること
- 中間報告書(relatio post disceptationem)および提言(propositiones)の役割の明確化

8.3. 枢機卿、ローマ教皇庁、教皇使節

cann. 349-367 CIC

　全世界において、教会の活動に関して大きな方向性を示すための世界代表司教会議の諮問的な役割は、臨時的かつ偶発的な性格を持っています。この役割は、特定の時期や特別な状況の下で遂行され、事前に定められた周期を必ずしも持っているとは限りません。しかしローマ教皇は、その首位権による奉仕職において、本性上永続性を持つ、より直接的で頻繁な支援を必要とします。こうした諮問や協力の形態は、特別な団体を構成する枢機卿団によって保障されています。
　枢機卿の第一の役割は教皇を選出することです。教皇の死去もしくは辞任によって使徒座が空位になった日より前に満80歳を迎えた枢機卿は、この役務からは除外されます。また枢機卿は、普遍教会の牧者である教皇の奉仕職を補佐する役割を持っています。この補佐の役割は、世界代表司教会議のように、特に重大な問題を議論するために招集される機会においては団体として果たされ、ローマ教皇庁の諸省の長官としては、謂うなれば個人的に果たされます。
　枢機卿団は、枢機卿会議(consistorium)において教皇を補佐するための諮問的な役割を果たすことによって、法人団体として行動することができます。他方、枢機卿が個別に意見を求められた場合は、ローマ教皇庁の諸省の長官として、あるいは教皇庁やバチカン市国の他の機関の責任者として個別に諮問的な役割を果たすことにより、常に教皇に協力します。
　枢機卿会議には、通常会議と臨時会議があります。通常会議には、特定の重大な問題を協議するため、あるいは特別荘厳な行事を行うために、枢機卿の全員、少なくともローマに滞在する全枢機卿が招集されます。臨時会議には、教会の特

定の必要に応じたり、特別重大な問題を議論したりするために、すべての枢機卿が招集されます。この枢機卿会議は、常に非公開とされています。それは、この会議において教会の司牧的奉仕職、異なるレベルでの教会の組織機構、教会の統治の実践に関する議題が具体的に取り扱われることによって、枢機卿団の諮問的な役割が、より明確に全うされるようにするためです。臨時枢機卿会議には、全体会議と共通の言語を話す人々の間でのグループ討論が行われます。このように、会議の進め方としては、世界代表司教会議のそれと大きな違いはありません。一方、公開され得る会議は、荘厳な儀式が行われる通常会議のみです。公開されるということは、その際には枢機卿以外にも他の高位聖職者、国家の代表およびその他の招待者等が参加を許されることを意味します。

　教皇の死亡や辞任により使徒座が空位になった時、国務長官をはじめとするローマ教皇庁の諸省の長官や議長を務める枢機卿ないし大司教、さらに各省の構成員は、直ちにその職務行使が停止されます。ただし聖なるローマ教会のカメルレンゴ（camerlengo）および内赦院長（poenitentiarius maior）を務める枢機卿は、通常どおり業務を行い、教皇に報告しなければならなかった事案は枢機卿団に委ねられることになります。ローマ教区代理を務める枢機卿の職務は、自身に委ねられた裁治権のゆえに使徒座が空位の間も停止されません[67]。バチカンの大聖堂の首席司祭を務める枢機卿、バチカン市国の総代理を務める枢機卿についても同様です。

　普遍教会の牧者としての任務をより効果的に遂行するため、教皇は、国務省（総務局、外務局、外交官人事局）、事務局（財務局、広報局）、諸省、裁判所、評議会および他の機関から成り立っているローマ教皇庁を介してさまざまな業務を行います。

　ローマ教皇庁の諸省の設立と組織編制、各省の業務遂行手順や管轄権の範囲に関しては、教皇ヨハネ・パウロ2世の使徒憲章『パストール・ボヌス *Pastor Bonus*』（1988年6月28日）によって規定されています。この憲章は、ローマ教皇庁の改革のための特別法として制定されたものの、ごく最近の教皇たちによってす

---

[67] 教皇ヨハネ・パウロ2世の使徒憲章『エクレジア・イン・ウルベ *Ecclesia in Urbe*』（1998年1月1日）の13項には、ローマの司教代理職を再編成して、「この枢機卿の任務は、使徒座が空位の際も、職務上、停止しない」（*EV* 17/27）と述べられている。

でに多くの変更が加えられ、現在もその改革が続けられています[68]。

　教皇は、全司教団の一致を通して、全教会について配慮する責任を有しています。教皇と司教たちとの親密な一致の必要性は、教皇使節の職務によって保障されています。教皇パウロ6世の使徒的書簡『ソリチトゥード・オムニウム・エクレジアールム Sollicitudo omnium Ecclesiarum』の第4条には、この職務について諸教会間における教皇使節の主要かつ具体的な内容が次のように示されています。

「1．　教皇を代理する使節の主要で具体的な任務は、使徒座と部分教会との間にある一致の絆を、日々よりいっそう堅固で効果的なものにすることである。
2．　彼はまた、任務を遂行している国家の善益を考えるローマ教皇の配慮を伝える。特に、全人類家族の精神的、道徳的かつ物質的な善という視点をもって、平和、発展ならびに国家間の協力の推進について、積極的な関心を持ってこれらに取り組まなければならない[69]。」

　加えて教皇使節は、通常、国家に対する外交的任務も果たします。すなわち『現代世界憲章』の1-3項に示された公会議の精神に基づいて、相互に公使を送る外交関係を樹立しこれを保つ任務を果たします。

　教皇使節は、国家およびその政府、そして部分教会に対して教皇を代理します。教皇使節は、この2つの主体に対する任務を同時にあるいは個別に遂行します。

　教会の領域においては、教皇使節は次の任務を行います。

・管轄地域における部分教会の状況を使徒座に報告すること
・司教たちの正当な権限行使に介入することなく、司教たちを支援すること
・司教協議会との密接な関係を促進すること(ただし教皇使節は司教協議会の法律上の構成員ではない)
・司教の任命に関して、候補者の氏名を使徒座に送付または提出し、さらに使徒

---

[68] 最近の教皇庁組織の変更について知るには次の文献を参照。L. Sabbarese, "*Curia romana semper reformanda*. Recenti variazioni nelle competenze di alcuni dicasteri", in *Ephemerides iuris canonici* 53 (2013) 427-453.

[69] 教皇パウロ6世, 教皇使節の任務に関する使徒的書簡『ソリチトゥード・オムニウム・エクレジアールム *Sollicitudo omnium Ecclesiarum*』(1969年6月24日), in *EV* 3/1317-1318.

座から出された規定に従って、推挙の対象者に関する情報収集の手続きを行うこと
- 平和および人類の進歩を促進すること
- 諸宗教間の対話およびエキュメニカルな対話を促進すること
- 司教たちと協働して教会の使命を国々の前で擁護すること
- 使徒座から委ねられた権限を行使して、その他の指令を遂行すること

　教皇使節は、国家に対して外交使節としての役割を果たす場合には、特に次の任務を遂行します。
- 派遣先の国家当局との友好な関係を促進し育成すること
- 教会と国家との関係に関連する諸問題を取り扱うこと
- 政教協定（modus vivendi）、合意、契約、および協約を立案し、実現を図ること

【参考文献】

I. J. Arrieta, *Governance Structure within the Catholic Church*, Wilson & Lafleur Ltée, Montréal 2000.

Collegialità e primato, EDB, Bologna 1993.

Gruppo Italiano docenti di Diritto canonico (a cura di), *Chiese particolari e Chiesa universale,* Glossa, Milano 2003.

V. Mosca, "Uffici e strutture centrali della Chiesa universale"*, in* Gruppo Italiano docenti di Diritto canonico (a cura di), *Il diritto nel mistero della Chiesa, 2: Il popolo di Dio. Stati e funzioni del popolo di Dio. Chiesa particolare universale. La funzione di insegnare,* Lateran University Press, Città del Vaticano ³2001, 495-558.

L. Sabbarese (a cura di), *Strutture sovraepiscopali nelle Chiese orientali*, Urbaniana University Press, Città del Vaticano 2011.

第9章　部分教会とその集団編成

9.1.　部分教会とそこに立てられた権威
cann. 368-430 CIC；cann. 177-234; 311-312 CCEO

　第二バチカン公会議の諸文書の中で、「部分教会」および「地方教会」という表現は、教区（diocesis:司教区）を指すものとして特に区別なく使用されています。たとえば『エキュメニズムに関する教令』の14項には、「東方においては多くの部分教会すなわち地方教会が栄えている」と述べられています。またこれらの表現は、次に示す『カトリック東方諸教会に関する教令』の2項のように、独自の典礼様式を持つ教会のグループを指すためにも用いられています。

「キリストの神秘体である聖なる普遍の教会は、信者たちによって構成されています。彼らは、同じ信仰、同じ秘跡、同じ統治によって、聖霊において有機的に一致し、位階制度によって結ばれた種々の集団として統合されて、部分教会すなわち典礼様式を形成しています。」

　公会議後の諸文書では、属人的な判断基準に基づいて確立された教区をも包含する「部分教会」という用語が好まれる傾向にあります。この傾向は、立法者が「地方教会」という表現を決定的に放棄したことによって確認されました。事実、このことから、より客観的な明確化が達成されたその一方で、地方教会の神学において「場所」の持つ固有の機能が重要視されていた時期に比べてある種の神学的困窮をもたらしたのであれば、この用語選択の意義を明確にする必要があります。実際、1つの救いの出来事は、救いが明確に示される場所の文化的、歴史的、地理的条件によって媒介されるという点においてのみ、教会にその違いをもたらす原因を与えることになります。そのため、各々の教会特有のアイデンティティーは、場所および文化と不可分の関係にあるのです。
　教区（dioecesis）は、部分教会の主要な形態であり、別段の定めがない限り、高位聖職者区（praelatura territorialis）、大修道院区（abbatia territorialis）、使徒座代理区（vicariatus apostolicus）、使徒座知牧区（praefectura apostolica）、および使徒座管理区（administratio apostolica）がこれに準じます。

9.1. 部分教会とそこに立てられた権威

　高位聖職者区または大修道院区は、神の民の一部分であり、地域的に境界が定められ、その司牧的配慮は特別の事情により高位聖職者または大修道院長に委ねられています。

　使徒座代理区、使徒座知牧区および恒久的に設立された使徒座管理区は、神の民の一部分であり、特別な事情により、未だ教区として設立されるに至っていないため、その司牧が使徒座代理区長または使徒座知牧区長または使徒座管理区長に委ねられており、彼らが教皇の名によって、これを統治しなければなりません。高位聖職者区や大修道院区は、明確な形態を持っており、歴史的な理由や地域的な広がりを持っている点で教区とは異なる一方、使徒座代理区、使徒座知牧区、使徒座管理区は、神の民の部分の初期的な形態で、状況次第では教区として確立されることになります。

　これらの教会の領域を統治する者は、司教聖別を受けていないにしても教区司教と同様に地区裁治権者としての義務および権利を有します。

　教区に準じる特定の教会領域は、従軍司教代理区(military ordinariate/ordinariati militari) [70] と、比較的新しいものとして、カトリック教会との完全な交わりに入ることを望む英国国教会信徒のための属人司教代理区(personal ordinariates for Anglicans/ordinariati personali per gli Anglicani) [71] です。またブラジルのカンポス教区内に設置された第二バチカン公会議以前の典礼を実施している「聖ヨハネ・マリア・ヴィアンネ」使徒座属人管理区(administratio apostolica personalis)といったものもあります [72]。

　部分教会の概念については、『教会憲章』の23項が次のように教える公会議の教えに言及しないわけにはいきません。

70　教皇ヨハネ・パウロ2世,軍隊に所属する人々への霊的配慮に関する使徒憲章『スピリトゥアーリ・ミリトゥム・クーレ　*Spirituali militum curae*』(1986年4月21日), in *EV* 10/345-370 を参照。

71　教皇ベネディクト16世, カトリック教会との完全な交わりに入ることを望む英国国教会信徒のための使徒憲章『アングリカノールム・チェティブス *Anglicanorum coetibus*』(2009年11月4日), in *EV* 26/1275-1304 及び、教理省の補足的規則 Complimentary Norms, *Ciascun ordinariato* (2009年11月4日), in *EV* 26/1305-1343 を参照。

72　これは、司教省が2002年1月18日付で公布した教令 *Animarum bonum*, de Administratione apostolica personalis, "Sancti Ioannis Mriae Vianne", in *AAS* 94 (2002) 305-308 によって設立された。

「この団体的一致は、個々の司教と、諸部分教会ならびに普遍教会との相互関係の中にも現われます。ローマ教皇は、ペトロの後継者として、司教たちの一致と信者の群れの一致との恒久的かつ目に見える根源であり、基礎です。個々の司教は、各自の部分教会における一致の目に見える根元であり、基礎です。それらの部分教会は、普遍教会の像に似せて形づくられ、それらのうちに、またそれらから、唯一単一のカトリック教会が存在するのです。したがって、個々の司教は、自分の教会を代表し、すべての司教は、教皇とともに平和と愛と一致の絆に結ばれて、全教会を代表します。」

　基本的な主張は、単一かつ唯一のカトリック教会が、部分教会の中に存在し、またそこから生じるということです。このような仕方で、教会という出来事そのものと部分教会との間にある相互的、存在論的な関係が強調されています。それはつまり、第一に、諸々の部分教会において「教会の神秘　misterium Ecclesiae」が実現されていること、ならびにこの「教会の神秘」を部分教会の上位にあるかこれと並ぶ別の現実として捉えることはできないことを確認しており、第二に、部分教会が教会という出来事のすべてを顕示し尽すものではないことを言い表わしています。それゆえ、諸々の部分教会から成り立つカトリック教会の永続する歴史的な現われである諸教会の一致が存在することになるのです。

　部分教会の主要な歴史的な形態は教区（司教区）です。それは、司祭団の協力のもとに司教に司牧の務めが委ねられた神の民の一部分です。そこでは、神の民が自らの牧者に堅く結ばれ、また牧者によって福音と聖体祭儀を通して聖霊において集められ、部分教会を構成しています。そこに、唯一の・聖なる・普遍の・使徒的なキリストの教会が真に現存し、また活動しているのです。

　法的観点から、教区を定義するうえで本質的特性を構成するものは、人的、地域的および司牧的要素です。実に教区は、実用上の理由から範囲を限定された神の民の一部分で、司教の司牧的配慮に委ねられ、それによって使徒の後継者と繋がり、キリストに結ばれています。しかし、これは必ずしも地域的な区分（限定）を必要とはしていません。

　地域は、部分教会の定義における必要不可欠な要素ではなく、単に（通常、最も機能的なものとみなされる）外的判断基準を構成するものであり、神の民の部分を限定するのに最も有用な要素とされるものです。それゆえ地域的な基準は、そもそも部分教会の構成要件には含まれてはいないものの、部分教会に属する要素で

ある信者の住所および準住所と一致して、それぞれの教会の裁治権を特定するのに有益なものなのです。東方典礼のカトリック信者に関して、幾つかの例外が認められています。例えば、ラテン典礼の部分教会の特定地域の中に存在する東方典礼の信徒のために、使徒座東方教会代理区（apostolic exarchates/esarcati apostolici）ないし司教代理区（orinariates/ordinariati）を設立しなければならないといったものがそれです。

　神学的な観点からすると、部分教会は、特定地域の中で有効な聖体祭儀を挙行する司教の指導の下にあって神の民のうちに一致しているとき、キリストの出来事そのものを体現します。司教が特定の部分教会における一体性の完全な現われであるべきだという考えは、教父の伝統に由来します。草創期の教会が都市部を越えて拡大し始めた時でさえ、単一の司教が、特定の地域全体における一致の原理を体現し保証するといった確信が保たれていました。実際、部分教会の区域を限定する唯一の判断基準は、地域によって構成されていました。そして、その同じ地域には、異なる言語、異なる典礼様式、異なる文化を持った人々が住んでいたのですが、司教はただ一人であり続けたのです。

　ラテン教会における部分教会の設立は、唯一、教会の最高権威者の権限に属しています。それは、共通法の適用地域においては、部分教会の設立と配慮をめぐる問題を取り扱う司教省の管轄とされています（使徒憲章『パストール・ボヌス *Pastor bonus*』第75条）。

「この省は、部分教会とその集合体の設立、分割、統合、廃止およびその他の変更に関するすべてを取り扱う。また本省の任務として、軍人への司牧的配慮を行う従軍司教代理区の設立がある。」（『パストール・ボヌス *Pastor Bonus*』第76条）

　いわゆる「宣教地」と呼ばれる地域に対しては、福音宣教省が管轄しています。

「教会の行政区分の確立と変更、および（宣教地の）教会の救済措置に関するすべてのことがらを取り扱い、司教省の管轄範疇以外の任務を遂行する。」（同第89条）

　東方教会省が介入する範囲は、地域の性質に基づく同省の特有の管轄権を顧

慮して、「教会の構造および組織に関して・・・・・・使徒座に判断が委ねられる東方教会固有のすべてのことがらに及ぶ」（同第58条第1項）とされています。またこの省は、「その地域における部分教会の設立の管轄権を持つ省の意見を聴取した後で」（同第59条）、東方典礼の信徒のための使徒座東方教会代理区ならびに司教代理区の設立も行います。その際、特定の国の政府と共に取り扱わなければならない事案については、各国との外交を担当する教皇庁国務省第二部局（外務局）の権限を尊重する必要があります（同第47条）。

　一度合法的に設立された部分教会は、法そのものによって法人格を有するものとなります。通常、各教区または他の部分教会は、司教代理（vicarius episcopalis）の直接的な配慮に委ねられた個々の司牧上の地域に分割されなければなりません。それぞれの司牧上の地域は、複数の小教区（paroecia）から成り立ちます。近隣の諸小教区を包括して、例えば地区（vicariatus foranei）、ないし首席司祭管理区（decanatus あるいは archipresbyteratus）、またはその他の名称を持つ特別な連合を作ることができます。

　部分教会は司教によって管理されます。叙階の秘跡の最高位にある司教は、司教聖別ならびに教皇および全司教団の構成員との位階的交わりによってその構成員とされることで、その教導職においても統治権においても使徒の団体を継承します。それゆえ、すべての司教は、全教会に対する配慮に努めなければならないのです（『教会憲章』21-23項参照）。司教聖別は、司教を存在論的に、教える任務、聖化する任務、統治する任務に参与させるのですが、それは「missio canonica―教皇の法的派遣／任命」（同24項）を通して位階的権威者から与えられる限定的な仕方での裁治権の行使（iuridica determinatio）の要請を自由に引き受けるものでもあるのです[73]。

73　［訳者注］第二バチカン公会議の『教会憲章』は、司教を「ローマ教皇の代理者とみなしてはならない」（27項）と断言している。なぜなら教区の司教は自教区において司牧上必要とされる全ての権能を司教叙階の秘跡的聖別を通して受け取っているからである。司教は、ローマ教皇の法的派遣／任命（missio canonica）をもって自己の任務においてその権能を適正に行使する。司教聖別という点からすれば、ローマの司教を含めて全ての司教は司教職位にあるという点では等しい権能（叙階権）を持つが、一部の権能の行使については、教会の秩序のため法律または教皇によって教会の最高権威者、もしくは他の権威者に留保されている。まして統治の権能（裁治権）については、司教は、教皇との使徒的交わりがあって初めてこれを適正に行使できると言われている。

教会法では、教区司教（episcopus dioecesanus）と名義司教（episcopus titularis）とを区別しています。教区の司牧を委ねられた司教は教区司教と呼ばれ、教区に準ずる他の教会領域を統治するその他の高位聖職者は、法律上それと同等とみなされます。他の司教たちは、たとえ教区の統治において協働司教あるいは補佐司教として協力する場合であっても、名義司教と呼ばれる立場にあります。

教会の営みにとって、デリケートな問題の1つが司教の任命でした。それは第二バチカン公会議の期間中に、公会議が導き出したすべての神の民の共同責任と交わりに関する教会論の考えに沿った解決策が見出されなかった問題でもありました。

ラテン教会の現行の制度は、ローマ教皇が直接司教を任命する方法をとっています。『教会法典』は、司教が司教会議または他の同等の機関で選出され、その後、教皇によって認証を受けるという東方教会の規範と慣行については何も言及していません。

教皇による自由な司教の任命の原則に加えて、教皇の認証を伴う仕方で選挙によって選ぶことも依然として可能とされています。それは特別法により、この選挙が適法に教皇以外の特定の人の責任に帰属されている場合、あるいは教会法上、指名に基づいて選挙が行われるように規定されている場合に実施されます。また古くからの特権により、司教座聖堂参事会総会で自らの司教を選出する権利を持つ教区も一部では残っています。ただしこの選挙は、間違いなくローマ教皇による認証が必要とされます。

教会には司教の任命のための固有の手続きが存在します。教区司教または協働司教が必要とされる場合、各国の教皇大使は、テルナ（terna）と呼ばれる三名連記の「司教に相応しい episcopabili」とされる候補者名簿を使徒座に提出する役割を負っています。教皇大使は、管区大司教の意見および同一管区の司教たちの意見、および司教協議会の会長の意見を聴取し、それらを自らの意見と一緒に使徒座に伝えなければなりません。彼はまた、教区の顧問会の構成員および司教座聖堂参事会の構成員の意見を求めることができ、さらに適切と思われる場合は、聖職者、修道者、信徒を含むその他の個人にも秘密裡に意見を求めることができます。教区司教は、自らの教区に補佐司教が必要であると判断した場合、少なくとも1つのテルナ、つまり適性を持つものと思われる三名の司祭の名簿を使徒座に提出します。

司教候補者の適正要件は次のとおりです。堅固な信仰、品行、信心、司牧に

対する熱意、英知、賢明および人間的諸徳に優れ、かつ当該職務上適当な才能を有する者。世評の高い者。少なくとも35歳以上の者。司祭叙階後、少なくとも5年を経過している者。使徒座認可の高等教育機関において聖書学、神学もしくは教会法の博士号または少なくとも教授資格を授与されている者、またはそれらに精通している者。候補者の適性に関する最終的な判断は、使徒座の権限に属します。司教に任命された者は、使徒座の任命書を受諾した日から3ヵ月以内に任務に就く前に求められる要件である司教聖別を受けなければなりません。適法性のために（ad liceitatem）、司教聖別には教皇の指令（mandatum pontificium）が必要とされます。実際、教皇の指令なくして司教が司教聖別を行うことは許されていません。これに違反した場合、この司教および聖別された者は、使徒座に留保された伴事的破門制裁を受けることになります。

　教区司教の任務に関して第二バチカン公会議によってまとめられた新たな概念に従って、教区司教は、自己の教区においてすべての通常・固有かつ直接の権能を有します。

　司教に任命された者は、司教聖別および教会法上の就任以前は、委ねられた任務を行使することはできません。教区司教の職務に任命された者にして未だ司教に聖別されていない場合には、使徒座の任命書を受け取ってから4ヵ月以内に、すでに司教に聖別されている者は、この任命書を受け取ってから2ヵ月以内に、教会法の定めに従って自己の教区に就任しなければなりません。

　教区司教は、司牧者としての熱意をもって、特別な仕方で自己の司牧に委ねられたすべてのキリスト信者について配慮しなければなりません。全司教団の構成員として、司教は教会全体および自らの部分教会のすべてに配慮します。『教会憲章』28項は、教会の普遍性という、より広範な文脈において、教区のニーズを評価する際に留意すべき原則を提案しています。公会議は、司祭に関して次のように断言しています。

「司祭は、司教職にとって賢明な協力者、その助け手、道具であって、神の民に仕えるために召され、自分たちの司教とともに種々の職務に携わる1つの司祭団を構成します。・・・・・・彼らは、司教の権威のもとに、主の群れの自分に委ねられた部分を聖化し、統治し、自分の場所において普遍教会を目に見えるものとし、キリストのからだ全体を建設するために（エフェ4：12参照）効果的な仕方で貢献します。」

「生活条件の関係上、通常一般の司牧的配慮を十分に受けることができないか、まったく受けられない信者」に関して、使徒座の規則に従って、司教のみならず司教協議会の配慮を求める『教会における司教の司牧任務に関する教令』の 18 項に示された原則を思い起こす必要があります。

「生活条件の関係上、主任司祭の通常一般の司牧的配慮を十分に受けることができないか、あるいはまったく受けられない信者、たとえば数多くの移住者、亡命者、難民、船員、航空機搭乗員、移動生活者、また他の同様な立場の人々のことを、特に配慮しなければなりません。休養のために一時的に他の地方を訪れる人々の霊的生活を支えるためにも、適切な司牧の方法を発展させなければなりません。司教協議会、とりわけ全国司教協議会は、上に述べた人々に関する緊急の諸問題を熱心に検討し、適切な手段と組織をもって、心と力を合わせて彼らの霊的な世話をするように努めなければなりません。その場合、まず使徒座が定めた、あるいは将来定める規則に留意しなければなりませんが、それは時と場所と人の状況に適応させることができます。」

　司教の司牧的奉仕職には、教える任務、聖化する任務および統治する任務という三重の任務が与えられています。司教の教える任務には、おもに頻繁に説教を行うこと、信仰の一致を擁護すること、みことばの奉仕の責任者としてこれを監督することが含まれます。聖化する任務には、各自の固有の召命に従った信徒の聖性の推進、「missa pro populo―人々のためのミサ」を挙行すること、および司教座聖堂における聖体祭儀等が含まれます。統治する任務には、教区司教が、立法、行政および司法の権能に基づいて、個人でまたは協力者を通じて自らの統治の任務を遂行することが含まれます。
　立法権は、教区の生活のために必要な規則の公布を行います。立法権は、司教によって個人的に行使されるもので、これを他者に委任することはできません。また立法権を行使する際は、法の定める範囲で行わなければなりません。事実、下位の立法者が定めるいかなる法も、上位権威者が制定した法に反することはできません。一定の共同体の共通規定を定める一般的決定は、本来、法律です。一方、法律の順守を促したり適用の様式を規定する一般行政決定、法律の順守事項の明確化をはかる訓令は、厳密な意味では法律でないため、行政権を有する者でもこれを制定することができます。こうした教会の規則は特別法として制定され

ます。

　行政権は、一般行政決定や訓令、個別的な決定や命令、答書、特権および免除の付与などの行政行為により、部分教会の生活を秩序づけるための権限を行使します。行政権の行使には、特に司牧活動の企画、教会の役職の任命、教会の法人および公的団体の設立、教会財政の管理などが含まれます。司教は、行政権を個人的に行使するか、総代理（vicarius generalis）または司教代理（vicarius episcopalis）もしくは行政権を有するその他の教会の役職を担う者に委任することができます。

　司法権は、定められた手続き規則に従って、個人および共同体の権利の保護を行います。司教は、これを自らまたは法務代理（vicarius iudicialis）を介して行使します。

　教区司教は、司牧的行為によって、あるいは行政、立法および司法の権能を行使することで裁治権者として行為することによって、常に自らに委ねられた神の民の部分の教化に努め部分教会を統治します。教区司教は、全教会の共通法の順守を促し、普遍法および特別法が定める教会の規律の順守を要求し、神のことばの奉仕職、秘跡および準秘跡の挙行、神への礼拝と聖人に対する崇敬、および財産の管理を監督します。

　教区の法的業務全体に関して、それを代表するのは教区司教です。司教は、教区における種々の使徒職を涵養し、すべての使徒的活動が司教の指導のもとに秩序づけられるよう配慮しなければなりません。教区司教は、その教区内に自ら定住する義務を有し、教区内の施設、小教区などの司牧訪問ならびに教皇庁への定期訪問（ad limina）の義務を有しています。教区司教は、年齢が満75歳に達したとき、教皇に対して退任の意思表示を行うよう求められます。また健康を損なうなど職務遂行が困難となるその他の重大な理由に際しても同様のことが求められます。特に後者の場合には、退任の意思表示を行うことが強く求められます。

　仮に、教区が地理的に広範囲に広がっていて、信徒の数が非常に多い場合、教区司教は職務の共働者として協働司教（episcopus coadiutor）または補佐司教（episcopus auxiliaris）によって助けられます。彼らには、特定の司牧の分野、地域あるいは信徒のカテゴリーを委ねることができます。

　教区司教は、仮に共同生活が不可能な場合であっても、協働司教および補佐司教との緊密な連携を維持すべきです。教区での司牧的奉仕職に関して、教区司教は定期的に会合を設けて、決定を下すために情報を交換します。

普遍法は、教区司教の直接の協力者として、次の3種類の司教の可能性を想定しています。
- 継承権を持たない通常の補佐司教
- 個人的性質をも含めた重大な事情において特別の権限を付与された補佐司教
- 特別の権能および継承権を有する協働司教

　補佐司教と協働司教との主な違いは、協働司教が法そのものによって常に継承権を認められている点にあります。

　司教座が空位になることで、あるいは完全にその機能が妨げられる場合に、教区の統治が滞ることがあります。

　教区司教が、捕虜、流刑、追放または能力喪失のため、文書をもってしても教区民との交信が不可能な場合、教区において果たすべき司教職が全面的に妨げられ、司教座の機能が阻害されたものと理解されます。このような場合、文書を介して統治するだけでは全く不十分であることは明白ですが、もし可能であれば、権限を委任することで自らの通常一般行政権の行使の不足を補うことができます。

　司教座の障害事態の際は、聖座が別段に措置しない限り、教区の統治については、協働司教がいるなら協働司教がこれに当たります。協働司教を欠いているか、またはこれにも障害がある場合は、補佐司教または総代理もしくは司教代理、または教区司教が就任後直ちに作成すべき順位名簿に記載されている他の司祭がこれに当たります。この名簿は、少なくとも3年ごとに更新して管区大司教に通知しなければなりません。協働司教を欠いているか、または協働司教に障害があるとき、もしくは教区司教が作成すべき順位名簿がない場合には、教区を統治すべき司祭を選出するのは顧問会の権限とされます。教区司教に障害がある場合、司教の権限は損なわれませんが、立法者は、こうした状況においても司教座空位の際の教区管理者が暫定的に教区の統治権を引き受けることになるのかどうかを規定していません。

　教区司教が教会法上の刑罰によって任務の遂行を禁じられたときは、聖座がそのための措置を講じるように管区大司教が直ちに聖座に訴願しなければなりません。同大司教を欠く場合もしくは同大司教も同様に刑罰の対象とされている場合は、管区所属司教の中の司教として最年長者がこれを行うよう取り計らう必要があります。

司教座は、教区司教の死亡、教皇による辞任の受理、転任および解任の通知を受けたときに空位（sede vacante）となります。いずれにしてもその時点で、司教の代理の職務も停止するため、どの時点から司教座が空位となったのかを特定することは法的に重要です。

　司教座が空位になったとき、新しい司教が着座するまでの間、教区の統治権は教区管理者が定められるまでは補佐司教、補佐司教が複数いる時は、その中の先任者がこれを担います。補佐司教がいない時は、顧問会がこの任務を遂行します。ただし聖座が別段の定めをした場合はこの限りではありません[74]。教区司教による裁治権の喪失時点から、代理者の裁治権も喪失します。

　教区管理者の選出を待つ間、一時的に教区を統治するのは補佐司教です。補佐司教は、使徒座に司教座空位を知らせ、管理者の選挙のため顧問会を招集します。使徒座代理区もしくは使徒座知牧区において、責任者が空位となった場合、代理区長または知牧区長の就任後直ちに、そのような事態のために予め指名しておいた代理区長の代理または知牧区長の代理が統治の任務を行います。教皇に代わって統治を行う代理区長および知牧長は、教皇に直接的に従属しているため、空位期間は、その統治権は宣教地区評議会（consilium missionis）にではなく自然人（個人）に委ねられます。

　司教座空位の通知を受けてから8日以内に、顧問会によって教区管理者が選出されなければなりません。教区管理者がいかなる理由によっても規定の期限内に適法に選出されないときは、その任命は管区大司教が行います。管区大司教座が空位の際、または管区大司教座および管区所属の司教座が同時に空位のときは、管区所属の司教の前任者がこれを行うことになります。司教の死亡および教区管理者の選挙結果は、直ちに使徒座に通知されなければなりません。使徒座に通知する任務は、死亡通知に関しては補佐司教が、これが存在しない場合には顧問会が行います。教区管理者の選挙結果に関しては、選出された教区管理者

74　［訳者注］例えば教区司教の辞任が教皇によって正式に受理され司教座が空位となる教区の管理者を、使徒座が直接、前任者あるいは近隣の教区司教の中から任命する場合がある。また通常の教区管理者の他に、司教座空位に伴う使徒座教区管理者（amministratore apostolico sede vacante）も存在する。こうした教区管理者は、何らかの事情で空位となる教区の有する統治能力が十分でないような場合に、使徒座によって直接任命され、任命の内容によっては教区司教と同等の権能を有することもある。なお教区管理者は、新しい司教が任命され着座する時に任務を終える。Cf. R. Walczak, *Sede Vacante*, LEV, Città del Vaticano 2015, pp. 197-198.

本人が、使徒座に自らが選出されたことを通知しなければなりません。

教区管理者の選出は1名のみとし、教区管理者は教区会計責任者（oeconomus dioecesanus）を兼務することができません。また会計責任者が、すでに選出・任命・発表されている場合であっても、司教座空位のための管理者の職務と兼務することはできません。

教区管理者は、事物の性質上または法によって除外されていることがらを除いて、教区司教と同じ義務および権利を有します。教区管理者の臨時的な職務は、顧問会の監督の下に置かれ、司教座空位（sede vacante）の期間は、「nihil innovetur – 何も変更してはならない」という原則に従います。

9.2. 部分教会の集団編成

cann. 431-459 CIC; cann. 133-139 CCEO

教区とそれに準じる教会の区域は、教会の地方ないし管区を構成することができます。厳密に言えば、これらだけが直接的に「部分教会の集団編成」という見出しの項目に該当します。一方でその他のもの、特に管区会議および部分教会会議は、法の定めによって教会管区内で権限を持つという点で、間接的な仕方でこれに内包されます。最後に司教協議会が挙げられます。司教協議会は、一定の司牧的性格を持った任務において、団体として行動するという点でこれに内包されますが、実際にその権限の行使には限界があります[75]。

個々の部分教会は、それを構成する神の民の部分に対して、それを統治する権威者に対して、またその地域的あるいは人的領域に対して、それぞれ独立したものであるにもかかわらず、特に同じ地理的および／または文化的領域における共通した司牧上の課題を有することがあるため、その解決のために行動を共にすることが求められます。人と場所の状況に応じて、近隣の司教との共通の司牧的活

---

75 ［訳者注］教会法制上、各教区における司教の権能は他の司教の介入を受けるものではない。補完性の原理に従って使徒座、ないしローマ教皇の指示を受けることがあったとしても、通常、各教区における司教の独立した権限、自治権は妨げられるものではない。司教協議会は、普遍法が定めた事案に関して、司教の団体性の内に共同して行為する（協議して決定を下す）が、この組織そのものが、何かしら各教区司教の上位機関（上級権威）のようなものとみなす考え方はない。

動、ならびによりよい相互関係を促進するため、部分教会は教会管区（provincia ecclesiastica）を構成します。これらは、順次、司教協議会の提案に基づき、使徒座によって教会地方区（regio ecclesiastica）の中に統合されます。

1つの管区の地域にある教区および他の部分教会は、その教会管区を構成する一部分です。

教会管区は、法の定めにより法人格を有します。教会管区に法的に設立された権威は、管区会議によって行使されなければなりません。管区会議は統治権、わけても立法権を有し、管区を統括する管区大司教によって主宰されます。

教会管区は、司教協議会の提案により、教会地方区に統合されることが可能です。教会地方区は法人格を有します。管区大司教のほか、管区会議（concilium provinciale）および部分教会会議（concilium particularis）も固有の権能を行使します。管区会議は、同じ教会管区の領域内に隣接し合うすべての部分教会の集団によって構成され、全体会議（concilium plenarium）は、同一司教協議会の領域内のすべての部分教会の集団によって構成されます。ただしこの全体会議は、1つまたはそれ以上の国の司教協議会からは独立した組織です。

部分教会会議は、行政権、特に立法権を行使します。したがってその具体的な任務は、信仰を広め、共通の司牧的活動を調整し、道徳を正し、所轄領域内に共通の司牧的規律を導入し、これを保ちまたは擁護するために適切かつ必要なことがらを決定することです。

部分教会会議は、司教だけでなく聖職者も、さらにその教会領域において教会生活に献身する特に優れた信者の中から選ばれた信徒も参加する集会によって構成されます。その性質のゆえに、こうした会議が開かれることは比較的稀であるとはいえ、司牧的奉仕職の一層の有効性を促進するため、また同じ地理的領域の司教たちが互いにより深く結ばれた共通の活動を促進するため、共通の関心事とされる問題に関する情報および経験の交換を目指して、司教同士の関係を強化する必要性が、過去にもすでに浮上していました。

こうして、異なる国や地域の司教たちの自発的な取り組みをめぐって、新しい司牧的な必要に対してより適した使徒職の形体について共に調査、検討するための対話の機会が、より頻繁に開催されるようになりました。その結果、聖座によって承認され「司教協議会」という名称が与えられた新たな機関が教会に設立されることになりました。

現行教会法典の第447条は、『教会における司教の司牧任務に関する教令』

の 38 項を用いて、司教協議会の定義を次のように示しています。
「常設機関である司教協議会は、国または一定の領域の司教の集合体である。それは、当該領域のキリスト信者のために結束して司牧的任務を遂行し、特に教会が、法の規定に従って、時と所に即応する使徒職の方式および要綱を介して人々に提供する善益をますます推進する任務を負うものである。」

原則として司教協議会は、教会法第 450 条の規定により、同一国家に存在するすべての部分教会の長によって構成されます。
司教協議会が、普遍法が与える権限を有する権利と義務の主体として法人格をもって、つまり法的資格をもって行動できるためには、教会法に従って設立されていなければなりません。

「司教協議会に所属するのは、典礼様式の如何を問わず、総代理を除くすべての地区裁治権者、協働司教、補佐司教、さらに使徒座または司教協議会から委託された特別な任務を果たすその他の名義司教です。その他の名義司教およびある地域において特別な職務を引き受けているローマ教皇使節は、法による司教協議会の構成員ではありません。地区裁治権者と協働司教は、議決投票権を有します。司教協議会に出席する権利を有する補佐司教およびその他の司教が、議決投票権または参考投票権を持つか否かは司教協議会の規則によるものとされます。」(『教会における司教の司牧任務に関する教令』38 項)

規則の中には、特に司教協議会の全体会議開催について定め、かつ司教常任委員会、同協議会事務総局、司教協議会の判断によって自らの目的達成のために効果的と考えられるその他の職務および委員会について規定しなければなりません。
各司教協議会は、規則の定めるところに従って総会および常任理事会の議長を務める会長を選出し、会長に適法な障害があるときの会長代行を定め、総会議事録の作成など種々異なる任務を有する事務総局長を指名します。
法律上、次の者は司教協議会の全体会議において議決権を有します。
・規則の作成または変更の場合は、教区司教、法律上これと同等の権限を持つ者、ならびに協働司教
・規則が定める事案ごとに議決権または参考投票権を有する司教協議会の管轄

地域に所属する補佐司教および名義司教
・規則に別段の定めがない限り、参考投票権だけを持つ会議に招かれたその他の自治権を有する教会の裁治権者

　司教協議会の一般的かつ具体的な任務は、普遍法と規約の定めに基づき、時と場所の状況に従って、有益で適切な共通の司牧的活動の形式と方法を研究し合意することです。これらは司牧的な規範であり、指針としての性格を持つものです。司教協議会は、使徒座が自発的に定めたか、もしくは司教協議会の求めに応じて定めた特別指令によって一般的決定を出すことができますが、それは普遍法で規定されている事項に限られます。このような場合、司教協議会は、純粋な法律として一般的決定を出すことができます。このような規則が有効に公布されるためには、総会において、出席している議決権を有する司教の少なくとも3分の2の賛成を得て承認されなければなりません。この法律が法的拘束力を得るためには、事前に使徒座の承認を得て適法に交付されなければなりません。

司教協議会の本性に関する使徒憲章
『アポストロス・スオス Apostolos suos』[76] より

「司教協議会に関する補則事項」

第1条　本書簡の第22項に記載された司教協議会の教理に関する宣言が、真正な教えとして制定され、同協議会の名によって公表されるためには、構成員である司教たちによって満場一致で承認されるか、もしくは総会において、司教協議会の構成員のうち議決権を有する司教の3分の2以上の賛成を得た後、使徒座の承認が得られなければならない。
第2条　総会を除いて、司教協議会の他のいかなる機関も、真正な教導権を行使する権能を持たない。司教協議会は、その委員会または同協議会が設立したその他の機関に、そうした権能を与えることはできない。

76　教皇ヨハネ・パウロ2世, 司教協議会の神学的・法的本性に関する自発教令形式の使徒的書簡『アポストロス・スオス *Apostolos suos*』(1998年5月21日), in *EV* 17/808-850.

第 3 条　第 2 条で言及されたものと異なる種類の宣言に関しては、司教協議会の教理担当委員会が、同協議会の常任理事会によって明示的に権限を与えられていなければならない。

第 4 条　各司教協議会は、それぞれの規則が、本文書の内容と規則ならびに教会法の規範と一致したものであるよう見直さなければならない。その後、教会法第 451 条に従ってそれを使徒座に送付し承認を得なければならない。

【参考文献】

I. J. Arrieta, *Governance Structure within the Catholic Church*, Wilson & Lafleur Ltée, Montréal 2000.

Gruppo Italiano docenti Diritto canonico (a cura di), *Chiese particolari e Chiesa universale*, Glossa, Milano 2003.

G. Incitti, "La Chiesa particolare", in Gruppo Italiano docenti Diritto canonico (a cura di), *Corso istituzionale di diritto canonico*, Àncora, Milano 2005, 199-236.

第10章　部分教会の内部機構

10.1. 教区代表者会議
cann. 460-468 CIC; cann. 235-242 CCEO

　第二バチカン公会議の明確な規定として、『教会における司教の司牧任務に関する教令』の 36 項は、「この尊ぶべき教会会議と地域会議の制度が新たな力を得て実施されることを切望します。それは、時代の状況に応じて、種々の教会において信仰の発展と規律の擁護のために、より適切に、より効果的な配慮がなされるようにするためです」という望みを明瞭に述べています。

　教区代表者会議（synodus dioecesana）は、
「教区の使徒的働きに採り入れる必要がある手段や計画を示すことによって、また使徒職と統治に内在する困難を克服することによって、そして一般的な性格を持った活動や企画を促進することによって、さらにもし信仰と道徳に誤りがあるならば、正しい教えを提示し矯正することによって、普遍教会の法と規則を、教区の固有の状況において適用し、適合させるための相応しい手段とみなされなければなりません。」[77]

　教区代表者会議の権限は、厳密な意味での典礼の分野を除いて、部分教会の活動のすべての領域に及びます。ただし、典礼の儀式を制定したり改革したりするためではない、典礼に関する司牧上の規則を出す権限、とりわけ秘跡の挙行に関する規則を出す権限は保持されています。

　諮問のための機関[78]である教区代表者会議の意思決定を認めるのは、司教の専権事項です。したがって教区代表者会議は、宣言や決定を準備し、唯一の立法者である教区司教が、自らの判断によってこれに署名します。部分教会全体が、

77　司教省，司教の司牧的任務のための指針『アポストロールム・スッチェッソーレス *Apostolorum successores*』(2004 年 2 月 22 日), 168 項参照。

78　［訳者注］すべての教会の諮問機関は、単に法的な手続きが求められる組織とみるべきではなく、公会議が現行教会法典に与えた基本的な概念である「交わり」としての教会を十全なものとするために共働という観点から置かれているというべきである。教皇フランシスコ，使徒的勧告『福音の喜び』(2013 年 11 月 24 日), 31 項参照。

10.1. 教区代表者会議

教区代表者会議の準備においても、代表者会議の作業のすべての段階においても、団体としてこれに関与しなければなりません。そのため部分教会のすべての信者が、実際に、取り扱われるべき議案の起草についても、作業の経過についても適切に知らされるよう配慮すべきです。

教区代表者会議は、教区司教を助けることを目的としていることから、会議の招集と運営の権限は、臨時に教区を統治する者にではなく、唯一司教だけに属しています。

教区で引き受けている職務上、資格を有し、教区代表者会議の構成員としてこれに参加しなければならない者は次のとおりです。

・協働司教と補佐司教
・総代理、司教代理、法務代理
・司教座教会祭式者会員
・司祭評議会員
・司教によって定められた様式と人数に従って司牧評議会によって選ばれた者、あるいは司牧評議会がない場合は、司教によって選ばれた信徒ならびに奉献生活の会の会員
・大神学校の校長
・地区長
・各地区から選ばれた信者の司牧（cura animarum：霊魂の世話）に携わっている少なくとも1人の司祭ないしその代理
・教区司教が定めた様式と人数に従って選出された教区内にある修道会と使徒的生活の会の上長

教区代表者会議が、実際に教区共同体全体の善益のための司祭と信徒からなる集団を効果的に代表するものとなるために、その他の司祭、奉献生活の会の会員、司教から会員として招かれた信徒も、会議の構成員の資格を持ってこれに参加することができます。最後に、カトリック教会と完全な交わりを有していない諸教会または教会共同体の教役者や会員もオブザーバーとして招くことができます[79]。

---

[79] 司教省，福音宣教省が共に発行した教区シノドス開催において司教達を支援するための指針 *In constitutione*（1997年3月19日），in *EV* 16/266-319 も参照。

10.2.　教区本部事務局および顧問会
cann. 469-514 CIC; cann. 243-278 CCEO

　普遍教会のレベルで、教皇がローマ教皇庁の協力を得ているように、部分教会のレベルでも、教区全体の統治すなわち司牧活動を指揮し、教区の運営を管理し、また司法権を行使することにおいて司教を助ける人々と諸機関があります。教区本部事務局は、その本性から、仕えるキリストの姿を見つめながら奉仕の精神をもって、効果的な司教への協力を行う機関として設立されています。それは奉仕する教会の概念にその基礎を見出す、共同責任性のしるしであり道具であって、そこで司教は、諸々の職務を統合するのではなく、むしろ統合されたものとして自身の職務を行使します[80]。

　司教は、総代理ならびに司教代理の他に、教区本部事務局の中で、諸活動の管理業務に関することがらを調整し、事務局の他の職員が彼らに託された職務を忠実に果たすように配慮する任務を帯びた的確な調整の役割を果たすための教区本部の統括責任者（moderator curiae）を任命することができます。この統括責任者は、その職務を司教の権限のもとで果たします。彼は、司祭でなければならず、司教から任命を受けていなければなりません。

　常に教区本部事務局の職務と活動をより適切に調整するため、教区司教の裁量により、司教評議会（consilium episcopale）を設立することができます。これに対して、総代理（vicarius generalis）を置くことは、教区の正しい統治のために必須とされています。総代理は、司教が教区に居るときであっても、教区の全域における、すべてのことがらについて、司教の司牧的な世話に委ねられたすべての人に対して、司教を代理、代行し、支援します。

　総代理は、通常権（potstas ordinaria）を行使します。これは、司教から付与されるものではなく、また司教によって定められた限界の中に置かれるものでもなく、総代理という職務に伴って法そのものによって与えられる権能です。この権能は、自分自身の名においてではなく司教の名において行使される限りにおいて代理権です。したがって、その権能に固有の統治行為は、実際には代理によって行使されたものであっても、実質的にも法律的にも彼がその代理を務める者の行為とみなされな

80　イタリア司教協議会，司牧的文書 *Evangellizzazione e ministeri*（1977 年 8 月 15 日），in *ECEI* 2/2807 を参照。

ければなりません。このように、法そのものによって、教区全体を管轄する教区司教の行政権と同じ権能が、職務上、総代理に与えられているのです。

　また立法者は、1人または複数の司教代理（vicarius episcopalis）を任命する場合にも、総代理の任命の場合と同様に、教区の適切な統治のためという判断基準を示しています。しかし、総代理との違いは、司教代理に関する規定が必須項目ではないとされている点にあります。司教代理は、総代理と同じ通常権を有していますが、その行使は全面的なものではないという点で総代理とは異なっています。つまり司教代理は、教区の特定の地域に対して、または特定のことがらに関して、あるいは特定の典礼様式に属する信者に対して、さらに特定の団体の信者に対して司教を代理します。

　教区本部事務局における重要な役割は、事務局長（cancellarius）と他の公証官（notarius）たちによって果たされます。

　特別法によって別の規定が定められていない場合、教区本部事務局の文書が完全な形で作成され、適時に発送され、また教区の記録保管庫（archivum）に保管されるように保証するのは事務局長の役割です。また以下の場合に臨席して記録を取るのも彼の職務です。

- （被選）司教が、使徒座からの任命書を自分自身で、または代理人を通じて顧問会に提示し、教区司教として教会法上、職務に就任する場合
- （被選）協働司教が、使徒座からの任命書を自分自身で、または代理人を通じて、教区司教または顧問会に提示する場合
- （被選）補佐司教が、教区司教に使徒座からの任命書を提示する場合
- 協働司教または補佐司教が、司教座が障害事由により完全に機能を妨げられたときに、使徒座からの任命書を顧問会に提示する場合

　教区本部の事務局長に限らず公証官にも、司祭だけでなく信徒を選出することができます。彼らの書いたもの、あるいは署名は、それがすべての記録であれ、裁判だけの記録であれ、もしくは特定の訴訟または業務の個別の記録であれ、公信力を有します。

　公証官の職務は以下のとおりです。

- 決定、措置および義務に関して、または公証官の参与を必要とする他のことがらに関して、文書および記録を作成すること
- 取り扱われることがらに関して忠実に書面を作成し、これに場所および年月日を

付記し、署名すること
・記録や証書を適法に請求する者に対して、法の規定に従って相応の慎重さをもって記録簿からこれを提示し、かつその謄本が原本に相違ないことを証明すること

　教区と小教区に関するすべての文書は、最大限の注意を払って教区の記録保管庫に保管されなければなりません。教会の記録保管庫（archivum ecclesiasticum）は、教会そのものに貢献することを目的として設置されており、計り知れない価値を持つ教会の遺産を構成するもので、そこに保管された文書は、歴史的研究にも役立ち、当時の実際の福音宣教の記憶であると同時に真の司牧的手段ともなり得るものであることを忘れてはなりません[81]。

　『教会法典』は、3種類の記録保管庫、すなわち一般記録保管庫、機密記録保管庫、歴史的記録保管庫を規定しています。一般記録保管庫は、教区の霊的・現世的な事案に関する一般的な文書・記録を保存し、機密記録庫は厳重に保管されなければならない機密文書の保管を保証し、歴史的記録保管庫は注意深く整理して保管されるべき歴史的価値のある文書、資料を収容します。

　教区の財産管理に関して、司教は、教区本部事務局内部における経済的なことがらについて共同責任を負う唯一の機関である経済問題評議会（consilium a rebus oeconomicis）によって補佐されます。ただし経済問題評議会の機能は、本来、規則のうえでも活動のうえでも教区本部事務局からは独立したものです。この経済問題評議会の設置は義務とされています。それは、司祭か一般信徒か、男性か女性かを問わず、経済と国家法に精通する専門家で、優れて清廉潔白な少なくとも3名の信者によって構成されます。なお教区本部においては、総代理、司教代理、法務代理、副法務代理の役職だけが司祭に留保されており、他のすべての任務は、管理・運営の分野も法務の分野も、助祭や一般信徒にも、男女を問わず、福音的勧告によって自らを奉献した者にも託すことができます。経済問題評議会の構成員は、教区司教によって任命されますが、司教の4親等までの血族または姻族は除外されなければなりません。

81　教皇庁教会文化遺産委員会（Pontificia commissione per i beni culturali della chiesa）、『教会記録保管庫の司牧的な役割について *la funzione pastorale degli archivi ecclesiastici*』（1997年2月2日）、in *EV* 16/119-169 を参照。

経済問題評議会は、法が規定する事案において、その意見または同意を提供することによって、教区の教会財産の管理に関して教区司教を補佐します。

教区の財産の管理運営は、司教の権限のもとに行動する教区会計責任者 (oeconomus dioecesanus) に委ねられます。この役職の設置は必須とされています。司教は、自己の顧問会と経済問題評議会の意見を聞いたうえで、この役職の任命を行います。会計責任者は、真に経済問題に精通した専門家で、極めて誠実な人物でなければなりません。

司教は、自らの権能の行使に際して、司祭評議会 (consilium presbyterale) と顧問会 (collegium consultorum) の協力を受けます。

部分教会における唯一の共同責任機関である司祭評議会は、司祭団を代表するもので、「司教の評議員会 senatus episcopi」とも呼ばれます。その設置は義務とされていますが、司教省が出した司教の司牧的任務のための指針『アポストロールム・スッチェッソーレス Apostolorum successores』(使徒たちの後継者) によれば、「**教区の司祭の数が非常に少ない場合は、その全員を招集することは何事も妨げない。このような司祭の集会は、正規の司祭評議会の代わりになる**」[82]と明言されており、『教会法典』の例外を導入しているようにも思われます。しかし、これに類似する規定は、こうしたことは「司教が司祭評議会そのものを設置する義務を免除することにつながる恐れがある」[83]だけでなく、司教省の指針で「司祭集会」と呼ばれている新しい機関を、非公式な機関であるにもかかわらず、司教が「正式の司祭評議会」の代替物として採用することができるものと考え、教区に導入する懸念がある、という評価をしています。

第二バチカン公会議の『司祭の役務と生活に関する教令』をはじめとして、使徒座のすべての文書において、司祭評議会の本質は、基本的に2つの要素によって決定づけられています。それは、司祭団の代表であることと、教区の統治における司教の評議員会 (senatus) であることです。

司祭評議会は、司祭たちによって自由に選ばれた構成員、職務上または法律上の構成員、また教区司教が自由に指名した構成員から構成されます。

82　司教省，司教の司牧的任務のための指針『アポストロールム・スッチェッソーレス *Apostolorum successores*』，68項．

83　G. Incitti, "La Chiesa particolare", in Gruppo Italiano docenti di Diritto canonico (a cura di), *Corso istituzionale di diritto canonico*, Àncora, Milano 2005, 228 nota 141.

司祭評議会の任務は、教区の統治の分野全体に及びます。それはまた、重大な事案における諮問的な性格を持っています。法律がそのことを明白に規定している事案については、司教は司祭評議会の同意を求める必要がありますが、普遍法は如何なる事案に関してもこのことを規定していません。ただし、それは司祭評議会の規約の中に固有法として定めることもできますし、司教協議会または教区司教自身が定めることもできます。

　教区司教は、自己の司祭評議会の構成員の中から、6名以上12名以内の司祭を、5年任期の顧問会構成員として任命しなければなりません。しかしながら、顧問会のうちのある構成員が司祭評議会の構成員であることをやめても、その者は、教皇庁法文解釈評議会が与えた判断に従って[84]、顧問の職務に留まります。この組織は、第一に司教座が障害事態により機能を妨げられるか空位になった時に教区の暫定的な統治のための最小限の組織として創設されました。顧問会創設の第二の目的は、司教が、教会法によって定められた何らかの財産に関する行為について、経済問題を取り扱う教区本部事務局内にある経済問題評議会が与える意見や同意に加えて、慎重を期して、それとは別に意見または同意を求めるための適切な管轄組織を持つためです。したがって教区には、経済的なことがらに関しては、教区本部事務局の内部に共同責任を持つ機関と、その外部に共同責任を持つ機関とが存在することになります。

　教会法は顧問会の意見または同意を必要とする特別な事案を規定しています。司教協議会は、顧問会の任務を司教座教会祭式者会に委託するように定めることができます。

　教区が設立されていない宣教地では、司祭評議会と顧問会の機能は、宣教地区評議会（consilium missionis）によって果たされます。

　世界における教会の救いの使命は、すべての信者に託された任務です。このような任務を制度的な観点からも目に見えるものにするため、また特に、こうした任務

84　教皇庁法文解釈評議会, 『幾つかの疑問に対する回答3』（1984年1月26日, in *EV* 9/864-865）―― 質問 a）教会法第502条第1項の規則に関して、もし顧問会のメンバーの1人が司祭評議会のメンバーをやめた場合、その者は顧問の職務にとどまるのか？ 回答）そのとおり。質問 b）もし顧問が、5年の任期の途中で、その職務を辞した場合、司教はその者に変わる別の顧問を新たに任命すべきなのか？ 回答）そうではない。この規定の趣旨として、別の顧問を任命しなければならない場合というのは、第502条第1項が必要とする最低限の人数を満たさなくなった場合のみである。

への信徒の参加の促進を確実にするため、教会の立法者は、教会の生活と使命における信徒の真の共同責任を果たすさまざまな場と形体を特定しました。その中でも、司牧評議会 (consilium pastorale) は、すべての信者が——その中でも特に一般信徒が、彼らの洗礼に基づく召命によって——教会の意思決定に参加することができるに相応しい組織であることが見出されました。しかしながら、司牧評議会の設立は義務ではなく、司牧的状況がそれを示唆する事情に基づいて行われるものです。この規定に関する解釈の鍵は、2つの異なる立場の中に、すなわち2つの異なる公会議文書の中に置かれているように思われます。『教会における司教の司牧任務に関する教令』の 27 項には、全共通法が適用される地域 (キリスト教国) においては「それぞれの教区において司牧評議会を設立することは非常に望ましい」と述べられている一方で、『教会の宣教活動に関する教令』の 30 項では、(共通法の適用が部分的に除外される) 宣教地においては「司教は可能な限り司牧評議会を設立する」とあります。

司牧評議会が設立された場合、その構成員は司教によって選出され、司教の定めた規約の規定する任期の間この職務に就きます。構成員の選出に際しては、司牧評議会が、さまざまな分野・立場の代表的な性格を持つものであるという原則が保証されなければなりません。そのため、この評議会が教区を構成する神の民の部分全体を真に反映したものであるように、異なる地域や職業、社会的立場、また召命や使徒職のうちに置かれた信者をその構成要素とするために、個人としてもまた団体の構成員としてもさまざまな信者を考慮に入れなければなりません。

純粋な諮問機関としての性格を持った司牧評議会を、使徒職の必要性に従って、少なくとも年に一回招集すること、ならびにこれを主宰することは、唯一司教の権限に属します。

10.3. 小教区、教会主管者司祭および団体付司祭
cann. 515-572 CIC; cann. 279-310 CCEO

教区は小教区に分割されます。小教区は、部分教会において限定された信者の共同体として設立され、恒常性を有しており、法そのものにより (ipso iure) 法人格を持っています。その司牧的配慮は、固有の司牧者である、教区司教の権威の下にある小教区主任司祭に委ねられます。小教区を設立し、廃止、変更する

権限は、唯一司教だけに属しています。ただし司教は、司祭評議会の意見を聴取したうえでなければ、これらの決定を行ってはなりません。

立法者は原則として、小教区を組織する原理は、地域的要素（属地性）にあることを確認しています。しかしそれと同時に、適当と判断される場合は、典礼様式[85]や言語、国籍[86]、または他の特定の理由に基づいて、地域とは異なる要素に特徴付けられた属人小教区[87]の設立を提案することもできます。

小教区と同等なものと見なされる準小教区（quasi-paroecia）は、部分教会の中にあって、固有の司牧者として 1 人の司祭に委託された一定の信者の共同体です。立法者は、準小教区の中に、極めて過渡的で暫定的な性格を持った在り方を想定しました。準小教区は、宣教地域においてだけでなく、特別な状況がある場合にも用いられます。例えば、地域の境界画定のために必要な客観的判断基準が不足している場合、または信者の共同体として安定的でない場合、さらに権威者がその任務に充当しなければならない聖務者が不足している場合などが考えられます。

さらに、現代社会における人の流動性の増加現象を考慮に入れて、立法者は、司教に任務を委託する際に、これまで以上に最大限の柔軟性を駆使して、小教区としても準小教区としても設立することのできない共同体の司牧的配慮について、司教が他の方法も検討するよう促しています。

教会法は、移住者、亡命者、難民、放浪者、航海者など、主任司祭の通常の司牧的配慮に与ることのできない人々のために、小教区と共に団体付司祭の下に置かれる組織を設置することを規定しています。

85　ラテン教会の地区裁治権者或いは小教区主任司祭に委ねられた東方教会の信者について、またラテン教会の教区の中に設立された東方教会の小教区については次の文献を参照。D. Salachas – L. Sabbarese, *Chierici e ministero sacro nel Codice latino e orientale. Prospettive interecclesiali*, Urbaniana University Press, Città del Vaticano 2004, 220-228.

86　移住者のため、また言語や国籍のために設立された属人小教区については次の文献を参照。V. De Paolis, "Parrocchia personale", in G. Battistella (a cura di), *Migrazioni. Dizionario socio-pastorale*, San Paolo, Cinisello Balsamo (MI) 2010, 783-789.

87　使徒座に請願せずに移住者のための属人小教区を設立する典型的な例が、すでに教皇ピオ 12 世によって 1952 年 8 月 1 日に公布された使徒憲章『エクスル・ファミリア *Exsul familia*』（移住者のための霊的配慮、教会の母としての心遣いと移住者の霊的配慮のための規則について）の 32 項に規定されている（in *Leges Ecclesiae*, vol. II, 3084）。

1つ、または複数の小教区の司牧的配慮を、複数の司祭たちに連帯的に（in solidum）委託することができます。それぞれの司祭は個別に、小教区主任司祭に固有の任務と役割を果たす義務を負っています。彼らの中の1人の司祭は、調整役（moderator）として連携した活動を指揮し、それについて司教に対する責任を負います。彼は、法的に小教区の代表者で、グループのすべての司祭に帰属する権限、すなわち結婚式への立ち会いや免除の付与を含む教会法によって小教区主任司祭に授与されている彼らの権限の行使を監督します。

司祭が不足している場合、司教は小教区の司牧的配慮を、司祭でない信者、助祭、あるいは司祭職の霊印を刻まれていない信者、共同体に委ねることができます。その場合、主任司祭としての権限と権能を備えた司牧的調整役の司祭を任命する必要があります。

また小教区は、修道会または使徒的生活の会に委ねられることも可能です。そのような場合は、遂行されるべき活動と、その活動に充てられる要員および経済面について、明瞭かつ正確に上級上長と司教との間で協定が結ばれなければなりません。協定の締結は、教区と修道会それぞれの法的立場に関して、つまり相互の権利と義務について、より確実な安定性と正確さを保証するという主要な目的を持っています。

小教区主任司祭は、彼に託された小教区の司牧的配慮をする固有の司牧者です。彼の任務には、教え、聖化し、統治する任務が含まれています[88]。

教える任務を実践するうえで、小教区主任司祭は次のことをしなければなりません。
- 神のことばが自己の小教区内に居る人々に十全に宣べ伝えられるよう配慮すること
- 主日および守るべき祝日の説教および信仰教育を通して、信徒に信仰の真理について教えること
- 福音的精神を高め、子供たちと若者のカトリック教育をすること、さらに信者の協力を通して、信仰実践のない人、未だ信仰を持っていない人にも福音を宣べ伝えること

---

[88] 司祭、特に主任司祭の生活と役務に関する重要な文書として、聖職者省の次の文書を参照。指針 *Dives Ecclesiae*（1994年3月31日）, in *EV* 14/750-917; 回状 *Nata e sviluppatasi*, "Il presbitero, maestro della Parola, ministro dei sacramenti e guida della comunità in vista del terzo millennio"（1999年3月19日）, in *EV* 18/289-376; 指針 *La presente istruzione*, "Il presbitero pastore e guida della comunità parrocchiale"（2002年8月4日）, in *EV* 21/767-869.

・聖化する任務を実践するうえで、小教区主任司祭は次のことをしなければなりません。
・聖体が信者の小教区共同体の中心となるように配慮すること
・信者が、秘跡、特に聖体およびゆるしの秘跡に度々与るよう特別の努力をし、また彼らが家庭において祈りを実践するよう養成すること

　統治する任務の遂行において、小教区主任司祭は小教区固有の司牧者として次のことをしなければなりません。
・自己に託された信者をよく知ること（そのため家庭を訪問し、信者の不安と苦悩を分かち合い、それらを主において慰め、何らかの逸脱が認められるときは賢明に矯正すること。病人、特に死の危険にある病人を秘跡によって力づけ、その魂を神に委ねて祈り、愛をもって助けること。貧しい人、苦しんでいる人、頼る人のいない孤独な人、祖国を追われた者、および特別の困難にある者を世話すること。夫婦および両親がその固有の義務を果たすように励ますこと。）
・教会の使命において、また諸活動において信徒を擁護すること
・自己の司教と教区の司祭たちと協力すること
・小教区のレベルないし部分教会、あるいは普遍教会のレベルでの信者の交わりを促進すること

　小教区に特有な一定の役割が、小教区主任司祭に特別な仕方で託されています。それは、洗礼の秘跡の挙行、死の危険にある者への堅信の秘跡の挙行、臨終の聖体拝領、病者の塗油および使徒的祝福の授与、結婚式の立ち会いと新郎新婦に対する祝福、葬儀の挙行、洗礼盤の祝福、教会外の行列の先導および祝福、主日と守るべき祝日における荘厳なミサの挙行です。
　小教区主任司祭は、職務上、恒常性を有していなければなりません。これは小教区主任司祭の職務の特徴です。それゆえ、主任司祭は期間を定めず任命されなければなりません。司教協議会が決定によって必要と認めた場合に限り、司教は小教区主任司祭を期限付きで任命することができます。
　小教区主任司祭が、以下の事情によって小教区の職務を決定的に失ったとき、小教区は空位となります。
・司教が決定した罷免または転任によって
・正当な理由で小教区主任司祭が提出した辞任願いが司教によって受理される

ことによって
・任命が期限付きで与えられていた場合、その期間が満了することによって

　小教区が空位になった場合、あるいは小教区主任司祭が（監禁、追放、流刑、能力喪失、病弱、あるいはその他の理由によって）その職務の遂行を妨げられた場合、司教は可及的速やかに小教区管理者（administrator paroecialis）を任命しなければなりません。

　小教区主任司祭は、小教区司祭館に居住する義務を負っています。小教区司祭館には、小教区管理者、小教区助任司祭、1つまたは複数の小教区の司牧的配慮を連帯的に託された司祭のグループも居住する義務を有しています。司教は、小教区主任司祭の適法に認められた不在の期間、小教区の司牧的配慮の遂行を、相応しい資質を備えた1人の司祭を通して保証する規定を定めなければなりません。教区司教が、教区の規定に基づいて何も措置を講じず、また小教区管理者が未だ任命されていない場合、小教区助任司祭または特別法で定められた他の小教区主任司祭が、その小教区の暫定的な統治の任務に就きます。

　小教区主任司祭の職務は消滅することがあります。それは次の場合に起こります。
・法の規定に従って教区司教が決定した罷免によって
・修道会または使徒的生活の会の会員である小教区主任司祭を、その職務に任命した権威者が、会の上長に報告したうえで解任するか、または会の上長が権威者に報告して解任することによって（ただしこの場合、他方の権威者の同意を必要としない）
・法の規定に従って教区司教が決定した転任によって
・正当な理由で小教区主任司祭から提出された辞任願いが、有効なものとして司教によって受理されることによって
・小教区主任司祭が、特別法の規定に従って定められた一定の期限付きで任命されていた場合、その任期満了によって
・満75歳になってから提出された辞任願いを、教区司教が人および場所の状況を考慮したうえで受理することによって

　必要な場合、またはそれが適当な場合、小教区主任司祭に対して、以下のことがらを実践できる資質を備えた者を小教区助任司祭として任命することができま

す。
- 司祭であること
- 小教区主任司祭の権威のもとで自らの職務を遂行することで、主任司祭の司牧的配慮に協力、参与すること
- 小教区助任司祭として、主任司祭に対する支援を、小教区のすべての職務において、あるいは小教区全体もしくはその限られた部分に対して、ないし信徒の一定のグループに対して行うこと
- 一定の複数の小教区において特定の職務を同時に引き受けることで、各小教区主任司祭を支援すること

　小教区助任司祭が、ある特定の職務を同時に複数の小教区において引き受けるように任命される場合、そのことが明確に任命書の中で定められる必要があります。

　小教区助任司祭の職務は、司教の自由な任命によって与えられます。しかしながら司教は、適当と判断する場合、主任司祭または彼らのために任命される複数の小教区主任司祭、および地区長の意見を聴くことができます。

　修道会の会員に小教区助任司祭の任務を付与することは、任命権のある教区司教の権限に属しますが、推薦または少なくとも同意を与える権限は、会の上級上長に属します。

　各小教区は台帳と記録保管庫を備えていなければなりません。特に、洗礼の記録を付けることは義務であるため、各小教区は洗礼台帳を備えていなければなりません。台帳への記録は、洗礼が授けられた場所の小教区主任司祭によって、入念に、また遅滞なく行われなければなりません。洗礼を授与した者が、主任司祭とは異なる場合は、小教区主任司祭にその事実を必要な事項を添えて報告しなければなりません。記録に含まれるべき内容は、受洗者の氏名、洗礼の執行者、両親、代父母、もし証人が臨席していた場合は証人に関する情報、洗礼の年月日と受洗場所、ならびに生年月日と出生地です。未婚の母親の子供の洗礼については、母親であると公的に証明されるか、または母親自身が書面によるか、または2人の証人の面前で自発的に求める場合、母親の氏名を記入しなければなりません。同じことは父親についても当てはまります。それ以外の場合には、父または両親の氏名について何も記さず、受洗者の氏名のみを記録します。養子の洗礼については、民法上の記録に基づいて、司教協議会の規定に従って養父母の氏名を

記録し、必要に応じて実父母の名前も記録します。洗礼台帳には、洗礼が小教区主任司祭によって授けられなかった場合、または主任司祭の臨席のもとで授けられなかった場合の洗礼についても記録されなければなりません。司教協議会ないし教区司教の定めた規定に従って、洗礼台帳には、堅信の記録も含めて、信徒の教会法上の身分に関するすべてのことがらが記載されなければなりません。すなわち、秘密裏に結ばれた婚姻を除いて、教会で行われた婚姻、外的分野で有効化された婚姻、婚姻の無効宣言を受けたこと、あるいは適法に婚姻が解消されたことについて、また養子縁組について、聖職叙階、修道会での終生誓願の宣立について、さらに自治権を有する教会から他の教会への転属（所属する典礼の変更）などの記録です。

　各小教区は、婚姻台帳を備えていなければなりません。婚姻台帳は、婚姻の予告（公示）の手続きを開始した時点から記録しなければなりません。これは、挙式場所の小教区主任司祭によって、またはその代理者によって実施されなければなりません。仮に、主任司祭やその代理者が結婚式に臨席していなかった場合でも、彼らがこの記録を行う責任を負っています。婚姻台帳の記録内容としては、司教協議会または教区司教が定めた様式に従って、婚姻当事者と立会人および証人の氏名、挙式場所と日付が含まれていなければなりません。特別な方式で婚姻が締結された際には、つまり死の危険のある場合、もしくはそれ以外の場合、適法な立会人を得ること／適法な立会人に連絡を取ることができない状態が一ヵ月継続すると賢明に予測される場合は、仮に（立ち会いの権限を持たなくとも）司祭か助祭が臨席できたときは彼らが、さもなければ結婚の証人が、婚姻当事者と連帯して、小教区主任司祭または地区裁治権者に婚姻締結に関して連絡する義務を有します。教会法の定めた方式の免除を受けて婚姻が締結された際には、その免除を与えた地区裁治権者（あるいは受任権者）は、免除を与えたことと併せて婚姻挙式に関して、教区本部の婚姻台帳およびカトリック信者の所属小教区の婚姻台帳ならびに受洗地の小教区の洗礼台帳にも記録されるよう措置を講じなければなりません。また婚姻が外的分野で有効化された場合、または無効宣言を得た場合、あるいは適法に解消された場合も、その旨を婚姻台帳および洗礼台帳に記載しなければなりません。

　この他に、司教協議会または教区司教によって定められた規定に基づいて、死亡台帳およびその他の帳簿を備えることが定められています。

　小教区の記録保管庫は、教区司教またはその代理者によって、司牧訪問の際

に、または別の機会に検閲されなければなりません。さらに小教区主任司祭は、そこに保管されている台帳と文書に部外者が近づくことを許してはなりません。また自己の教区内の教会文書記録保管庫の管理・監督責任を持つ教区司教によって任意に与えられる規則も、忠実に守られなければなりません。記録保管庫には特別法の規定に従って、より古い文書や台帳も注意深く保存されなければなりません。

各小教区には、司教がそれを適当と判断する場合は、小教区司牧評議会(consilium pastorale)を設立することができます。これに対して、小教区の経済問題評議会(consilium a rebus oeconomicis)の設置は義務とされています。両者は、教区の司祭評議会の意見に基づいて適当と判断された場合に設置されます。

教区ならびに各部分教会の小教区への分割と並行して、互いに隣接し合う小教区の集団を、地区(vicariatus foraneus：地域司教代理区)としてまとめることも可能です。地区の設立は、共通の活動を通して司牧的配慮を促進することを目的とした、純粋に管理運営面での判断基準に応える仕方で任意で行われます。

地区長(vicarius foraneus：地域司教代理)の職務には、2つの特別な任務が含まれます。それは、普段の生活においても司牧活動においても、「司祭たちの間の団体性」を保証することと、自己の管轄地域において司教を代理することです。地区長は、同僚の司祭たちに対して、特別法の規定を順守しながら、講義、神学的研修会、集会に参加するように取り計らいます。また自己の地区の司祭たちに霊的な支援を与え、かつより困難な環境や問題に直面して苦しんでいる者に対しては、特別な配慮が与えられるよう保証します。自己の地区内で重い病気を患っている小教区主任司祭に対しては、霊的・物的な支援が欠けることのないように配慮します。また主任司祭の死に際しては、相応しい葬儀が挙行されるよう請け合います。また主任司祭の病気や死亡の際に、台帳や書類、聖器具や教会備品など教会に属するものが失われたり持ち去られたりしないように配慮します。地区長は、教区司教の定めた規定に従って、自己の地区にある小教区を訪問する義務を負います。

地区長は、典礼生活、聖なる場所と司祭館の品位、秘跡の挙行の管理と教会財産の管理、小教区の諸台帳の正確な記入と入念な保管に関して監督責務を負っています。

小教区教会と並んで、教会主管者司祭(rector ecclesiae：礼拝堂付司祭)と団体付司祭(cappellanus)の下に置かれる信者の集団があります。教会主管者司祭には、1つの教会とその中で行われる典礼祭儀が委ねられるのに対して、団体付

184　10.3.　小教区、教会主管者司祭および団体付司祭

司祭には、恒常的に小教区信徒の或る共同体、または一定の信者の集団の司牧的配慮が委ねられます。

したがって、教会主管者司祭と団体付司祭との間の相違は明白です。いずれも司祭でなければならないことから、その相違は、役職を担う者の側にあるのではなく、彼らが法に基づいて受け持つ役割と、その役割の対象となる受益者の違いにあります。事実、教会主管者司祭の受け持つ教会(礼拝堂)では、信徒の共同体は専ら祭儀を行う限りにおいての集団として成り立っており、教会主管者司祭には、教会(礼拝堂とこれに付属するもの)とその中で行われる祭儀の世話をすることだけが委ねられています(そこでは小教区の業務が行われてはならず、また許可なく他の秘跡や典礼祭儀を行うことはできません)。これに対して、団体付司祭の場合、それを特徴づける要素は、特別な状況にあって司牧的配慮を必要としている信徒の集団、共同体の側にあります。

司牧的な観点から見て非常に重要なのは、例えば移住者のための司牧といった、特別な状況の中で働く団体付司祭の役割です。団体付司祭は、その職務上、自身に託された信者の共同体の司牧的配慮のために、信徒の罪の告白を聴き、みことばを宣べ伝え、臨終の聖体拝領と病者の塗油を授け、死の危険にある者に必要に応じて堅信の秘跡を授ける権限を有しています。その他に、病院、刑務所、さらには航海中の船舶において、団体付司祭は、それらの場所においてのみ、使徒座に留保されていない未宣告の伴事的な懲戒罰を赦免する権限を有しています。

移住者、亡命者、難民、放浪者、船員など、その生活状況から主任司祭の通常の世話を受けることができない人々のための団体付司祭[89]にとっては、指針『エルガ・ミグランテス・カリタス・クリスティ　Erga migrantes caritas Christi』(移住者に向けられるキリストの愛)[90]の規定が役に立ちます。これに基づいて、信者の司牧の使命(missio cum cura animarum：霊魂の世話の使命)を託された団体付司祭[91]は、固有の権限を享受し、しかるべき区別を心得たうえで、命じられた司牧的

89　Cf. V. De Paolis, "Cappellano dei migranti", in Battistella (a cura di), *Migrazioni. Dizionario socio-pastorale*, 81-86.

90　教皇庁移住・移動者司牧評議会、指針『エルガ・ミグランテス・カリタス・クリスティ　Erga migrantes caritas Christi』(2004年5月3日)，in *EV* 22/2418-2613を参照。

91　Cf. L. Sabbarese, "Missioni con cura di anime", in Battistella (a cura di), *Migrazioni. Dizionario*

配慮を実行することができるという点において、小教区主任司祭と同等と見なされます。団体付司祭の権限は、異なる言語や国籍の移住者に対してのみ行使される対人的なものです。つまりこの権限は、通常、教区と同一地域に住んでいることが認められるこのような人々のために確立された司牧的使命において行使されるものなのです。この団体付司祭の権限は、地域の小教区主任司祭のそれに対して排他的なものではなく重複的なものです。したがってすべての移住者は、秘跡的祭儀に与ることに関して、自分の言語を解する団体付司祭のもとに行くか、自分の居住している場所の小教区主任司祭のもとに行くかについて、完全な自由裁量権を持っています。政教条約（コンコルダート）または協定に基づく制度があるところでは、結婚に関することがらに関して、民法上の身分でも同じ効果が認められるよう正式な登記を行うため、結婚式が行われた場所の小教区主任司祭は、婚姻の記録の写しを国家法の役所に送付する責任を負っています。

航海者と船員のための司牧と彼らの団体付司祭の権限は、使徒的書簡の形式による自発教令『ステラ・マリス　Stella maris』(1997年1月31日)[92]によって規定されています。

軍隊付司祭は、軍隊に所属する人々への霊的配慮についての使徒憲章『スピリトゥアーリ・ミリトゥム・クーレ　Spirituali militum curae』(1986年4月21日)[93]に含まれる従軍司教代理区（vicariatus militum/castrensis）に関する特別法の下に置かれます。

【参考文献】

I. J. Arrieta, *Governance Structure within the Catholic Church*, Wilson & Lafleur Ltée, Montréal 2000.

---

socio-pastorale, 677-681.

92　教皇ヨハネ・パウロ2世，海上における使徒職に関する自発教令形式の使徒的書簡『ステラ・マリス *Stella maris*』(1997年1月31日), in *EV* 16/86-118 参照。

93　教皇ヨハネ・パウロ2世，軍人の霊的配慮に関する新しい教会法上の規定を定める使徒憲章『スピリトゥアーリ・ミリトゥム・クーレ　*Spirituali militum curae*』(1986年4月21日), in *EV* 10/345-370 を参照。

Chiesa particolare e strutture di comunione, EDB, Bologna 1985.

F. Coccopalmerio, *La parrocchia. Tra concilio Vaticano II e Codice di diritto canonico*, San Paolo, Cinisello Balsamo 2000.

Gruppo Italiano docenti di Diritto canonico (a cura di), *La parrocchia*, Glossa, Milano 2005.

La parrocchia e le sue strutture, EDB, Bologna 1987.

P. Urso, "La struttura interna delle Chiese particolari", in Gruppo italiano docenti di Diritto canonico (a cura di), *Il diritto nel mistero della Chiesa, 2: Il popolo di Dio. Stati e funzioni del popolo di Dio. Chiesa particolare universale. La funzione di insegnare*, Lateran University Press, Città del Vaticano ³2001, 332-463.

第 11 章　教会の教える任務

11. 1.　導　入
cann. 747-755 CIC; cann. 595-606 CCEO

　教会は教え、聖化し、治める任務を主キリストから受けています。キリストは、教会に信仰の遺産（depositum fidei）を託し、それを敬虔に保ち、いっそう奥深く調べ、忠実に告知し説き明かす任務を与えました。この任務を遂行するに当たって、教会は聖霊の助けによって導かれているのです。

　教会は、いかなる人間の権限からも独立して、すべての人に福音を告げ知らせるための本性的な義務および権利を有しています。さらに教会は、啓示された真理の他に、倫理および社会秩序の原則も人々に告知します。

　すべての人には、神とその教会に関することがらの真理を探求する義務があります。認識した真理を受け入れ、良心の自由に背くことなくこれを順守し、自身の行動の規則として定める神法上の義務および権利が与えられています。

　教える任務を遂行するにあたって、教皇と全司教団は不可謬性（infallibilitas）を有しています。教皇の不可謬性は、ペトロの座の奉仕職に基づく個人的なもので、これは第一バチカン公会議において初めて規定され、『教会憲章』の 25 項において確認されました。教皇の不可謬性は、彼が「エクス・カテドラ *ex cathedra*」（教皇座宣言）として荘厳に宣言する時にのみ成立します。これは教皇が、信仰および道徳に関する問題に対して、すべてのキリスト信者の最高の牧者および教師として決定的な仕方で宣言することを指します。このように宣言された内容に対しては、もはや疑いやためらい、見直しの余地はありません。つまり、この宣言はもはや変更不可能なものなのです。

　全司教団もまた、荘厳な教導（magisterium sollemne）、または通常の教導（magisterium ordinarium）において不可謬性を有しています。まず荘厳な教導における不可謬性は、司教たちが公会議に参集した際に成立します。一方、通常の教導における不可謬性は、司教たちが全世界に散在しながら相互の交わり、およびペトロの後継者との交わりの絆を保持しながら、ローマ教皇と共に同じ信仰および道徳に関する真正なことがらを教え、全教会がこれを決定的に守らなければならないものとする意見の一致をみる場合に成立します。

神のことばに秘められた真理、すなわち書き記されたものであれ、または伝承されたものであれ神による啓示として提示された真理は、神的かつカトリックの信仰をもって信ずべきものです。したがってすべての信者は、神的でありかつカトリックの信仰の決定的な真理に反するあらゆる教えを避けなければなりません。

　異端（haeresis）とは、この神的かつカトリックの信仰として信ずべき真理を頑なに否定または疑うことを言います。一方、背教（apostasia）とは、キリスト教信仰を全面的に放棄することを言います。部分的にこれを放棄する場合も、背教と考えられるべきです。そして離教（schisma）とは、教皇への服従を拒否するか、または教皇に服属する教会の構成員との交わりを拒否することを言います。こうした信仰に反する犯罪を犯した者には伴事的破門制裁が科され、当然、教会の奉仕職から退けられ、聖職者に関しては場合によりその身分からの追放も科せられます。

　信仰および道徳の分野における通常の教会の真正な教導は、決定的な不可謬の性格を有していません。しかしながら、司教協議会あるいは特定の会議に参集して熟慮された、ローマ教皇あるいは全司教団、司教個人の教導に関しては、決定的な行為によって教義を宣言する意図がないとしても、信者はこれに知性と意思による敬虔な恭順を表わさなければなりません。

11.2. 神のことばの奉仕職
cann. 756-780 CIC; cann. 595-626 CCEO

　普遍教会に関して福音を宣べ伝える任務は、おもにローマ教皇および全司教団に委ねられています。部分教会に関しては、各司教が福音宣教の任務を遂行し、時として或る教会管区または教会地区に結ばれた幾つかの教会に対して、複数の司教が共にこの任務を果たすこともできます。福音を告知することは、司教の協力者としての司祭の固有の任務です。特に主任司祭および司牧を任された他の司祭と神の民に仕える助祭もこの任務を担っています。さらに奉献生活の会の会員は自身の聖別の力によって、信徒は洗礼および堅信の力によって、この任務を果たします。神のことばの奉仕職は、基本的に教話および信仰教育（カテケージス）を通じてキリストの神秘を告知すること、また学校、大学、講演会や種々の集会においてキリスト教の教えを説くこと、さらに適法な権威者が印刷物および他の社会的通信手段（メディア）を用いて何らかの機会に行う公的宣言によって奉仕することをその

目的としています。

　神のことばの奉仕職の主な手段は教話および信仰教育です。

　キリスト信者は、司祭から神のことばを受ける権利を有しており、司祭は教話の任務を通して福音を告げ知らせる義務を有しているがゆえに、教話を大切にしなければなりません。なぜなら、すべての人へ福音を宣べ伝えることは、聖なる奉仕職の中でも最も重要な任務だからです。

　司教たちは、聖座法による修道会の教会および礼拝堂を含む、いずれの場所においても神のことばを説く権利を有しています。司祭と助祭は、教会主管者からの承諾があるものと推定される場合、所轄の裁治権者によってその権限が制限または剥奪されていない限り、あるいは特別法により明白な許可が必要とされる場合を除いて、いずれの場所においても教話をする権利が与えられています。

　修道者が、自分の所属する会の教会または礼拝堂において教話をするためには、会憲の規定に従って所轄上長の許可が必要とされます。

　神のことばを宣べ伝える権限は、原則として司祭と助祭に委ねられてはいるものの、信徒も、聖職者がその任務を遂行するにあたって、これに協力することができます。そうした協力は、神のことばの奉仕職全体に拡げられており、信徒は、ある一定の状況のもとでそれが必要とされるか、または特別の場合に有益であるとされる場合、司教協議会の規定に従って、さらに聖職者だけに留保されている説教（ホミリア）の形式を避けるように注意しながら、教会または礼拝堂において教話をすることが認められています。

　教話の諸形式の中では特に説教が卓越しています。説教は典礼そのものの一部であり、司祭または助祭にのみ留保されています。説教では、典礼暦年の流れを通して、信仰の神秘およびキリスト教的生活の規範が聖なるテキストから説明されなければなりません[94]。また説教は、会衆が参加して捧げられる主日および守るべき祝日のすべてのミサにおいては、重大な理由がない限りこれを省くことはできません。

　教話は、本質的に次のことがらを主な内容として押さえていなければなりません。すなわち、神の栄光と人々の救いのために何を信じかつ行わなければならないのか、そのための信仰の神秘およびキリスト教的生活の規範に必要な真理、教会の

94　［訳者注］典礼秘跡省，説教のための指針 *Direttorio omiletico*, LEV, Città del Vaticano 2015 を参照。

教導権が示す人間の尊厳および自由、家庭の一致と安定、またその任務と役割に関する教え、さらに神が定めた秩序に従って社会生活における信者の務めを果たすことと、現世的ことがらに対処することについてです[95]。

キリスト教の教えは、聴く者の状況に合わせた方法および時代の必要に適した仕方で示されなければなりません。

その他の教話の手段として、黙想会や「missiones sacrae—聖なる布教」[96]と呼ばれる連続講話や、必要に応じた異なる形態の教話を企画することができます。生活状況のために、通常一般の司牧的配慮を十分に受けられないか、または全く受けていない信者に対しては、特別な意を用いてこれに配慮し、さらに信仰を持たない人々にも福音の告知が届くよう配慮することも忘れてはなりません。

ラジオやテレビを通じてキリスト教の教えを語り伝えることは、特別に司教協議会の権限に委ねられています。この場合、司教協議会がこのために定めた規則を順守しなければなりません。

本質的な神のことばの奉仕職を遂行する第二の手段は、信仰教育（カテケージス）です。それは、信仰を生き生きとした、明白で行動的なものとするために、キリスト教の教理を教える有機的な手段です。

信仰教育について配慮することは教会の全構成員の責務であるとはいえ、信仰教育における最も重大な責任を担っているのは司牧者です。そして間違いなく両親には、他の誰よりも自らのことばと模範によって、信仰およびキリスト教的生活の実践について子供たちを育成する基本的な義務があります。また、両親に代わってその役目を果たす者および代父母も、同等の義務を有しています。

各教区においては教区司教が、使徒座から出された規定を順守しながら信仰教育に関する規則を出すこと、および信仰教育に適した手段を提供するために要理

---

95 ［訳者注］教皇ベネディクト16世は2010年4月14日の「一般謁見の演説」で次のように教えている。「司祭のキリストの代理者として（in persona Christi）教える任務とは、現代の混乱と混迷の中で、神のことばの光を現存させることです。・・・・・・司祭は自分の考えを教えるのではありません。自分が造り出し、発見し、信奉する何らかの哲学思想を教えるのではありません。司祭は、自分について、自分のために語るのではありません。司祭が語るのは、自分の取り巻きやグループを作るためではないからです。・・・・・・むしろ司祭は、共におられるキリストの名で教え、真理を示します。・・・・・・司祭が告げ知らせる教えは自分の教えではなく、キリストの教え・・・・・キリストのことばと教会の信仰です。」

96 Cf. can. 1349 CIC'17.

書を作成すること、さらにそれが適切であれば信仰教育上の企画を促進し調整することの責任を有しています。

司教協議会は、それが有益であると考えられる場合、予め使徒座の認可を得て、その管轄地域のために要理書が発行されるように配慮し、また信仰教育に関する支援を各教区に提供する目的で、信仰教育のための事務局を司教協議会内に設置することができます。

主任司祭は、その職務上、さまざまな信者のカテゴリーの信仰養成に配慮するために、小教区で働く聖職者、奉献生活の会および使徒的生活の会の会員、さらには信徒、特にカテキスタに協力を仰がなければなりません。そして効果的であると思われるあらゆる手段、教育方法および社会的通信手段（メディア）を用いて、それぞれの信者の性質に応じた信仰教育が施されるように配慮しなければなりません。地区裁治権者は、カテキスタの適切な育成に配慮しなければなりません。また修道会および使徒的生活の会の上長も、教会、学校または自分たちに託された他の事業の場において、信仰教育が熱心に施されるよう配慮しなければなりません。

11.3. **教会の宣教活動**
cann. 781-792 CIC; cann. 584-594 CCEO

教会の宣教活動は、教会が教える任務を遂行する特権的な領域の1つです。第二次バチカン公会義が示したとおり、教会全体は、その本性からして宣教的な存在であるため（『教会の宣教活動に関する教令』2項）、福音宣教の業は神の民の基本的な義務であり、すべてのキリスト信者は各自の福音宣教に関する責任を自覚していなければなりません。

ローマ教皇および全司教団は、宣教の業および宣教への協力に関する企画や活動の最高の指導と調整を行う権限を有しています。各司教には、自己の部分教会における宣教のための創意を喚起する義務があり、奉献生活の会の会員たちには、その会固有の様式に従って宣教活動に協力する義務があります。

固有の意味での宣教活動は、所轄の教会権威者によって宣教活動を行うために派遣された人々に任せられています。このような宣教者は、その土地の出身かどうかを問わず、在俗聖職者または奉献生活の会、もしくは使徒的生活の会の会員、さらに信徒の中からも選ばれます。この宣教活動において、カテキスタは独特

の任務を遂行します。彼らは、相応しい養成を受け、優れた信者として、宣教者の指導の下で福音の教えを伝え、典礼行事の遂行や愛徳の業に献身するために派遣されます。カテキスタは、派遣先の状況に対処できるように、専門の学校において、またはそのような学校のないところでは宣教者の指導の下で養成されなければなりません。本来の意味での宣教活動は、諸国民の間に教会を根付かせ、新たに教会を設立することです。そして、これらの教会に十分な力と手段が備えられ、自ら福音宣教の業を果たせるようにすることです。正しい宣教方法とは、未だキリストを信じていない人々と真摯な対話を行い、これにより彼らの特質および文化に敬意を払うことで彼らが福音の知らせに耳を開くことができるように導き[97]、さらに福音を受け入れる心構えができていると判断される人々に対しては、自由に洗礼を求めることができるようにするものです。カトリックの信仰を受け入れる意思を表明した人々は、求道者としての期間を終えた後、典礼儀式によって洗礼志願期へと受け入れられます。この時、その氏名が、所定の台帳に記入されるようにしなければなりません。洗礼志願者は、志願期に何を為すべきかを定めた各司教協議会の規定に従って洗礼の準備を進めます。

　宣教地において、教区司教は、宣教活動に関する事業を推進し、指導・調整する責務を負っています。さらに教区司教は、宣教事業に従事する奉献生活の会および使徒的生活の会の上級上長と適切な協約が結ばれるよう配慮する務めも有しています。各教区においては、宣教活動の協働を促進するために、宣教者への召命を推進し、宣教に関する企画、特に「教皇庁宣教援助事業」(Pontificia Opera Missionalia)を効果的に促進するため、1名の司祭を任命しなければなりません。そのうえで毎年、宣教の日を祝い、宣教のために適当な献金を納めなければなりません。

---

[97] ［訳者］これは教会法第787条第1項の内容を示しているが、東方教会法典の対応する条文では次のように述べられている。「諸国民への福音宣教は、信仰と倫理の完全さを保ちつつ、福音が自らを各国民の文化の内に、すなわち要理教育、固有の典礼祭儀や聖なる芸術、特別な法規範、究極的には教会の全ての生活の内に明確に示すことができるような仕方でなされるべきである。」(can. 584 §2 CCEO)これは教会の福音宣教は、教皇パウロ6世の使徒的勧告『福音宣教　Evangelii nuntiandi』(51-55項)に言われているとおり、あらゆる手段を講じて人間の営み、文化、社会そのものを福音的なものとすることを目指して行われるべきであるが、それに際しては先ず教会そのものが福音的なものとして表わされなければならないという指摘とも受け止められる。

11. 4. カトリック教育

cann. 793-821 CIC; cann. 627-650 CCEO

　カトリック教育は、教会の教える任務において欠かすことのできない重要な課題です。教育の責任、その義務および権利は、第一に両親に帰されますが、教会もまた同じ責任を負っています。

「両親は子どもに命を授けたということから、子女を教育するという極めて重大な義務を負っています。それゆえ両親は、子供の第一の、そして主要な教育者として認められなければなりません。この両親の務めは非常に重大であるため、これが欠けた場合、それを補うことは極めて困難となります。・・・・・・家庭は、すべての社会が必要としている社会の諸徳の最初の学びやなのです。」(第二バチカン公会議『キリスト教的教育に関する宣言』3 項)

　カトリック信者である両親には、さらに自分の子供たちの教育をより適切に施し得ると判断する手段や施設を自由に選択する義務および権利があります。両親がこの選択の権利を効果的に行使するためには、正義と公平を実現するという理由から市民社会が提供する支援を利用できなければなりません。
　教育の務めおよび権利は、教会にも属します。

「教会は、その教育上の任務を果たすにあたって、すべての適切な手段の利用を考慮し、特に教会固有の手段に強い関心を持っています。その手段の第一は信仰教育です。これを通して教会は、信仰を照らし、強め、キリストの模範に従っていのちを養い、人々を典礼の神秘に意識的、行動的に参加させ、また使徒的活動へと駆り立てるのです。教会はまた、人類共通の遺産に属し、精神を向上させ、人間形成に多大な影響力をもつ他の手段をも高く評価し、そこに教会の精神を浸透させ、その水準を高めていこうと勤めます。その手段とは、特にマス・メディアならびに心身の鍛錬を図る種々の団体、青少年グループ、とりわけ学校です。」(『キリスト教的教育に関する宣言』4 項)

　教会が持つ教育の務めは、特に司牧者によって果たされます。彼らには、すべての信者がカトリック教育を受けることができるように、あらゆるものを効果的に整え

る義務があります。この教育はその究極的な目標からみても、また社会の共通善からみても、人格の全面的な育成を追求するものでなければならないことから、児童および青年が、その身体的、道徳的、知的な資質をよく調和して発展させることを目的としなければなりません。

　教会はさまざまな手段を用いて教育の務めを果たします。

「すべての教育手段の中で、学校は特別な重要性を持っています。学校は、自らの使命に基づいて、知的能力を高めるように絶えず配慮し、正しい判断力を養わせ、過去の世代から得た文化遺産を受け継がせ、価値観の向上を図り、職業生活を準備させます。また、素質も条件も異なる生徒間に交友関係を作り出し、相互理解の心構えを育成します。」(同5項)

　両親だけでは子供たちに全面的な教育を授けることが難しいため、教育機関である学校が不可欠であり、両親は教育の務めを果たすにあたって、学校の教師と協力しなければなりません。ただし両親は、自らが常に子供の全面的な教育の第一の責任者であるため、これを学校の教師や他の教育機関に任せっきりにしてはなりません。

　両親には自分の子供の学校を自由に選択する権利があります。市民社会は、適切な経済的援助をもってこの自由を保証しなければなりません。

　両親は、カトリック教育が施されている学校に自分の子供を託さなければなりませんが、それができない場合は、適切なカトリック教育が学校外で施されるよう配慮する義務を負います。これを踏まえてキリスト信者は、青年の教育を規定しているその地域の市民法が、両親の良心に従って、宗教的、道徳的教育にも学校それ自体が配慮することになるよう努力しなければなりません。

　教会は、あらゆる学科、種類および段階の学校を設立し、運営する権利を持っています。キリスト信者は、資力に応じて援助を提供し、カトリック学校の設立および維持のために支援しなければなりません。

　教育をその固有の使命とする修道会は、その使命に対する忠実さを保ちながら、教区司教の同意を得て自己の学校を設立することができます。教区司教は、キリスト教的精神に貫かれた教育を施す学校が設立されるよう配慮し、適切であると思われる場合、専門学校および技術工芸学校、ならびに必要に応じたその他の学校を設立するよう配慮しなければなりません。

　カトリック学校とは、教会の所轄の権威者または教会の公法人が運営する学校、

あるいは他の者または法人によって運営され教会の権威者が文書によってカトリック学校と認めたものをいいます。法的形式もさることながら、カトリック学校における養成と教育は、カトリックの教えの諸原則に基づいて行われなければならず、その教師は、正統な教えおよび誠実な生活において秀でた者でなければなりません。また教会の所轄の権威者からの同意がない限り、どのような学校も「カトリック学校」と名乗ることはできません。

すべての学校で施される、または種々のマス・メディアを使って行われるカトリックの養成や教育は、教会の権威者の権限に服します。これに関して司教協議会には、一般規定（normae generales）を出す責任があり、教区司教にはこれを管理、監督する責任があります。さらに、カトリック学校においても非カトリック学校においても、宗教教育が、正しい教えに習熟しキリスト教的生活を証しし、かつ優れた教授法を身につけている教師に委ねられるよう、配慮しなければなりません。

地区裁治権者には、自己の教区内で、宗教の教師、神学科目の教授を任命または承認する権限があり、同様に、宗教上または道徳上の理由がある場合は教師を解任するか、あるいは解任を要請する権限があります[98]。

教区司教には、自分の教区内に設置されているカトリック学校について、これが修道会の会員によって設立され運営されている学校であっても、それを監督し、視察する権限があります。ただし、同じ学校の在籍学生だけが独占的に通う内部学校についてはこの限りではありません。カトリック学校の責任者は、その学校で施される教育が、学問的見地からして、地域内の他の学校と比べ、少なくとも同程度のものであるよう配慮しなければなりません[99]。

あらゆる種類および段階の学校の中で、教会は大学およびその他の高等教育機

---

98 ［訳者注］教皇ヨハネ・パウロ2世，カトリック大学に関する使徒憲章『エクス・コルデ・エクレジエ *Ex corde Ecclesiae*』(1990年8月15日), art. 4, §§2, 3 (in *EV* 12/478) を参照。これに基づいてイタリア司教協議会は、カトリック学校の宗教の教師や神学の教授に、教会の教え、特に倫理に反する生活を送る者を職務から解任するように要請している (Cf. CEI, *Notiziario CEI*, 1990, 207)。また D. Cito は教会の教えに反する者として規則外の婚姻状態にある者をこうした任務に不適格とする見解を示している (Cf. D. Cito, *Exegetical Commentary on the Code of Canon Law*, III/1, Montréal 2004², pp. 229-236, 255)。

99 2007年9月8日に発表された次の教育省の文書を参照。*L'evoluzione repentina, educare insieme nella scuola cattolica. Missione condivisa di persone consacrate e fedeli laici*, in *EV* 24/1232-1287.

関を設立し、運営する権利を持っています。大学が「カトリック大学」と呼ばれるためには[100]、必ず教会の所轄の権威者からの同意を事前に得る必要があります。司教協議会は、その領域内にカトリック大学あるいは少なくとも単科大学が設置されるよう配慮しなければなりません。カトリック大学の教師には、正しい教えを習得し誠実な生活に優れている人物であることに加えて、学問的および教育学的適性を持つ者が任命されなければなりません。司教協議会および教区司教は、それらの大学において、カトリック教理の諸原則が忠実に順守されるよう監督する責務を負っています。カトリック大学内には信徒の学生にも講義が施される神学部、または少なくとも神学講座が設けられるよう配慮しなければなりません。教区司教は、大学生に対する司牧的配慮を行うために属人小教区を設立するか、もしくは団体付司祭を任命することができます。

教会は、聖なる教えとそれに関連する諸学科を学び研究するため、また学生の学問的養成のために、教会立大学または単科大学を有しています。教会立大学または単科大学の設立あるいは認可は、使徒座の管轄事項であり、これらの学校は使徒座の最高指導の下に置かれています。各教会立大学または単科大学は、使徒座によって認可された固有の学則と教育要綱を持っています。使徒座によって設立あるいは認可されていなければ、教会内で法的効果を持つ学位を有効に授与することはできません。教会立大学および単科大学以外に、司教協議会および教区司教は、可能な場合、神学ならびにキリスト教に関連する科目が教授される宗教高等教育機関[101]を設置することもできます。

11.5. マス・メディアおよび書籍

cann. 822-832 CIC; cann. 651-666 CCEO

教会は福音を宣べ伝える固有の任務および権利を有しており、それを行使する

---

[100] 教皇ヨハネ・パウロ２世，カトリック大学に関する使徒憲章『エクス・コルデ・エクレジエ *Ex corde Ecclesiae*』(1990 年 8 月 15 日), in *EV* 12/414-492 を参照。また最新のカトリック大学の改革の指針については、教皇フランシスコの使徒憲章『ヴェリターティス・ガウディウム *Veritatis gaudium*』(2018 年 1 月 29 日)を参照。

[101] 2008 年 6 月 28 日の教育省の宗教高等教育機関についての指針, *Con il concilio*, in *EV* 25/1158-1227 を参照。

にあたって、社会的通信手段（マス・メディア）を利用しますが、その中でも新たな通信手段であるインターネットは教会においても注目されており、決して除外されるものではありません[102]。

教会の司牧者には、マス・メディアを活用し、それらの運用が人間的でキリスト教的な精神によって促進されるよう保証する責務があります。司牧者は、これらの手段によって効果的に任務を果たすことができるよう、信者に協力を仰がなければなりません。

司牧者には、信仰の真理を伝え広め、道徳の完全性を促進するだけでなく、その内容と価値を適切に守る固有の義務および権利があります。そのため彼らは次のような任務を担っています。
- 書物またはマス・メディアによって、キリスト信者の信仰または道徳にいかなる害ももたらされることのないように監視すること
- キリスト信者によって刊行された信仰または道徳に関する書物を司牧者自身の判断に委ねるよう要求すること
- 正しい信仰および良俗を脅かす書物を排斥すること

これらを監督することに関して、
- 司教たちは、自己の配慮に委ねられた信者に関して、個人としてであれ地方教会会議あるいは司教協議会に参集した者としてであれ、この義務および権利を有します。
- 教会の最高権威者は、神の民全体に対してこの義務および権利を有します。

教会において禁書目録（Index）、つまり有害とされ流布や読書が禁止される書物のリストを作る制度はすでに廃止されていますが[103]、教会の所轄の権威者の出版許可または認可が得られなければ出版することができない書籍があります。こうした書籍の出版の許可または認可を与えるのは地区裁治権者です。この場合、許可

102　2002年2月22日の教皇庁広報評議会の教会のインターネット利用に関する2つの文書、*The Churchs's interest*, su "La Chiesa e internet", in *EV* 21/66-95 及び *Today's revolution*, su "Etica in internet", in *EV* 21/96-127 を参照。

103　1966年6月14日の教理省の禁書目録の法的効力の失効に関する通達文 *Post litteras apostolicas*, in *EV* 2/705-706 を参照。

とは、その書籍には信仰または道徳的な点で誤りがないという明確な宣言の下で書籍の出版を承認することを意味し、認可とは、それに加えてその書物に対する何らかの肯定的な評価を与えることを意味します。

聖書の翻訳および出版を行うためには、使徒座または司教協議会の認可を得なければなりません[104]。

典礼書の発行に関しては、各司教協議会が各国語訳版を準備・認可し、使徒座の認証を得る[105]責務を有していますが、典礼書の再発行、その全国語訳および部分訳の再発行に関しては、それが許可済みの版と相違ないことが、出版地の地区裁治権者によって証明されなければなりません。

信者が公的または私的に使用する祈祷書、要理書、ならびに聖なる学問の教科書として用いる書籍の出版も、同様に地区裁治権者の許可が必要です。さらに各司教協議会が、当該地域のために編集された要理書の発行を行うためには、使徒座の許可が必要です。

信仰または道徳に関する性質の書籍を出版するための地区裁治権者の許可および認可には、1人または複数の検閲者（censor）による審査が必要とされます[106]。この検閲者を選ぶのは地区裁治権者の権利であり責任です。地区裁治権者は、司教協議会が作成した検閲者のリストの中からこれを選任することもできますし、地区裁治権者自身が信頼の置ける人物をこの役割に任命することもできます。

【参考文献】

J. C. Errazuriz, *Il "munus docendi Ecclesiae": diritti e doveri dei fedeli*, Giuffrè Editore, Milano 1991.

104　エキュメニカルな聖書の翻訳事業については、1987年11月16日に教皇庁キリスト教一致推進評議会事務局から出された聖書協会世界連盟（UBS）との合意に基づいた次のガイドラインを常に参照することが重要である。*Guidelines for Interconfessional Cooperation in Translating the Bible*, in *EV* 10/2266-2319.

105　教皇フランシスコ、自発教令形式による使徒的書簡『マーニュム・プリンチピウム *Magnum principium*』(2017年9月3日)参照。

106　1997年6月29日の教理省の教義に関する審査における手続き方法の規則（regolamento）*Congregatio pro doctrina fidei*, in *EV* 16/616-644 を参照。

Gruppo Italiano docenti di Diritto canonico (a cura di), *La funzione di insegnare della Chiesa*, Glossa, Milano 1994.

M. Rivella, "La missione profetica della Chiesa", in Gruppo Italiano docenti di Diritto canonico (a cura di), *Corso istituzionale di diritto canonico*, Àncora, Milano 2005, 285-306.

D. Salachas, *Il magistero e l'evangelizzazione dei popoli nei Codici latino e orientale*, EDB, Bologna 2001.

G. A. Urru, "La funzione di insegnare", in Gruppo Italiano docenti di Diritto canonico (a cura di), *Il diritto nel mistero della Chiesa, 2: Il popolo di Dio. Stati e funzioni del popolo di Dio. Chiesa particolare e universale. La funzione di insegnare*, Lateran University Press, Città del Vaticano ^{3}2001, 561-653.

第 12 章　キリスト教入信の秘跡

12. 1.　典礼と秘跡
cann. 834-848 CIC; cann. 667-674 CCEO

　教会は典礼（liturgia）によって、特別の様式をもって聖化する任務を果たします。典礼は教会の活動が目指す頂点であり、教会のあらゆる力が流れ出る源泉です（『典礼憲章』10 項）。また典礼は、教会がキリストに結ばれて執り行う、十全にして公的な神への礼拝であり、「イエス・キリストの祭司職の行使」（同 7 項）です。

　聖化する任務は、教会において、第一義的に司教によって行使されます（『教会憲章』26 項）。司祭と助祭もこれに参与します。他のキリスト信者や父母も固有の仕方で聖化の任務に参与します。信者は、典礼の挙行において聖化する任務に参与し、父母は夫婦生活において、また子女のキリスト教教育においてこの任務に参与します。

　信者の共通祭司職は、キリスト教的礼拝において行使されますが、この礼拝は信仰から出て、信仰を土台にしています。そもそも典礼行為は、公的な礼拝行為であり、共同体的性格を持つものです。そのため、それができるところでは、キリスト信者の積極的な参加を得て挙行されなければなりません。

　典礼に関するすべての規整は、使徒座と教区司教によってのみ行われます。

　典礼行為の中でも秘跡（sacramentum）は、キリストによって制定された、キリストと教会の行為であり、恵みと救いの目に見えるしるしです[107]。またそれは、教会への神の委託（depositum divinum）に関わるものであることから、その有効かつ適法な挙行、授与、および受領のために必要とされることを認可し、または確定するのは教会の最高権威者の権限にのみ帰されます。その挙行において順守すべき祭儀

---

[107] ［訳者注］この秘跡にならって定められた聖なるしるしが準秘跡と呼ばれる。準秘跡は、霊的効果を表わし教会の代願を通してその効果が与えられるもので、人や物の聖別、奉献、祝福、盛儀の祓魔式、葬儀、教会の祈りなどがこれに含まれる。準秘跡は聖務者によって行われなければならないものとそうでないものがあり、またその対象はあらゆる物、人に向けられている。新たな準秘跡の制定すること、またすでに承認されている準秘跡を廃止・変更・公権的に解釈する権限は使徒座に属する（cf. cann. 1166-1172）。

の秩序に関わることも同様です。

　秘跡を受けるのはキリスト信者の権利です。聖務者は、適宜に秘跡を求める人に対して、その者が必要な準備をしており、かつその権利の行使が妨げられている者でないならば、秘跡を授与する義務があります。同様に聖務者には、キリスト信者が秘跡を受領するための準備を整える義務もあります。破門制裁や禁止制裁を科された信者、背教者、異端者、離教者、カトリックの信仰を放棄したことが周知である者、規則外の結婚生活を送る者（内縁関係にある者、民法上のみの既婚者や同棲者、離婚して再婚した者）は、秘跡を受けることができません。

「離婚して再婚した人は、こうした状況にあるにもかかわらず、教会に属するものであり続けます。教会は特別な配慮をもってこれらの人に寄り添い、彼らができる限り完全な仕方でキリスト教的生活を生きるよう力づけます。そのために彼らは、たとえ聖体を拝領できなくても、ミサに定期的に参加し、神のことばを聞きます。聖体礼拝と祈りを行い、共同体生活に参加します。司祭と霊的指導者に正直に相談します。愛の奉仕に献身し、悔い改めの業を行い、子供の教育に努めます。」[108]

　Communicatio in sacris と称される異なる教派間での秘跡の授受を規整する規則、つまりカトリックの信者がカトリック以外の教会の奉仕者から、ゆるしの秘跡、病者の塗油の秘跡および聖体の秘跡を受領すること、またカトリックの奉仕者が、カトリック以外の教会のキリスト信者に対して、これらの秘跡を授与することに関する規律は、それがどうしても必要な場合、または霊的利益がこれを妥当とする場合、カトリックの信者が上記のカトリック以外の教会の奉仕者から秘跡を受領することは適法であると認めています。ただし、それは誤謬および無関心主義の危険が避けられる場合に限られ、かつカトリックの奉仕者による受領が不可能であり、受領する秘跡がカトリック以外の奉仕者の教会または教団で有効なものとして保持されている場合に限られます。カトリックの奉仕者は、カトリック教会と完全な交わりを持たない東方教会（正教会）の信者が自発的に求め、かつふさわしく準備している場合、同上の秘跡を適法に授与することができます。このことは、使徒座の判断に従っ

---

[108] 教皇ベネディクト 16 世，使徒的勧告『愛の秘跡 *Sacramentum caritatis*』—教会の生命及び使命の頂点であり源泉である聖体について—（2007 年 2 月 22 日）29 項。

て、先に述べた東方教会の信者と同じ状況にあると認められる、他のカトリックでないキリスト信者に対しても、適用されます。

　死の危険が迫っている場合、あるいは司教もしくは司教協議会が認める他の重大な必要性のある場合、カトリックの奉仕者は、カトリックでないキリスト信者が自己の教会または教団の奉仕者に近づくことができず、かつ自発的に秘跡を求める場合、その秘跡についてカトリックの信仰を表わし、かつ相応しい準備ができている場合に限って、ゆるしの秘跡、聖体の秘跡、および病者の塗油の秘跡を適法に授与することができます。このような場合、教区司教または司教協議会は、関係するカトリック以外の教会または教団の、少なくとも地区の権限ある権威者に諮った後でなければ一般的規則を制定することはできません。

　なおカトリックの聖務者が、自身が所属する典礼と異なる典礼（ラテン典礼の司祭に対しては東方典礼）の秘跡的祭儀を挙行するためには、使徒座に許可（indulto di bi-ritualismo）を願う必要があります。

12.2.　キリスト教入信の秘跡
cann. 849-958 CIC; cann. 675-717 CCEO

　キリスト教入信は、洗礼、堅信、および聖体の秘跡から構成されます。これらによって人は、完全な仕方でキリスト信者としての生活へ導かれます。これらの秘跡は、キリスト信者の生活に不可欠な3つの段階を構成しており、また常に互いに結びついているものと理解されなければなりません。このことは、特に東方カトリック諸教会および正教会において、目に見える形で示されています。すなわち、東方教会においては「聖香油（myron）の塗布」が、洗礼の秘跡および至聖なる聖体の秘跡の受領と同時に授与されなければならず、それによって救いの神秘への入信の秘跡を完成させるものとされています。諸秘跡の門である洗礼を受けていない者は、他の秘跡を有効に受領することができません。洗礼によって、人は罪から解放され神の子として新たに生まれ、かつ消えることのない霊印[109]でキリストに結ばれて教会

109　「霊印 *character*」というカテゴリーは、ラテン神学特有のもので、東方教会では洗礼においても聖香油（myron）の塗布においても、また聖なる叙階においても、このような専門用語は用いられない。

に合体されます。洗礼は、定句を唱えながら水で洗うことによってのみ有効に授けられます。洗礼は通常、承認された典礼書の規定に従って授けられなければなりません。緊急な必要性のある場合は、秘跡の有効性に要求されるもののみを厳守することで足ります。

　通常、洗礼の挙行に際しては、適切な準備がなされなければなりません。成人の場合、洗礼を望む人の準備に関しては、司教協議会によって適応された入信の秘跡の式次第に従って、まず洗礼志願期に受け入れられ、入信の秘跡に導かれなければなりません。幼児の場合、両親および代親が準備をし、主任司祭または他の者を介して、この秘跡の意義、および秘跡に付随する義務について、適切に教えを受けなければなりません。なお14歳以下の子供は、受洗により自身の親の所属する典礼に所属することになります[110]。

　洗礼を授ける際に使用されるもの、材料／質料（materia）は、典礼書の規定に従って祝別された水でなければなりません。その定句／形相（forma）は、至聖なる三位の3つの位格をそれぞれ呼び求める三位一体の定式（定型表現）を含まなければなりません。洗礼は、浸水または注水によって授けられますが、東方教会では今もなお浸水が優先的に採用されており、ラテン教会では注水が優先的な形式として保持されています。

　洗礼の秘跡は、いかなる日にも挙行することができますが、通常は、主日または復活徹夜祭に行わなければなりません。原則として、洗礼は自己の小教区聖堂において、あるいは他の聖堂または礼拝堂において挙行されなければなりません。緊急時はもちろん、必要な場合または地区裁治権者が重大な理由のため予め許可した場合に限って、私宅または病院においても洗礼を授けることができます。

　両親、代親および主任司祭は、洗礼を受ける者にキリスト教的感覚を持った名前が与えられるよう配慮しなければなりません。

　洗礼の通常の執行者は司教、司祭または助祭です。ただし、洗礼は主任司祭に任せられている責務の中でも特別なものです。叙階を受けた執行者が不在また

110　［訳者注］両親がラテン教会に所属する場合、或いは両親の一方がラテン教会に所属する場合で双方の合意が得られている場合、その子供は受洗によってラテン教会に所属する（cf. can. 111 CIC）。一方、両親が東方典礼の自治教会に所属する場合、受洗地や洗礼の執行者と関わりなく、子供は親の所属する東方典礼の自治教会に所属する。両親の典礼が異なる場合、或いはそれぞれ異なる東方典礼の自治教会に所属する場合、子供は受洗によって基本的には父親の所属する典礼、自治教会に所属することになる（cf. can. 29 §1 CCEO）。

は障害のある場合、カテキスタ、または地区裁治権者によって選任された他の者が適法に洗礼を授けることができます。必要な場合には、適切な意向を伴っていれば誰でも洗礼を授けることができます。そのため、とりわけ主任司祭は、キリスト信者が洗礼を正しく授けるための様式を習得するよう配慮しなければなりません。

　成人の洗礼あるいは少なくとも満14歳以上の者の洗礼は、教区司教に任せられなければなりません。教区司教は、自身が洗礼を授けるか、あるいは、堅信の秘跡を伴うことも考慮して、これを主任司祭、または他の司祭に委任するか決定をすることができます。『東方教会法典』(CCEO)によれば、3つのすべての入信の秘跡の授与において、聖香油 (myron) の塗布の通常の執行者は司祭とされているため、東方教会において司祭は特別な委任を受ける必要はありません。

　洗礼を受けることができるのは、未だ洗礼を受けていないすべての者です。この秘跡では霊印が刻まれるため、これを再び繰り返すことはできません。

　成人の洗礼のためには通常、当事者が受洗の意思を表明し、信仰の真理およびキリスト信者の義務についての教えを十分に受けていること、洗礼志願期における試修、自己の罪の痛悔が必要です。

　規則外の結婚生活を送る者が、自身の洗礼を望む場合、司祭は特別な配慮をしなければなりません。それぞれの状態（離婚した者、離婚して再婚した者、内縁関係にある者等）に応じて、前婚の無効宣言またはその他の婚姻に関する特定の手続きを通して、その状態が解決される可能性が受洗前に確証される必要があります。

　死の危険にある成人は、信仰の主要な真理に関して知識を有し、受洗の意思を何らかの方法で明示し、回復した場合は当然、信仰の掟を順守することを約束していれば、洗礼を受けることができます。

　洗礼を受ける成人は、重大な理由がない限り、洗礼に続いて直ちに堅信を受け、ミサに与って聖体を拝領します。

　両親には、幼児が誕生後、数週間以内に洗礼を授けられるよう配慮する義務があります。そのため両親は、可能な限り早く洗礼を願い出て、自分たち自身が相応しい準備をするため、主任司祭のもとに赴かなければなりません。

　幼児洗礼を授けるには、両親あるいは後見人がこれに同意し、幼児がカトリックの信仰教育を受けるという根拠のある希望が存在する必要があります。カトリックでない両親の幼児に対しても、死の危険にある場合には、両親の意思に反してでも適法に洗礼を授けることが許されます。

洗礼を受けたか否か、もしくはその有効性について疑義が存在する場合は、慎重な調査の後に、条件付きで洗礼を授けることができます。カトリックでない教会共同体で洗礼が授けられた場合には、使用された材料および定句を吟味し、受洗者（成人であった場合）および洗礼執行者の意思を勘案したうえで、なおも重大な疑いが残る場合にのみ、再度洗礼を授けることができます。再度洗礼を授ける場合には、受洗者が成人であれば本人が、幼児であればその両親が、洗礼の秘跡に関する教理、およびすでに受けた洗礼の有効性が疑われる理由について適切な説明を受けなければなりません。

捨て子または拾い子は、入念な調査をした後に受洗が確知されない場合、洗礼を授けなければなりません。早産児は、生きている場合には、可能な限り洗礼を授けなければなりません。

代親は、真の教育の責任を持っています。代親は、成人洗礼の場合には、洗礼志願期に志願者に同伴し、キリスト教入信式に立ち会い、幼児洗礼の場合には、両親とともに洗礼に臨席します。

通常、代親は欠けてはなりません。代父1名あるいは代母1名、または代父代母の両方を置くことが許されています。代親の教育者としての役割は、両親が子女のキリスト教教育を配慮し保障することができない状況においては、特別な重要性を持ちます。

代親は、洗礼を受ける者自身、その両親、後見人、または主任司祭あるいは洗礼の執行者によって指名されます。代親になる人には以下のことが要求されます。

- その責務を果たす適性および意思を有すること
- 満16歳に達していること（ただし、教区司教によって他の年齢が定められている場合、または正当な理由によって主任司祭もしくは洗礼執行者が例外を認める場合は、この限りではない）
- カトリック信者であり、入信の秘跡のすべてをすでに受けた者で、代親として引き受ける任務、およびカトリックの信仰に相応しい生活を送る者であること
- 教会法上の刑罰を科せられておらず、洗礼を受ける者の父または母でないこと（ただし非カトリックのキリスト信者は、カトリックの代親とともに洗礼の証人となることが許されている。また非カトリックの東方教会の信者・正教会信徒の場合は、1人のカトリックの代親と一緒である場合にのみ真の代親となることが認められる）

通常、非カトリックの教会共同体に属する者は、カトリックの代親と共に証人とな

ることだけが容認されています[111]。

　代親が臨席しない場合、洗礼の授与者は、洗礼に関する真正の記録を欠くような状況に備えて、授与された洗礼を証明するために、少なくとも1名の証人が立ち合うよう配慮する必要があります。同じ状況に際して、受洗者が成年期に達した後に洗礼を受けた場合は、受洗者本人の宣誓だけで足ります。

　洗礼の詳細は、洗礼が挙行された教会の洗礼台帳に記録されなければなりません。

　洗礼によって歩み始められたキリスト教入信の道のりは、堅信と共に続けられます。東方では聖香油 (myron) の塗布 (chrismation/crismazione) として知られる堅信 (confirmation/confirmazione) の秘跡は、霊印を刻むものであるため、これを繰り返すことはできません。堅信は、接手しながら承認された典礼書に規定されている定句を唱え、額に聖香油 (sacra chrisma) を塗布することによって授けられます。

　ラテン教会において、堅信の秘跡の通常の執行者は司教であり、臨時の執行者は、普遍法によって、または権限ある権威者から特別な委任を受けてその権限を有する司祭です。東方教会においては、洗礼と共に授ける場合も、別々に授ける場合も、聖香油 (myron) の塗布 (chrismation/crismazione) の通常の執行者は司祭です。

「きわめて古い時代から東方で実践されてきた聖香油 (myron) の塗布の執行者に関する規律は、完全に復興されなければなりません。それゆえ司祭は、総大司教または司教によって祝別された聖香油を用いて、この秘跡を授与することができるのです。」（第二バチカン公会議『カトリック東方諸教会に関する教令』13項）

　管轄区域内において教区司教と同等の者、およびその職務上の権能によって、あるいは教区司教の指令によって幼児期を過ぎた者に洗礼を授け、またはカトリック教会以外で有効な洗礼を受けた者をカトリック教会との完全な交わりに受け入れる司祭は、法そのものにより (ipso iure) 堅信の秘跡を授ける権限を有します。死の危険がある場合、主任司祭およびすべての司祭は、いつでも堅信の秘跡を授けるこ

111　教皇庁キリスト教一致推進評議会，エキュメニズムについての原則及び規定の適用のための指針 *La recherche de l'unité*（1992年3月25日）の98項（*EV* 13/2362）を参照。

とができます。必要がある場合には、教区司教は、1人または数名の特定の司祭に、堅信の秘跡を執行する権限を付与することができます。

通常、司教は、自ら堅信を授けるかまたは他の司教によって授けられるよう配慮します。受堅者の数が多いことからそれが必要とされる場合、司教は、この秘跡の挙行に他の司祭を参与させることができます。

未だ堅信を受けていないすべての受洗者のみが堅信を受けることができます。

死の危険にある場合を除いて、理性を働かせる状態に至った信者は、堅信を受ける際に、適切な準備を行い、相応しい心構えを有し、洗礼の約束を更新できなければなりません。

信者は、適切な時期に堅信の秘跡を受ける義務を有しています。そのため両親、また特に主任司祭は、信者が適切な時期にこの秘跡を受けるために、正しく準備されるよう配慮しなければなりません。

東方教会の伝統は、聖香油の塗布を洗礼と同時に、またはその直後に執行する伝統を保持しています。しかしラテン教会では、堅信の授与は、分別のつく年齢に適宜延期されました。ただし、司教協議会がこの年齢について別に規定した場合、または死の危険がある場合、あるいは重大な理由によって別のことが示唆されていると奉仕者が判断した場合は、この限りではありません。

堅信においても代親が必要です。その責務は洗礼の代親のそれと似ています。実際、代親として、洗礼の時と同じ人物を選任することが望ましいとされています。

真正の文書を欠くような状況において、授与された堅信の証明のためには、洗礼の場合と同一の証明のための規定が順守されなければなりません。通常、堅信の記録は、教区本部に保管される専用の台帳、または司教協議会が規定する場合は小教区に保管される台帳に、受堅者、執行者、両親、代親の氏名、堅信の秘跡が授与された場所および日付とともに記録されなければなりません。堅信が授与された教会の主任司祭は、堅信について洗礼台帳に記載するために、当該信者の受洗地の教会の主任司祭に報告しなければなりません。

諸秘跡の中心であり頂点であって（『教会の宣教活動に関する教令』9項）、教会の生命と使命の源泉かつ最高点である聖体[112]は、キリスト教入信の秘跡の頂点に位置します。この秘跡のうちに主キリストご自身が現存し、いけにえとして捧げられ、食物として食されます。主の死と復活の記念である聖体のいけにえは、十

---

[112] 教皇ベネディクト16世，使徒的勧告『愛の秘跡 *Sacramentum caritatis*』参照。

字架のいけにえを世々に永続させるものであり、キリスト教の礼拝および生活全体の頂点であるとともに源泉です（『教会憲章』11項）。これにより神の民の一致が表わされ、かつ実現され、キリストのからだの建設が成し遂げられます。他の諸秘跡および使徒職のすべての業は、聖体と緊密に結ばれ、かつこれに秩序づけられています。

すべての信者は、聖体に対して最大の尊敬を払い、至聖なるいけにえの祭儀に積極的に参加し、深い信仰心をもってしばしばこの秘跡を拝領し、至上の礼拝をもって聖体における主の現存を崇敬しなければなりません。

聖体祭儀は、キリストと教会の行為であり、さらに司教の司式の下に1つに集った民の行為でもあります。聖体祭儀は、それに参加するすべての者が豊かな実りを受けることができるように秩序づけられています。

キリストに代わって（in persona Christi）聖体の秘跡を挙行できるのは、有効に叙階された司祭職にある者（司教および司祭）のみです。ミサは、生者・死者を問わず、すべての者のために捧げることができます。キリスト信者の便宜のために他のことが要求され、または勧められない限り、ミサを共同の祭式で行うことができます。同一時刻に同じ教会堂または礼拝堂で共同の祭式が行われていない限り、司祭は個別にミサを挙行することができます。ミサの挙行を願う司祭が、その教会で知られていない者である場合、自己の裁治権者によって発行された証明書である「チェレブレット　celebret」と呼ばれる推薦状を提示する必要があります。これによって、その司祭がミサを挙行することができる者であるということ、それが禁じられている者ではないということが証明されるのです。ミサの挙行は、正当かつ合理的な理由により信者の出席が得られない場合でもしばしば、さらに言えば毎日でも挙行されることが勧められます。司祭は、1日に1回を超えてミサを挙行することが許されていません。ただし、共同司式が許される場合、または司祭が不足している場合には、正当な理由により1日に2回、さらに司牧上必要な場合には、主日および守るべき祝日には3回までミサを挙行することが許されます。

聖体祭儀において助祭および信徒は、司祭に固有の祈り、特に奉献文を唱えたり、司式司祭に固有の動作を行ってはなりません。

カトリックでない教会または教会共同体の司祭または奉仕者と共にミサを挙行することは、法律で禁じられています。

聖体授与の通常の奉仕者は、司教、司祭および助祭です。必要がある場合または聖務者が不足する場合の臨時の奉仕者は、祭壇奉仕者および恒常的または

一時的に委任された他の信者です。

　死の危険にある者に対しては、臨終の聖体拝領（viaticum：旅路の糧）のために聖体を運ぶことができます。この義務を有しているのは、主任司祭、助任司祭、団体付司祭です。また聖職者修道会または使徒的生活の会の上長は、会の家に居住するすべての者に対してこの義務を有します。必要のある場合、または主任司祭、団体付司祭もしくは上長の許可が少なくとも推定される場合、すべての司祭または他の聖体授与の奉仕者は、臨終の聖体拝領のために聖体を運ぶ義務を有します。ただし、その授与については前述の権威者に事後、報告しなければなりません。

　すべての受洗者は、法律上禁じられていない限り聖体を拝領することができ、かつ授けられなければなりません。子供に聖体を授けることができるためには、普通のパンと聖体の違いを認識し、信仰および敬虔な心をもってこの秘跡を受けることができるよう、十分な理解と入念な準備が求められます。ただし、子供が死の危険にある場合は、キリストのからだが普通のパンとは異なることを識別でき、相応しい敬虔な心で拝領できればそれで十分です。

　両親および主任司祭は、理性を働かせるに至った子供がふさわしく準備され、秘跡的告白を済ませたうえで、可及的速やかに初聖体を受けるよう配慮する義務を有します。

「精神的な障碍を持つ者が聖体を受けるためには、適切な準備をしたうえで、その意思が表明されることで十分とされます。その意思は、カテキスタや祭儀を共に祝う人との間で構築された関係の中で表明されるものですが、これが必ずしも言葉による言語で行われる必要はありません。また、典礼祭儀の中で唱えられる祈願において、そのパンがイエス・キリストに関係づけられているという信仰、祈り、理解が共有されていれば、それで十分です。」[113]

　破門制裁および禁止制裁を受けた者、ならびに公然にして重大な罪を頑迷に改めない者、また明らかにカトリックの信仰を放棄した者には、聖体拝領が許されません。

113　イタリア司教協議会の全国カテキスタ事務局（Ufficio catechistico nazionale）が2004年に発行した『身体障碍者のキリスト教入信　*L'iniziazione cristiana alle persone disabili*』のOrientamenti e proposte（助言と提案）の第2部, c. III. http://www.webdiocesi.chiesacattolica.it/cci_new/s2magazine/AllegatiArt/207/disabili.pdf を参照。

重大な罪の状態にある司祭は、ミサを挙行することができません。同じように信徒も、同様の状態にある場合、聖体を拝領することはできません。ただし、重大な理由があり、かつ罪を告白することが不可能な場合は、この限りではありませんが、それでも可及的速やかに罪を告白するという決心を含む完全な痛悔を起こす義務を有します。

　完全な仕方で聖体祭儀全体に参加する場合に限り、信者は同じ日に2度聖体を拝領することが許されます。通常、聖体はミサ中に、聖体祭儀に参加して拝領します。ただし、正当な理由がある場合、ミサ以外においても聖体を拝領することができます。聖体拝領のための断食を規定する規則は、今なお法的に有効なものです。信者は（聖体拝領の）少なくとも一時間前、水および医薬品を除き、一切の飲食物を控える必要があります。同じ日に2度または3度ミサを挙行する司祭は、2度目または3度目のミサ挙行前に1時間以上の間隔が取れなくても、何らかのものを摂取することが許されます。高齢者、病者およびその看護人は、一時間以内に何かを摂取したとしても聖体を拝領することができます。

　司教協議会がそれを許可する場合、使徒座の事前の承認を得て、聖体を手で受けることが許されます。その場合、当然、汚聖の危険が完全に避けられるように配慮しなければなりません。

　初聖体を受けた信者は、少なくとも1年に1回聖体を拝領する義務を有します。それは復活節の期間に履行されることが望ましいとされていますが、正当な理由がある場合には1年の他の時期にこれを履行することもできます。死の危険にある間は、臨終の聖体拝領によって強められることが欠かされないようにしなければなりません。死の危険が継続する場合には、日を変えて繰り返しこれが授けられるようにすべきです。病者に関しては、主任司祭および他の司牧者は、その権利を有する病者が、速やかに臨終の聖体拝領を受けられることを保証しなければなりません。

　信者は、ラテン教会であれ東方教会であれ、自治権を有するいかなる教会においても、聖体のいけにえ（ミサ）に参加し聖体を拝領することができます。カトリック信者が、カトリック以外の奉仕者に聖体を求める場合、およびカトリックの奉仕者がカトリックでない信者に聖体を授ける場合には、すでに取り上げた *communicatio in sacris* と呼ばれる規則を厳守しなければなりません。

　ミサの挙行中に守られるべき祭式や儀式に関しては、認可された典礼書に明確に記載されています。

聖体の材料として、パンは小麦から作られたものであり、かつ腐敗の危険がないように新鮮なものであることが保証されなければなりません。またぶどう酒は天然のものでなければなりません。グルテン・アレルギーを持つ奉仕者および信徒のために、裁治権者は低グルテンのホスチアの使用を許可することができます。アルコール中毒または他の病気を患う司祭のためには、ムストと呼ばれるぶどうの搾汁の使用が許可されます[114]。

聖体は通常、パンの形色だけで授けられますが、典礼法規に従ってパンとぶどう酒の両形色でも授けることができます。また必要のある場合には、ぶどう酒の形色のみで授けることもできます。ラテン教会では無酵母のパン（azymus）が使用されますが、これに対して東方教会の大部分では発酵させたパンが使用されます。どちらの場合においても、それぞれの正統な伝統に従って、聖変化は、いかなる場合にも、両方の材料をもって行われなければならず、決して聖体祭儀以外の機会でこれが行われてなりません[115]。

聖体祭儀では、ラテン語または典礼文が適法に認可されている他の現代語を使用することができます。教皇ベネディクト16世の自発教令によって、教会の典礼の特別形式として、教皇ピオ5世が公布し1962年に教皇ヨハネ23世が再公布したミサ典礼書に従ってミサを挙行することができます。これは、教皇ピオ5世のミサ典礼書そのものが廃止されていないためであり、こうして現在、同じローマ典礼の中で二種類の典礼書の使用が認められています[116]。

司祭および助祭は、典礼書に規定された祭服を着用しなければなりません。また

114　教理省，回状 *Questo dicastero* —聖体祭儀の材料としての低グルテンのパン及びムスト（ぶどうの搾汁）の使用について—（1995年6月19日），in *EV* 14/2886-2887を参照。これは、さらに2003年7月24日の同省の回状によって改訂された。http://www.vatican.va/roman_Curia/congregations/cfaith/documents/rc_con_cfaith_doc_20030724_pane-senza-glutine_it.htmlを参照。

115　［訳者注］これに対する違反は、教理省に留保された重大な犯罪とされている。『聖職者の違法行為と身分の喪失』(2017年、教友社) の237-239頁を参照。

116　教皇ベネディクト16世, 自発教令形式の使徒的書簡『スンモールム・ポンティフィクム *Summorum pontificum*』—特別形式としての古い形式のローマ典礼の使用について—（2007年7月7日），in *EV* 24/1101-1126 ならびに教皇庁エクレジア・デイ委員会の指針『ウニヴェルセ・エクレジエ　*Universae Ecclesiae*』—自発教令スンモールム・ポンティフィクムの適用について—（2011年4月30日），in *EV* 27/300-337 を参照。

病気を患う司祭は、座ったままミサを挙行することができます。ただし、会衆の面前で座ったままミサを挙行するためには、裁治権者の許可が必要とされています。盲目または他の疾病を持つ司祭は、認可されているものであれば、いかなるミサ典礼文をも使用することができます。必要のある場合、他の司祭もしくは助祭、または適切に指導を受けた信徒の補佐を受けることができます。

　典礼法規に従って、聖なる過越の3日間を除き、聖体祭儀は、いかなる日および時間にも行うことができます。例として、古来の伝統により、聖金曜日にはミサが挙行されません。

　必要のある場合には、聖なる場所でなくとも、相応しいと判断される場所であればミサを挙行することができます。それ例外の場合には、本来のミサ挙行の場所は聖なる場所[117]とされており、祭壇は奉献または祝別されたものでなければなりません。聖なる場所以外においては適当なテーブルを使用し、祭壇布およびコルポラーレを用いなければなりません。

　正当な理由ないし地区裁治権者の明示的な許可がある場合は、カトリックの奉仕者は、カトリック以外の教会または教会共同体の聖堂において、躓きを避ける仕方でミサを挙行することが許されます。エキュメニズムの指針（direttorio ecumenico）の規定に従って、非カトリックのキリスト信者は、司教の許可を得て、カトリックの聖堂を使用することが認められています[118]。

　聖体は、司教座聖堂、小教区聖堂および修道院または使徒的生活の会の家に付属する教会堂、もしくはその修道院またはその家の主たる礼拝堂に安置されなければなりません。また聖体は、裁治権者の許可を得たうえで、他の教会堂に安置することができます。聖体が安置される場所には、そのための世話に当たる者が常にいなければなりません。また少なくとも毎月2回、そこでミサが挙行されなければなりません。司牧上緊急の必要があり、司教の定める規定を厳守する場合を除い

117　［訳者注］聖なる場所とは、典礼書に従って教区司教による奉献または裁治権者による祝別をもって神に対する崇敬または信者の埋葬に当てられた場所をいう（cf. cann. 1205-1207）。聖なる場所においては、礼拝、信心、宗教行為の実践または促進に役立つことだけが許され、場所の聖性に不相応な他の全ての事柄は禁止される（cf. can. 1210）。聖なる場所は、その大部分が破損するか権限ある裁治権者の決定によって、または事実上、永続的に世俗的用途に変更された場合、奉献また祝別の効果を失う（can. 1212）。

118　教皇庁キリスト教一致推進評議会，指針 *La recherche de l'unité*, n. 137, in *EV* 13/2418 を参照。

て、なんぴとも聖体を自己のもとに保持し、または旅行に携帯することは許されません。

重大な理由による妨げがない場合、至聖なる秘跡の前で祈りを捧げることができるよう、聖体が安置されている教会堂は、毎日少なくとも数時間、信者のために開放されていなければなりません。

聖体は常時、聖櫃に安置されなければなりません。聖櫃は、見通しがきき、美しく飾られ、祈りに相応しい教会堂または礼拝堂の重要な場所に置かれなければなりません。また聖櫃は、汚聖の危険を避けるため、固定され、堅固で、不透明の材料をもって制作されなければなりません。同じ理由から、その鍵は細心の注意を払って保管されなければなりません。重大な理由がある場合には、特に夜間に、聖体をより安全で相応しい場所に安置することができます。

聖体を安置することが認められている教会堂および礼拝堂においては、聖体容器のまま、もしくは顕示台を使用して至聖なる秘跡の顕示を行うことができます。ただし、聖体の顕示は、教会堂もしくは礼拝堂以外の場所で行うことはできず、またその場所でミサが挙行されている間はこれを行ってはいけません。毎年、荘厳な聖体顕示を一定時間継続して行うことが勧められます。聖体の顕示および聖体の祝福は、聖務者（司教、司祭または助祭）の専権事項です。特別な事情のある場合には、聖体の顕示および収納のみを、祭壇奉仕者、臨時の聖体拝領の奉仕者、または地区裁治権者によって任命された他の者に委任することができます。それに対して、聖体の祝福は、常に聖務者にのみ留保されています。

教区司教の判断により、それが可能とされる地域では、教区司教の定める規定を順守したうえで、特にキリストの聖体の祭日（Corpus Domini）に、公道を通って行う聖体行列が挙行されるべきです。

司祭が、信者の意向のために、特に貧しい信者の意向のためには奉納金を受けなくとも、ミサを挙行することは大いに勧められます。しかし、教会の善益のため、また聖職者および教会の活動を支援するために奉納金を受け取り、特定の意向のためにミサを挙行することもまた適法とされています。その濫用を避けるためにも、奉納金の額が僅少であっても、提供され受領された個々の奉納金それぞれの意向のために、個別にミサが挙行されなければなりません。受領した奉納金が、自己の責任によらずに紛失した場合でも、奉納金を提供した者の意向に従ってミサを挙行し適用する義務は果たされなければなりません。挙行すべきミサの回数について指示がないまま一定額の奉納金が提供されたとき、挙行すべきミサの

回数は、提供者の居住地の奉納金の規定額に従って算出されなければなりません。ただし、提供者の意向がこれと異なる場合はこの限りではありません。幾つかの意向を1つのミサの奉献に併せるいわゆる「複数の意向のためのミサ」(missa plurintentionale)ないし「意向合併ミサ」(missa collectiva)[119]と呼ばれるものに関しては、提供され受領された個々の奉納金それぞれの意向のために個別にミサが捧げられなければならないという原則を尊重したうえで、司祭は所定の規則に従って、また管区会議または管区の司教会議の決定に従ってこれを行うことができます。その決定が存在しない地域においては、教区における現行の慣習に従わなければなりません。

奉納金が商売のように扱われることを避けるためにも、司祭が、同じ日に複数のミサを挙行するか複数の意向を合併したミサを挙行する際は、一回分のミサ奉納金のみを自分のものとすることができ、他は裁治権者によって定められた目的のために寄託されなければなりません。なおこの規定は、主の降誕の祭日のミサには適用されません。

司祭は、1年以内に挙行することのできない数のミサ奉納金を受領することは許されていません。そのため、過度に受領したミサ奉納金は、他の司祭によってミサが挙行されるようにするか、または自己の裁治権者に託されなければなりません[120]。

教会堂または礼拝堂において挙行されるように依頼されたミサの回数が、挙行し得る回数より多いときは、他の場所において挙行することが許されます。ただし、提供者が指定した場所で(in loco)ミサを挙行してほしいという意思を表示していた場合は、この限りではありません。他の者にミサの挙行を委託する司祭は、受託したミサおよび他の者に委託したミサをその奉納金の額とともに適当な帳簿に記録する義務を有します。地区裁治権者および聖座法の聖職者の修道会ならびに使徒的生活の会の上長は、ミサの義務の履行を監督しなければなりません。通常ミサ奉納金を受領する教会および他の場所には、ミサの記録帳簿が備えられていなければなりません。裁治権者は、毎年自ら、または他の者を介してこの記録を監査する義務を有します。

---

119 聖職者省，教令 *Mos iugiter* ―ミサ挙行のための奉納金についての規律―（1991年2月22日），in *EV* 13/6-28を参照。

120 *Ibid.*, art. 5, in *EV* 13/25.

12.2. キリスト教入信の秘跡

【参考文献】

E. Frank, *I sacramenti dell'iniziazione, della penitenza e dell'unzione degli infermi. Commento ai canoni 834-1007 del Codice di diritto canonico*, Urbaniana University Press, Città del Vaticano 2012, 21-149.

Gruppo Italiano docenti di Diritto canonico (a cura di), *Iniziazione cristiana: profili generali*, Glossa, Milano 2008.

—, *Iniziazione cristiana: confermazione ed eucaristia*, Glossa, Milano 2009.

G. Ruyssen (a cura di), *The Holy Eucharist in Eastern Canon Law/La divina liturgia nel diritto canonico orientale*, Pontificio Istituto Orientale, Roma 2010.

L. Sabbarese, "L'Eucaristia nella successione dei sacramenti dell'iniziazione cristiana", in *Periodica* 101(2012), 67-102.

D. Salachas, *L'iniziazione cristiana nei Codici orientale e latino. Battesimo, cresima, eucaristia nel CCEO e nel CIC*, EDB-ED, Bologna-Roma 1991.

—, *Teologia e disciplina dei sacramenti nei Codici latino e orientale*, EDB, Bologna 1999, 27-215.

G. Trevisan (a cura di), *Quando si diventa cristiani. I sacramenti dell'iniziazione: indicazioni canoniche e pastorali*, Àncora, Milano 2003.

第13章　ゆるしと癒しの秘跡

13.1.　ゆるしの秘跡
cann. 959-997 CIC; cann. 718-736 CCEO

　ゆるしの秘跡は、回心者に自らの罪を告白すること、犯した悪を償う意思をもって悔い改め、自らを正す決心をすることを要求します。こうして回心者は、適法な奉仕者を介して、洗礼以後に犯した罪のゆるしと同時に教会との和解を得ます。

　回心者の十全にして完全な罪の告白とそれに対する赦免は、信者が神とその教会との和解を得ることのできる唯一の通常の様式です。これが実際上または社会通念上不可能である場合にのみ、一般赦免の様式、すなわち事前の個別告白をせずに赦免を受けることができます。しかしそれは、死の危険が迫っている場合か、回心者の数に対して聴罪司祭の数が不足し、適当な時間内に個別告白を聴くことができないため、重大な必要に迫られる場合に限られます。これには例えば、回心者が自らの落ち度なしに秘跡的恩恵または聖体拝領から、長期にわたって遠ざかることを余儀なくされるといったような状況が考えられます。ただし、特定の祝日または巡礼の機会あるいは他の状況において、著しい数の回心者が集まり、十分な数の聴罪司祭が確保できないといった事情は、この重大な必要がある場合とはみなされません。

　一般赦免を適用すべき重大な必要性があるか否かを判断するのは司教の権限に属します。司教は、自己の所属する司教協議会の他の司教と一致して取り決めた規準を考慮して、そのような必要が認められる具体的な場合について決定することができます。

　当然、秘跡的赦免は口頭で与えられるものですが、電話または現代の電子通信技術の使用は認められていません。なぜならこのような方法は、秘跡的封印（秘跡的告白の秘密）および秘跡の構成要素の侵犯をより容易にさせるものだからです[121]。

　一般赦免の様式で秘跡的赦免を有効に受けるためには、相応しい心構えと、そ

121　内赦院, 回状『技術的手段の使用及び秘跡的秘密の尊重について　*L'uso dei mezzi tecnologici*』（2002年10月23日）, in *EV* 21/1259 を参照。

の時には個別に告白できない重大な罪を、適切な時に告白するという決心が要求されます。一般赦免を与える司祭は、赦免のために有すべき内的心構えについて回心者に教え、また死の危険がある場合にも十分な時間があるならば、痛悔の心を起こすよう勧めを与えなければなりません。一般赦免によって重大な罪のゆるしを得た回心者は、新たに一般赦免を受ける前に、機会があるならばできるだけ早く、個別告白を行う義務があります。ただし、正当な理由がある場合はこの限りではありません。

　司教協議会は、告白の席（sedes confessionales）に関して適当な規定を定めることができます。ただし告白の席は、回心者が自由に使用できるように明白な場所に用意され、かつ固定された格子が備えられていなければなりません。正当な理由によって例外が認められる場合を除いて、慎重かつ賢明な動機から、告白は告白の席で行われなければなりません。

　ゆるしの秘跡の執行者は、司教であれ司祭であれ、叙階権を行使する権限を有する司祭職階にある者のみです。その権限は、法律そのものによって、もしくは権限ある権威者からの付与によって得ることができます。

　法そのものによって、教皇、枢機卿、および司教は、何処においても信者の告白を聴くことができます。特別の場合に、教区司教が自教区においてそれを拒否する場合、他の（枢機卿ではない）司教は告白を聴くことができません。職務上有している権限であれ、または入籍している地区の裁治権者もしくは住所を有する地区の裁治権者によって付与された権限であれ、恒常的に告白を聴く権限を有する者は、特別の場合に地区裁治権者がそれを拒否したときを除いて、何処においてもすべての人に対してこれを行使することができます。職務上または管轄権を持つ会の上長からの付与によって告白を聴く権限を与えられた者、および聖座法による聖職者の修道会または使徒的生活の会の会員は、法そのものにより、同じように告白を聴く権限を有しますが、その権限は、修道会または使徒的生活の会の会員およびその家に昼夜居住する者に対してのみ行使できるものとされます。ただし特別の場合、上級上長が自己の従属者に対して権限の行使を拒否したときは、適法にそれを行使することができません。

　職務上、地区裁治権者、ゆるしの秘跡の祭式者、主任司祭およびその代理者は、自己の管轄区域においてすべての者の告白を聴く権限を有します。教区司教と同等の者、神学校の校長、および団体付司祭も、同じ権限を有しています。聖座法による聖職者の修道会または使徒的生活の会の上長は、自発的にそれを求

める自己の従属者および昼夜会の家に居住する者に対して、職務上、同じ権限を有します。しかし、司祭である修練長およびその協働者（補佐役）、神学校または他の教育施設の校長は、自己の学生または同じ家の居住者の告白を聴くことを禁止されています。ただし、その者が自発的にそれを求める特別の場合はこの限りではありません。

地区裁治権者のみが、すべての司祭に対して、すべての信者の告白を聴く権限を与える管轄権を有しています。ただし修道会の会員である司祭は、自己の上長の許可が少なくとも推定されるのでなければ、付与された権限を行使することができません。聖座法による聖職者の修道会または使徒的生活の会の上長は、教区司祭であれ、いかなる司祭に対しても、自己の従属者および昼夜会の家に居住する者の告白を聴く権限を与えることができます。

告白を聴く権限は、適性を有する司祭にのみ与えられなければなりません。また裁治権者は、重大な理由が存する場合、適性を有する者であっても、この権限の付与を拒否することができます。教区司祭でない司祭に対して、無期限または期限付きで、恒常的に告白を聴く権限を書面によって付与する際、地区裁治権者は、可能な限り予めその司祭の裁治権者に諮らなければなりません。

地区裁治権者および権限ある上長は、重大な理由がある場合、司祭に対して付与された告白を聴く権限を取り消すことができます。自分が入籍している地区の裁治権者または自分が住所を有する地区の裁治権者がその権限を取り消した場合、司祭はすべての場所においてこれを喪失します。他の地区裁治権者がその権限を取り消した場合、司祭はその裁治権者の管轄地域においてのみこれを喪失します。この権限を取り消す者は、その司祭が入籍している本来の裁治権者、または修道会の会員の司祭の場合にはその権限を有する上長にそのことを通知しなければなりません。

会の上級上長がその権限を取り消した場合、司祭は何処においてもその修道会の会員の告白を聴く権限を喪失します。また他の上長がその権能を取り消した場合には、その者の管轄区域内の従属者に対してのみ告白を聴く権限を喪失します。

恒常的に告白を聴く権限は、取り消しによる他、職務の喪失または除籍もしくは住所の喪失によっても消滅します。

死の危険がある場合には、告白を聴く権限を欠く司祭であっても、有効かつ適法に赦免を与えることができます。この場合、第六戒に反する共犯者の赦免さえも有効とされます。ただし死の危険がない状況では、こうした赦免は当然無効です。

裁判官であると同時に医者であり、神の正義と慈しみの奉仕者である聴罪司祭は、教会の奉仕者として、ゆるしの秘跡の執行に際して、教導職の教えおよび権限ある権威者による規定を忠実に順守しなければなりません。また聴罪司祭は、回心者の状況および年齢を考慮して、賢明さと思慮深さをもって回心者に質問し、不用意な質問、特に共犯者の氏名を尋ねることを控えなければなりません。回心者が相応しい心構えを有して赦免を求める場合、それが拒否または延期されてはなりません。

　告白の最後に、回心者の状況を考慮して、罪の質および回数に応じて、回心者が自ら果たす義務を有する有益かつ適当な償いが課されなければなりません。

　偽って、第六戒に反する罪に誘惑する犯罪を犯したと無実の聴罪司祭を教会の権威者に誣告したことを告白した場合、回心者はその告発を正式に取り消し、損害を与えていた場合にはそれを償う義務が必ず課せられなければなりません。

　秘跡的封印 (sigillum sacramentale:聴罪司祭の秘跡的告白の秘密保持) は絶対的に不可侵です。聴罪司祭、また通訳者が立てられた場合には通訳者および何らかの方法をもって告白された罪を知ったその他のすべての者は、秘跡的告白の秘密を順守する義務を有します。

　秘跡的封印を守るため、漏洩の危険が全くない場合でも、聴罪司祭が告白によって得た知識を、回心者に不利益を与えるような仕方で使用することは絶対的に禁止されています。権威ある地位に置かれた者は、告白によって得た罪についての知識を、いかなる方法であれ外的統治のために使用することが禁止されています。

　秘跡的封印を直接侵犯する聴罪司祭は、使徒座に留保された伴事的破門制裁 (excommunicatio latae sententiae) によって処罰されます。これを間接的に侵犯する者は、その犯罪の重大さに応じて、不特定の刑罰を科す判決による刑罰 (ferendae sententiae) によって処罰されます。他の者が秘跡的告白の秘密を侵犯した場合、その者は破門制裁を含む正当な刑罰によって処罰されなければなりません。

　秘跡的告白を録音することは、『教理省に保留された重大な犯罪に関する規則』によって、聖職者の場合には聖職者の身分からの追放および聖職停止制裁も含む適切な刑罰が科される犯罪とされています[122]。

122　教理省、『教理省に保留されたより重大な犯罪に関する規則』(2010 年 5 月 21 日),

回心者は、分別がつく年齢に至った後は、自治権を有する他の教会の聴罪司祭であっても、適法に承認されている聴罪司祭であれば誰でも、自らが望む聴罪司祭を選んで告白する自由を有しています。また信者は、少なくとも1年に1回は自己の犯した重大な罪を告白しなければなりません。回心者は、悔い改める心を整えて秘跡に臨まなければなりません。そのため、犯した罪を退け、自らを正す心構えを有していなければなりません。告白が完全なものとなるためには、回心者は洗礼以後に犯した重大な罪にして未だ赦免されておらず、個別告白において言い表わしていないと自覚する罪についてすべて、その種類および回数を告白しなければなりません。小罪を告白することも大いに勧められます。

　起こり得る濫用および躓きを避け、かつ通訳者が厳守しなければならない秘跡的告白の秘密が保証される限りにおいて、通訳を介しても秘跡的告白を行うことが許可されています。

　またゆるしの秘跡において、単なる罪だけにとどまらず伴事的な懲戒罰を含む教会法上の犯罪に該当する告白がなされた場合、それが未宣告で他者に知られておらず、かつ使徒座に留保されていない事案については、司教ならびに裁治権者、またそれらの権威者から適法に赦免の権限を受けた聴罪司祭は、これを赦免することができます。告白された犯罪が使徒座に留保されている事案に該当する場合、上述の状況において聴罪司祭は、使徒座裁判所内赦院に回心者を特定できる情報を明記せずに赦免を訴願し、その指示に従うことになりますが[123]、その期間（一ヵ月以内）、大罪の状態に留まることが苦痛であると回心者が訴えた場合、聴罪司祭は相応な償いと必要に応じて躓きと損害に対する賠償を課し、これを赦免することができます。例外として、ローマの四大司教座聖堂（バジリカ）で奉仕にあたる特別な聴罪司祭、ならびにいつくしみの特別聖年に制定された「いつくしみの宣教者」[124]といった教皇から特別な任命を受けた聴罪司祭は、常に使徒座に留保された犯罪／罪を赦免する権限を有しています。

第1部第4条第2項参照。邦訳は、『聖職者の違法行為と身分の喪失』（2017年、教友社）の239-240頁を参照。

123　［訳者注］カルロス・エンシナ・コンメンツ『ゆるしの秘跡と内的法廷　使徒座に留保された事案の解決法』（教友社，2015年）参照。

124　［訳者注］教皇フランシスコ，いつくしみの特別聖年の大勅書『イエス・キリスト　父のいつくしみのみ顔』（2015年4月11日）第18項、及び教皇庁新福音化評推進議会のwebサイト http://www.im.va/content/gdm/it/partecipa/missionari.html を参照。

13.1. ゆるしの秘跡

　免償は、ゆるしの秘跡と結びついています。免償とは、罪科としてはすでに赦された罪に対する有限の罰の赦免です[125]。また免償は、信者に「愛徳、償い、慈善の業、特に信仰育成および共通善のために役立つ業を行うように」[126] 教えることも目的としています。

　免償は、罪のために負わされる有限の罰からの解放が部分的である場合には部分免償、またその罰からの解放が全面的である場合には全免償となります。すべての信者は、自分自身のため、または死者のために、部分免償および全免償を受けることができます。教会の最高権威者すなわち教皇によって、あるいは法律によってその権限を付与された者は、免償を与えることができます。教皇以下の教会の権威者は、使徒座によってそれが明確に許可されていなければ、免償を付与する権限を他の者に授与することができません。免償の付与は、使徒座裁判所内赦院の管轄事項です。東方教会の教区司教（vescovo eparchiale/eparchial bishop）、およびラテン教会の教区司教（vescovo diocesano/diocesan bishop）、また司教職位にはなくとも司教と同等の者、および主都大司教、総大司教、および枢機卿は、いつでも部分免償を付与することができますし、主日・祭日などの限られた機会に全免償を与えることもできます[127]。

　免償を受けることができるのは、受洗者であり破門制裁を受けていない者で、かつ恩恵の状態にある者です。ただし、少なくともそれを得ようとする一般的意思、および付与に従って定められた時期に定められた方法により、命じられた行為を果たす意思を有していなければなりません。

---

[125] 内赦院, 教令 *Iesu, humani generis*（1999年7月16日), in *EV* 18/1279-1343 参照。これをもって免償の手引き方法の第4版が公表された。

[126] 教皇パウロ6世, 免償についての教理の見直しに関する使徒憲章『インドゥルジェンツィアールム・ドクトリーナ　*Indulgentiarum doctrina*』(1967年1月1日), 8項, in *EV* 2/930 を参照。

[127] 内赦院, 教令 *Iesu, humani generis*, 7-10項, in *EV* 18/1299-1303 及び *Manuale delle indulgenze –norme e concessioni–*（LEV, 第4版）を参照。使徒的祝福（benedictio papale）と共に司教が与える全免償は、重大な理由で物理的に祭儀に参加できない信者にも付与される。「ただし、信者はラジオまたはテレビを通して、敬虔に典礼の進行に従い、教皇の意向のもと、通常の秘跡的告白、聖体拝領及び祈りを果たした上で祝福を受けなければならない。」（内赦院, 教令『*Diversis ex locis*, テレビ及びラジオを通して与えることのできる免償について』[1985年12月14日], in *EV* 9/1819-1820）

13.2. 病者の塗油の秘跡
cann. 998-1007 CIC; cann. 737-742 CCEO

　この秘跡を指し示す新しい名称が、もはや「終油の秘跡」(sacramentum unctionis extremae) ではなく、「病者の塗油の秘跡」(sacramentum unctionis infirmorum) であることは、それが「病気や老齢のために死の危険に向かう者」に授けられる秘跡であるということを適切に強調しています（『典礼憲章』73 項）。これによって教会は、癒しおよび救いを受けることができるように、危険な容態にある病気の信徒を主に委ねます。病者の塗油は、この秘跡のために特別に用意された油（他の植物油よりもオリーブ油が好ましい）を用いて、典礼書に規定された文言によって授けられます。教区司教、またそれと同等の者は、聖木曜日の聖香油のミサの中で、この油を祝別することができます。またそれが必要な場合には、すべての司祭も、この秘跡の執行の際に限ってこの油を祝別することができます。

　額および両手への塗油は、典礼書に規定された文言、順序、方式によって正確に行われなければなりません。必要な場合には、秘跡の定句のすべてを唱えながら、額または身体の他の部分一ヵ所に塗油するだけで十分とされます。秘跡の執行者は、自らの手で塗油を行わなければなりませんが、必要であれば何らかの道具を使用することもできます。

　司牧者および病者の近親者は、適切な時に、病者がこの秘跡を受けることができるように配慮する義務を有しています。そして教区司教の規定に従って、相応しい準備と正しい心構えのできている複数の病者に対して同時に、集団的にこの秘跡を授けることも可能です。

　司祭だけが、病者の塗油の秘跡を有効に授けることができます[128]。それは司牧の

128　教理省、『病者の塗油の秘跡の執行者に関する覚え書き』(2005 年 2 月 11 日) に、次のように述べられている。「この教義は確定的なものとして保持すべき (definitive tenenda) である・・・・・・助祭も信徒もこの奉仕職を行うことはできないし、そのような行為は全て秘跡の偽装となる。」(EV 23/431) また指針, *Ecclesiae de mysterio* も次のように明示している。「司祭でない者は、いかなる場合においても、病者の塗油のために祝別された油であれ祝別されていない油であれ、病者の塗油を行ってはならない。・・・・・・病者の塗油の秘跡の執行者が司祭にのみ留保されているということは、この秘跡が罪のゆるしを伴う秘跡であること、ならびに適切な聖体の受領へと導く秘跡であるといった関係から確言されなければならない。」(第 9 項，in EV 16/729-730)

任務が委ねられている司祭、また重大な必要のある場合には、すべての司祭の義務でありまた権利でもあります。必要のある場合に秘跡を執行することを可能とするために、すべての司祭は祝別された油を携帯することが許されています。

　病者の塗油は、理性を働かせるに至った後、病気または老齢のために危険な容態が始まっている信者に対して授けることができます。病者が回復した後、再び重体に陥った場合、または同じ病気が長引いて更なる危険な状態に陥った場合、この秘跡を繰り返し授けることができます。病者が理性を働かせるに至ったか否か、重い病気を患っているか否か、またはすでに死亡したか否かについて疑いがある場合は、ともかくその者に病者の塗油の秘跡を授けなければなりません。

　病者が意識のあった時に、少なくとも暗黙裡にそれを請願していたのであれば、いかなる病者に対しても病者の塗油を授けることができます。しかし、公然にして重大な罪の状態に留まり続け、これを頑迷に改めないでいる者に対しては、病者の塗油を授けてはなりません。

【参考文献】

E. Frank, *I sacramenti dell'iniziazione, della penitenza e dell'unzione degli infermi. Commento ai canoni 834-1007 del Codice di diritto canonico*, Urbaniana University Press, Città del Vaticano 2012, 151-200.

Gruppo Italiano docenti di Diritto canonico (a cura di), *Il sacramento della penitenza*, Glossa, Milano 2010.

E. Miragoli (a cura di), *Il sacramento della penitenza. Il ministero del confessore: indicazioni canoniche e pastorali*, Àncora, Milano 1999.

—, "L'unzione degli infermi", in Gruppo Italiano docenti di Diritto canonico (a cura di), *Il diritto nel mistero della Chiesa*, 3: *La funzione di santificare della Chiesa. I beni temporali. Le sanzioni. I processi. Chiesa e comunità politica*, Lateran University Press, Città del Vaticano ^{3}2004, 139-145.

G. Ruyssen (a cura di), *La disciplina della penitenza nelle Chiese orientali*, Pontificio Istituto Orientale, Roma 2013.

D. Salachas, Teologia e disciplina dei sacramenti nei Codici latino e orientale, EDB, Bologna 1999, 219-298.

H. W. Woestamn, *Sacraments-Initiation, Penance, Anointing of the Sick. Commentary on Canons 840-1007*, Saint Paul University, Ottawa 1996.

第 14 章　聖職者と夫婦の任務のための秘跡

14.1.　叙階の秘跡
cann. 1008-1054 CIC; cann. 743-775 CCEO

『東方教会法典』（CCEO）が説明するように、叙階の秘跡は、神の制定によりキリスト信者の中のある者を、新たな特別な資格をもって神の民に仕えるために立てられた聖務者とするものです。現在の教会法第 1008 条から第 1009 条は、すでに法典公布時のそれからは変更されています[129]。すなわち、かしらであるキリストの位格において（キリストに代わって）行動すること（agere in persona Christi Capitis）は、司教および司祭にのみ留保されており、助祭はそうではありません。助祭は典礼祭儀、特にみことばと愛の奉仕（diaconia）を通して神の民に仕えます。助祭の持つ権限とは、すべての聖なる職階の基本となる奉仕のためのものです。新しい教会法第 1009 条第 3 項に、3 つの職階（司教職、司祭職および助祭職）の明確な区別を見ることができます[130]。一方で『東方教会法典』においては、「かしらであるキリストの位格において行動する」という言葉遣いは、以前から存在していませんでした。

『教会法典』の中には、もはや下級の職階（ordines minores）というものは存在しません。それは教皇パウロ 6 世が、これらを信徒による奉仕職に変更したためであり[131]、もはや司祭叙階候補者にのみ留保されているものは何もありません。ただし『東方教会法典』においては、各々の自治教会（Ecclesia sui iuris）が特別法で規定している場合に限って下級の職階が存在することになります。

　叙階の秘跡の質料（materia）は按手によって構成され、一方、その形相（forma）

---

[129]　教皇ベネディクト 16 世，自発教令形式による使徒的書簡『オムニウム・イン・メンテム Omnium in mentem』（2009 年 10 月 26 日），in *EV* 26/1217-1236 参照。これにより『教会法典』の幾つかの条文が変更された。

[130]　*Ibid.*

[131]　教皇パウロ 6 世，自発教令形式による使徒的書簡『ミニステリア・クエダム *Ministeria quaedam*』（1972 年 8 月 15 日），in *EV* 4/1749-1770。これによってラテン教会における最初の剃髪，下級職階（守門，読師，祓魔師，侍祭）及び副助祭職に関する規律が改められた。

は各職階のために典礼書が規定している聖別の祈りです。

　叙階の秘跡は、主日または守るべき祝日の荘厳なミサの中で授けられなければなりません。ただし司牧上の理由により、週日を含む他の日にもこれを行うことができます。一般に叙階式は、司教座聖堂において行われなければなりませんが、司牧上の理由により他の教会堂または礼拝堂でも行うことができます。叙階式にはできるだけ多くの人々が参列するよう聖職者および他のキリスト信者が招待されるように配慮しなければなりません。

　聖なる叙階の秘跡の執行者は、聖別された司教です。司教の聖別に関しては、これが教皇によって行われない場合、教皇の指令 (mandatum pontificium) が予め確認されない限り、いかなる司教もこれを行うことは許されません。教皇の指令がない場合、司教聖別そのものは有効であっても違法です。実際、司教は教皇の指令がなければ、如何なる者にも司教聖別を行うことができません。故意にこれに反する違反を行ったすべての当事者は、使徒座に留保された伴事的破門制裁 (excommunicatio latae sententiae) を受けることになります。

　使徒座の免除がない限り、司教聖別の主司式司教は、少なくとも 2 人の共同聖別司教を伴わなければなりません。もちろん、臨席する司教全員が被選司教を聖別することは、極めて適切なことです。

　各受階候補者の司祭職および助祭職への叙階は、候補者自身の司教によって行われるか、またはその司教の発行した適法な叙階委託書 (littera dimissoria) に基づいて行われるか、教区司教もしくは彼と同等の者、または上級上長によって発行された自らの従属者の叙階を許可する適法な文書をもって行われなければなりません。

　各司教は、正当な理由によって妨げられていない限り、自ら従属者を叙階しなければなりません。ただし東方典礼に属する者に関しては、ラテン典礼の司教は、使徒座の許可なしにこれを適法に叙階することができません。

　叙階委託書を与えることのできる者は、司教である場合、当然自ら叙階を行うことができます。

　在俗聖職者の身分への加入を望む者の助祭叙階に関しては、叙階される者がそこに住所を有しているか、またはそこで献身することを決心している教区の司教の管轄事項となります。在俗聖職者の司祭叙階に関しては、叙階される者が助祭叙階によって入籍した教区の司教がその権限を有します。

　司教は、自己の管轄領域外では、その地域の教区司教の許可が得られない場

合、叙階の秘跡を行うことができません。

　叙階の秘跡の有効性のためには、受階候補者が有効な洗礼を受けた男子であることが求められます。この件については、活発な議論が行われており、反対意見も出されていますが、教会は常にキリストの模範、使徒たちの実践と古くからの教会の伝統にまで遡るこの規則を変更することは不可能であると判断しています[132]。

「神の教会の創立にも関わる非常に重要な問題について、すべての疑念が解消されるために、兄弟たちに確信を与えるという私に与えられた職権に基づいて、私は次の事を宣言します。教会は、女性に対して司祭への叙階を行う権限を一切有しません。またこの判断は、教会の信者全員が絶対的に支持すべきことがらです。」[133]

　司祭職または助祭職が適法に授与されるためには、受階候補者は適法に試修期間を終えていなければならず、かつ必要な資質を有していなければなりません。つまり受階に関して、何らの不適格性および障害を有していないことが確認され、叙階に必要とされる前提条件をすべて満たしており、必要な書類が整えられて審査（scrutinium）を終えていなければなりません。

　受階者は、あるべき自由を有していなければなりません。これは通常、入念な準備によって証明されます。当該準備は、叙階およびそれに伴う義務に関する適切な知識を含むものでなくてはなりません。

　すべての必要なことが熟考された後、受階候補者の司教または権限ある上級上長の賢明な判断によって、その者が、健全な信仰を有し、正しい意向によって動機付けられており、要求される知識を有し、良い評判を享受し、健全な生活態度、公認されている徳、受ける職階に適合するその他の身体的・心理的資質[134]

132　教理省，役務的祭司職を女性に認めるかどうかという質問に関する宣言 *Inter insigniores*（1976年10月15日），in *EV* 5/2110-2147 を参照。

133　教皇ヨハネ・パウロ2世，男性にのみ留保された司祭叙階に関する使徒的書簡『オルディナツィオ・サチェルドターリス　*Ordinatio sacerdotalis*』(1994年5月22日）の4項，in *EV* 14/1348 を参照。さらに同使徒的書簡の中で示された教理に関する教理省の答書 *Utrum doctrina*（1995年10月28日），in *EV* 14/3271 も参照。

134　ここに欠けている受階者に必要とされる人間的資質に関しては、教育省の「司祭志願

を有していると判断された場合にのみ、叙階に推薦されなければなりません。

　司祭叙階は、満25歳に達しており、かつ十分に成熟した者でなければ授与されてはなりません。また助祭叙階と司祭叙階との間には、少なくとも6ヵ月の中間期が置かれる必要があります。司祭職に予定されている者に対しては、満23歳を過ぎている場合に限り、助祭叙階が許可されなければなりません。婚姻の絆によって結ばれている終身助祭の志願者の場合は、少なくとも満35歳以上であり、かつ妻の同意が得られていなければなりません。妻帯していない終身助祭の志願者の場合は、少なくとも満25歳以上に達した後でなければ許可は与えられません。司祭叙階および終身助祭叙階のために、より高い年齢を要求する規定を設けることは、各司教協議会の権限に属します。年齢に関して1年を超える免除については使徒座に留保されています。

　志願者は、助祭叙階前に堅信の秘跡を受けていなければならず、適切な典礼儀式によって叙階候補者（助祭・司祭候補者）の中に受け入れられていなければなりません。ただし、志願者がすでに誓願によって聖職者修道会の会員として受け入れられている場合はこの限りではありません。

　なんぴとも、終身助祭または過渡的助祭に叙階される前に、朗読奉仕者および祭壇奉仕者の奉仕職を受け、適当な期間これらを実践することが必要とされます。

　叙階志願者は、助祭の職階または司祭の職階に受け入れられるために、自己の司教または権限ある上級上長に叙階の許可を申請するとともに、自分が聖なる職階を自発的に、また自由に受けること、教会の奉仕職に永久に献身することを証する、自筆で作成し署名した宣言書を提出しなければなりません。

　助祭および司祭の志願者は、公に独身の義務を引き受けなければなりません。当然、これは婚姻の絆によって結ばれている終身助祭の志願者には適用されません。修道会において終生誓願を宣立した者であっても、助祭叙階式の中で公に独身の義務を引き受けるよう要求されます[135]。

　職階への受け入れ、すなわち叙階の許可のためには、永久的な不適格性も障害も存在しないことが求められます。

者の受け入れ及び教育に心理学的技能を使用するための指針」*Ogni vocazione*（2008年6月29日）, in *EV* 25/1239-1289 を参照。

135　典礼秘跡省,『司教儀式書』〔第二版／教令 *Ritus ordinationum*（1989年6月29日）の5項（*EV* 11/2287）を含む〕の「司教、司祭及び助祭の叙階式」を、当該教令部分と併せて参照。

次の者は、受階に対して永久的な妨げとなる不適格性（irregularitas）[136]を有します。
- 複数の専門家に意見を聴取したうえで、叙階に基づく奉仕職を適正に遂行する能力に欠けると判断された、ある種の精神錯乱または他の精神疾患を有する者
- 信仰の放棄（背教）、異端、または離教の犯罪を犯した者
- 婚姻の絆、聖なる叙階または貞潔の公的終生誓願によって婚姻締結を禁じられている者であるにもかかわらず、国家法上だけであっても婚姻を試みた者、または有効な婚姻に結ばれている女性あるいは誓願によって拘束されている女性と、同上の行為をなした者
- 故意の殺人罪を犯した者
- 堕胎を実行した者、およびこれに積極的に協力した者
- 自分自身または他人に、故意に（身体機能を奪う）重傷を負わせた者、あるいは自殺を試みた者
- 司教または司祭の叙階を受けていないにもかかわらず、または宣告されたかまたは科せられた教会法上の刑罰をもってそれが禁じられているにもかかわらず、司教または司祭に留保されている職階の行為をなした者

次の者は、単純受階障害（impedimentum simplex）[137]を有します。
- 終身助祭に適法に予定されている者を除く妻帯者
- 聖職者に禁止されており、かつ報告の義務を伴う職務または管理職に従事している者
- 新しく洗礼を受けた者（neophytus）（ただし裁治権者が十分な資格を有すると判断した場合はこの限りではない）

---

136 ［訳者注］不適格性は、刑罰としての性質のものではなく、本来、聖職の品位や聖職者の尊厳を守るために教会によって設けられた禁止事項である。つまり過去に何らかの犯罪・大罪を犯した客観的事実により、その者が聖職からは遠ざけられることをいう。そのため不適格性は永続性を持つ。詳しくはカルロス・エンシナ・コンメンツ『ゆるしの秘跡と内的法廷』（教友社、2015年）を参照。

137 ［訳者注］この叙階に関する障害（単純受階障害）は、叙階の秘跡を無効とする障害（impedimentum dirimens）ではなく、不適格な状態にある人を叙階することを禁止するための規定である。単純受階障害そのものには永続性はなく、障害の原因が取り除かれる場合には消滅する。

すべての信者は、受階障害について知っている場合、叙階前に裁治権者または主任司祭にそれを打ち明ける義務があります。
　次の者は、受けた職階を行使するための不適格性を有します。
- 叙階に対する不適格性に妨げられていたにもかかわらず不適法に叙階を受けた者
- 信仰の放棄（背教）、異端、または離教の犯罪を犯した者（ただしそれが公に知られている場合に限る）
- 国家法上だけであっても婚姻を試みた者
- 故意の殺人罪を犯した者
- 堕胎を実行した者、またはこれに積極的に協力した者
- 自分自身または他人に、故意に（身体機能を奪う）重傷を与えた者、もしくは自殺を試みた者
- 司教または司祭職階を受けていないにもかかわらず、または宣告されたかまたは科せられた教会法上の刑罰をもって禁じられているにもかかわらず、司教または司祭に留保されている職階の行為をなした者

　次の者は、受けた職階の行使が妨げられます。
- 受階障害に拘束されていながら不適法に叙階された者
- 精神錯乱または他の精神疾患を有する者（ただし裁治権者が、複数の専門家から意見を聴取した後、職階の行使を許可した場合はこの限りではない）

　不適格性の根拠とされる事実が、教会の裁判法廷に持ち込まれた場合は、すべての不適格の免除は使徒座にのみ留保されます。すなわち、公に知られている信仰の放棄（背教）、異端、または離教の犯罪、婚姻を試みたことによる不適格、故意の殺人を犯したか堕胎を実行したという公然ないし秘密の犯罪による不適格、また適法に終身助祭への叙階が認められた場合を除く婚姻による障害の免除については、使徒座にのみ留保されます。
　国家法上だけであっても婚姻を試みた事案は公知の場合にのみ、また故意の殺人を犯したか堕胎を実行した事案は、たとえそれが秘密であったとしても、それらに基づく職権の行使に対する不適格の免除は使徒座にのみ留保されます。
　秘密でありかつ緊急の必要に迫られていて、裁治権者または内赦院に訴願することができない場合で、かつ重大な損害または汚名の危険が差し迫っている場合

は、不適格障害のゆえに職階の行使を妨げられている者は、それを行使することが許されます。ただし、その際はできる限り速やかに裁治権者または内赦院に、不適格者である自己の名前を打ち明けることなしに、聴罪司祭を通じて免除を請願する義務を有します。

　不適格性および受階障害の免除のための請願書には、不適格性および障害のすべてが表示されていなければなりません。ただし一般的免除は、善意で表示しなかったものに対しては有効とされますが、故意の殺人または堕胎の実行による不適格性、および裁判法廷に持ち込まれた他の不適格性については、この限りではありません。故意の殺人または実行された堕胎から生じる不適格性に関する事案では、免除が有効となるためには犯罪の数も明記されていなければなりません。受階のための不適格性および障害の一般的免除は、すべての職階に対して有効です。

　聖なる職階に叙階されるためには、次の書類が要求とされます。
・ 正式に終了した勉学の証明書
・ 司祭職への叙階候補者に関しては助祭叙階証明書
・ 助祭職への叙階候補者に関しては洗礼、堅信の受領証明書および各奉仕職の受領証明書
・ 自発的かつ自由な受階の申請であることの宣言書
・ 終身助祭への叙階候補者が妻帯者であるときは、婚姻証明書および妻の同意書

　叙階される者に要求される適性の審査に際しては、次の書類が必要とされます。まず叙階のために要求される適性に関する神学校または養成の家の責任者の証明書、すなわち叙階候補者の正しい教理、真正な信心、品行方正な生活および奉仕職の遂行のための適性に関する証明書。さらに正確に行われた診察に基づく叙階候補者の肉体的・精神的健康状態に関する証明書も必要とされます。教区司教または上級上長は、時および場所の事情を考慮しながら、有用と思われる他の手段、例えば証明書や公示または他の情報資料を用いることができます。

　叙階式の終了後、叙階の事実に関して特別の帳簿に記録され、叙階の行われた場所の教区本部事務局に保管されなければなりません。叙階を行った司教は、受階者に叙階の秘跡を授けた旨の正式な証明書を与えなければなりません。地区裁治権者または上級上長は、洗礼台帳に記録するため、叙階された者の受洗地

の小教区主任司祭に対して、叙階について通知を行い、洗礼台帳にその旨を記載するよう措置しなければなりません。

14.2. 婚　姻
cann. 1055-1165 CIC; cann. 776-866 CCEO

　第二バチカン公会議によって新たにされた、婚姻についてのカトリックの教義的理解が『教会法典』において適応されました。この新たな婚姻に関する教義的理解は、婚姻を個人的・社会的な召命として固有の法則を創造主から与えられた、夫婦のいのちと愛の親密な共同体としています（『現代世界憲章』48 項参照）。この本性的な召命に基づいて、夫婦の愛は、それが全く人格的なものであり、夫婦という人格の間で交わされる結婚の誓約（foedus）によって確固なものとされるのです（同 48-49 項参照）。そのうえ夫婦の愛は、その人の人格全体の善を包含する、抽象的ではなく全く具体的なものでもあります。すなわちこの愛は、思いやりと愛情の表現としての行為、夫婦生活特有の親密な行為によって体験されるものであり、親密さと人間の尊厳に対する深い尊敬において完成されるものなのです。愛は、それらの行為による表現を夫婦間の友愛の要素または特別のしるしとして高貴なものにします（同 49 項参照）。これらの行為は、「全く独特な方法で・・・相互の与え合いを意味し、これを育み、これにより夫婦が喜びと感謝のうちに互いを豊かにする」（同 49 項）ことに貢献します。またこれは子供の出産および教育に向けられています（同 48 項参照）。この任務において、夫婦は、「人間のいのちを伝達し育てる任務を果たすことで、自分が創造主である神の愛の協力者、いわばその解釈者となる」ことだけにとどまらず、夫婦の愛について「その十全な意味を示し、これを守り、真に人間的な意味で完成させる」（同 50 項）よう導かれています。このことは、相互の主体が、単一性と男女の等しい人格の尊厳（同 49 項参照）、完全な相互の忠実、取り消すことのできない人格的な合意とそれによる契約の成立（同 48 項参照）によって特徴づけられることを完全な仕方で求めます。

　被造物である人間には、罪のしるしがあり、これが婚姻制度の善に影響を及ぼし、創造主の意志のとおりに婚姻を実現する可能性を弱めています。そのため、婚姻の秘跡を制定することによって婚姻を教会との結びつきに倣って形づくった、救い主キリストの働きが必要不可欠だったのです。具体的には、これはキリストが自然の

夫婦の愛を恩恵と愛の特別な賜物によって癒し高めたことを意味します（同49項参照）。そしてこれは一時的なものではなく永続性を持つものなのです。実際、夫婦が献身的に変わることのない忠実をもって互いに愛し合う者となるよう、キリストは彼らのもとにとどまります。他ならぬこの夫婦の愛が神の愛の中に取り上げられ、夫婦はキリスト者の夫婦として、また父母としての務めを果たすために、「この特別な秘跡によって強められ、いわば聖別される」（同48項）のです。

そのため、秘跡としての婚姻における夫婦の生活は、信仰、希望、愛で満たされており、それゆえ夫婦の身分は家庭教会として形づくられます（『教会憲章』11項参照）。このため夫婦は、相互の聖化だけでなく、キリストと教会の間にある愛を映し出す像となって、世における救い主の生きた現存と真の教会の本性をすべての人に示すことも求められるのです（『現代世界憲章』48項参照）。そのように、夫婦の愛の固有な聖別によって、キリスト者である夫婦は、自らの聖化と家族の聖化のためだけでなく、教会の建設のためにも信者の共通祭司職に積極的に参与することを通して、夫婦および父母としてのキリスト者の義務（『現代世界憲章』49項、『教会憲章』34項参照）ならびに預言的使命を絶えず果たす者となります。特に、キリスト者の夫婦は、教会との交わりに生きる人たちや、未だキリストを信じていない人たちに対しても、信仰と「主が死と復活をもって世に啓示した愛の秘義」（『現代世界憲章』52項）を宣言し、証しする固有の任務を担う者となります（『教会憲章』11、35、41項参照）。

公会議が達成した改革と刷新は、特に婚姻の諸目的の序列に関する複雑な問題[138]について変革をもたらして決定的な方向転換を引き起こすことに貢献しました。公会議の教父たちは、婚姻の諸目的についての1917年法典の序列、および伝統的な婚姻の善の序列の両方を、積極的に退けることを意図しました。その理由は、第一に、それらは法律的な性質の問題であって公会議の司牧的な文書においては必要とされないことだったからであり、第二に、それらはさまざまな方法で考察され解決することができるものだったからです。そのため公会議は、婚姻について制

138　［訳者注］結婚の意味と目的、その序列に関する教義的変遷については、古来よりアウグスティヌスの「結婚の3つの善」（子供の善、夫婦の善、秘跡の善）の概念を軸に様々な解釈がなされてきた。第二バチカン公会議までは結婚の第一の目的は生殖と子供の教育で、第二の目的は夫婦の相互扶助と情欲の治癒とされ、それぞれの関係が議論された。1944年4月1日の検邪聖省の『結婚の目的について』（DS 3838）は、その点について一定の結論を示しているものと言える。また歴史的変遷については、浜口吉隆『結婚の神学と倫理』の125-250頁を参照。

度としての諸目的の一覧表を文書として掲げることをもはや望まなかったのです。
『現代世界憲章』は、子供の出産と教育という婚姻の目的の主要な役割に関する古典的な見解を肯定する一方で、婚姻が、その本質的な特性と、見過ごされてはならない制度としての他の目的に秩序づけられていること、さらに出産の価値と夫婦の共同体が有する他の固有の価値との間には、実際に相互関連性があることを明確に指摘しています（『現代世界憲章』50 項参照）。

第二バチカン公会議は、現代社会との対話の司牧的展望についての宣言（『現代世界憲章』）の中で、（単に「夫婦愛」と呼ばれることが多い）夫婦のいのちと愛の親密な共同体（同 48 項参照）こそが、包括的に結婚／婚姻契約を特徴づけるものであることを明確に示しました。実際、その中にこそ、子供の出産および教育という目的のみならず、その他の制度的な目的である相互の助け合い、性的能力の行使と相互の向上といったものも、その意味と基礎を見出すのです（同 48-51 項参照）。言い換えれば、公会議の教父たちは、夫婦の愛というものは、実のところそれが終わり（目的）ではなく、むしろ欠かすことのできない婚姻の中心的な要素、つまりそれらすべての婚姻の目的とは区別されるものの、同時にそれぞれの婚姻の目的との関わりにとって必要不可欠なものと考えているのです。

結果として、婚姻を形成していく動的側面――*matrimonium in fieri*――と、夫婦の身分に関する側面――*matrimonium in facto esse*――の双方に関係する包括的な婚姻についての考え方[139]が導き出されます。これは公会議の教え全体の中でも、最も特徴的な所産にあたります。実際、公会議の考察の出発点である婚姻の召命としての本性のみならず、その秘跡的構造に関する刷新された理解そのものも、いのちの共同体における人格間の助け合いの必要性や社会的な求めに対する一貫した気配りと共に、そうした考え方のうちに基礎づけられているのです。

その本性上、男女が相互に全生涯にわたる生活共同体を形づくるために行う婚姻の誓約は、夫婦の善益と子供の出産および教育に向けられています。受洗者間の婚姻の誓約は、主キリストによって秘跡の尊厳にまで高められたのであり、したがって受洗者間においては、それ自体で秘跡とならない有効な婚姻契約というもの

---

139 ［訳者注］*matrimonium in fieri*（形成中の婚姻）は、婚姻において、子供の出産と教育、夫婦の相互扶助及び人格の完成のために本性上秩序づけられた愛に基づく生活共同体を築くために、男女が常に自らを与え合おうとする婚姻の能動的次元を示し、*matrimonium in facto esse*（形成された婚姻）は、婚姻契約によって固く結ばれた男女の間の絆、固有の義務および権利を伴う夫婦としての状態、身分を生じるといった婚姻の受動的次元を示す。

は存在しません。

　婚姻の本質的特性は、単一性および不解消性で、これらの特性はキリスト信者同士の婚姻においては、秘跡によって特別に強化されます。単一性は、一人の男性と一人の女性の結びつきから成るもので、それゆえこれ以外の形態の婚姻として一夫多妻制／一妻多夫制は退けられます。婚姻の不解消性は、婚姻の完成によって絶対的なものとなります。取り消すことのできない「永続的な絆」であり、夫婦にはこの絆を自らのものとするよう求められます。キリスト信者同士の婚姻においては、これらの特性は秘跡によって特別に強化されます。

　受洗者間の有効な婚姻は、秘跡としての婚姻＝認証婚（matrimonium ratum）と呼ばれます。さらに夫婦が人間に相応しい方法で（humano modo）、子供の出生に開かれた夫婦行為を行った場合には、完成された認証婚（matrimonium ratum et consummatum）と呼ばれます。

　婚姻を成立させるものは、教会法上の方式に従って法律上能力を有する者の間で適法に表示された意思行為であるところの合意（consensus）です。この意思行為により、男女は取り消すことのできない形で相互に自らを授受し合って婚姻を形成します。この観点において婚姻は、より明確な人格主義的様相を帯びています。婚姻を有効に締結するためには、当事者が自らまたは代理人を通じて同時にそろって出席し、言語または何らかのしるしによって合意を表示することが必要とされます。両当事者が代理人を通じて出席する場合は、特定の人と婚姻契約を締結するための特別な委任状がなければならず、かつその人は同じ委任者によって選任され、この任務を自ら遂行しなければなりません。委任状が有効であるためには、委任者の他、主任司祭または委任状が作成された地の地区裁治権者、またはそのいずれかが委任した1人の司祭、または少なくとも2人の証人によって署名されていなければなりません。

　委任状はいつでも取り消すことができます。そのため委任者は、委任の取り消し後は、委任を欠く状態となり婚姻が締結されても無効となります。同じ効果は、委任者が精神錯乱の影響下にある場合も生じます。ただし通訳が必要とされる場合、委任状は不要です。

　婚姻の合意は、知性と意思を伴う人間的行為であるため、まず理性の働きが十分でないこと、婚姻の本質的権利および義務に関する判断力に重大な欠陥を有すること、さらに心理的理由のため婚姻の本質的義務を担い得ないことからもたらされ得る無能力によって毀損されることがあります。また婚姻の合意は、次に挙げる

原因によって毀損されることがあります。一定の性的協力によって子供を出生するために秩序づけられた自然本性上の男女間の永続的結合という婚姻の本質についての不知、あるいは直接かつ主として望まれた人の性状に関する人間の同一性の錯誤、または婚姻の合意を得るためになされた夫婦の共同生活に著しい攪乱をもたらす他方当事者の性状に関する詐欺。婚姻の単一性、または不解消性、または秘跡的尊厳性に関する錯誤は、それが婚姻の意思を決定するものである場合においては、婚姻の合意を毀損し得ます。ただし、婚姻の無効を知ることまたは憶測することは、必ずしも婚姻の合意を排除しません。また合意は、偽装によって無効となることがあります。積極的な意思行為によって婚姻そのものを排除する場合、婚姻の合意は完全に偽装されたものとなり、積極的な意思行為によって婚姻の何らかの要素または何らかの本質的な特性を排除する場合、合意は部分的に偽装されたものとなります。いずれにしても偽装された婚姻の合意は無効です。婚姻は契約の一種であるため条件を付すことができます。『教会法典』は、過去または現在に関する条件を認めていますが、将来に関する条件は一切認めてはいません。一方、『東方教会法典』は、いかなる種類の条件も認めていません。いずれの『教会法典』も、婚約した男女の完全な自由を保証するため、それがたとえ故意でなかったとしても、望んでいない結婚を選択すること以外、自分が自由になる道をなくす暴力または外部からの強度の恐怖ゆえに締結された婚姻は無効であると定めています。

『東方教会法典』においては、婚姻の有効性のためには、聖なる儀式と共に与えられる司祭による祝福も必要とされています。この祝福を与えるためには、司式者が助祭ではなく司教または司祭である必要があります。このため『東方教会法典』においては、夫婦を秘跡の執行者とみなすラテン教会の神学とは異なり、花嫁と花婿は秘跡の執行者（役務者）とはみなされていません。

　結婚する権利（ius connubii）は、法によって禁止されていないすべての男女に属するものです。この権利は、次のように教皇ベネディクト16世が指摘するとおり、絶対的な意味で理解されるべきです。

「結婚する権利（ius connubii）は、教会によって教えられているとおり、本質的真理において、人が真に婚姻を挙行する意思を有し、現に挙行できることを前提とするものです。・・・・・・実際、結婚する権利とは、真正な婚姻を結ぶ権利を言います。それゆえ、結婚する権利が行使されるための何らかの

基本的要件が欠けていることが明白である場合、つまり結婚に必要な能力を明らかに欠き、あるいは、その意思として、結婚の自然的現実とは相容れない何かを選ぶような場合でも、(これが認められないからといって)結婚する権利そのものが侵害されることはないはずです。」[140]

　カトリック信者の婚姻は、その婚姻についての純粋な国家法上の効力に関する国家権力の管轄権を除いて、たとえ当事者の一方のみがカトリック信者である場合でも、神法のみならず教会法によっても規整されます。しかし宗教上の婚姻の純粋な国家法上の効力に関する国家権力の管轄権は損なわれません。

　教会法の立法者は、婚姻に「favor iuris—法の保護」を適用することによって特別な保護を与えています。したがって、疑義の存する場合でも、反対の立証がなされるまでは、婚姻は有効であると推定されます。

　婚姻の挙式に先だって行われる婚姻の約束すなわち婚約は、司教協議会が慣習および国家法を考慮して制定する特別法によって規定されます。教会法において、婚約は結婚の準備段階として特に重要な意味を持っており、このため立法者は、生涯にわたる養成を確実にするための婚姻司牧と家族司牧の包括的な計画作成のための幾つかの判断基準を提供しています。そのため真の婚姻と家庭の司牧とは、夫婦が新たな身分が持つ聖性と義務および実り豊かな秘跡の挙行について準備されるようにするための「近い将来への準備」と「直前の準備」に限定されるものではなく、マス・メディアという手段をも用いた子供、若者、成人への適切な信仰教育(カテケージス)から始まり、婚姻挙式後は、夫婦が互いに愛と忠実をもって家庭生活を日々より聖なるものとし、より熱意あるものとすることができるように導くために必要な支援を提供することへと移行していく総合的なものでなければなりません。

　婚姻の秘跡の挙式に向けてキリスト者である男女が適切に準備されることは、責任ある聖務者の司牧的義務であり、また信者の権利でもあります。そして、結婚の秘跡がこのように重要性を持つものであるがゆえに、教会は歴史を通じてそれぞれの求めに応じて結婚の準備に配慮してきたのです[141]。

140　教皇ベネディクト16世、『ローマ控訴院の新年の仕事始めにあたっての訓話　*Discorso in occasione dell'inaugurazione dell'anno giudiziario del tribunale della rota romana*』(2011年1月22日)、in *EV* 27/53。

141　家庭評議会、『*La preparazione al matrimonio*—結婚の準備』(1996年5月13日)、in *EV*

14.2. 婚　姻

　今日では、誰もが結婚の準備は緊急かつ必要不可欠なものであると理解しています。これまでの経験から、結婚の準備は3つの段階に分けられます。すなわち「遠い将来に向けた準備」と「近い将来に向けた準備」、それに「直前の準備」です。今日、教会で結婚しようとする若者たちの多くが、信仰生活との関わりから離れた生き方をしているか、さもなくば本来的な教会体験から遠く離れているという現実を考えると、結婚の準備は、福音宣教または再宣教の真正かつ固有な「歩み」を備えた効果的な司牧的戦略の下で着手される必要があります。結婚の準備は、その歩みの第一段階を形成するに過ぎないため、結婚後の期間もその歩みを継続するための本質的な性格を持つ婚姻・家庭司牧が必要とされています。

　しかし、現代の社会・文化・宗教の根本的な変革、そしてキリスト信者の結婚と家庭の概念に対する市民法上の保障の決定的な衰退は、結果的に信仰実践において、また司牧者の神学的養成において、そして首尾一貫した信者の信仰教育において、怠惰や進歩の遅れを露呈させることに繋がりました。こうした欠陥に対して、立法者は、法が求めることと実生活が求めることとの間で必要とされる協力を、最大限の明確さをもって常に現わすことができるよう、自身の管轄責任を果たして司牧的性格を持った規則をより厳密な法的性格を持った規則と統合する努めを持ちます。というのも、こうした結婚の準備段階に関する規則を順守することは、挙式の有効性と適法性のためだけでなく、結婚とその上に築かれる家庭を効果的に実現させるためにも最大限の保証となり得るからです。

　前もって堅信の秘跡を受けているということは、教会法上の婚姻挙式に必須とされる前提条件とはされていないものの、法典に「重大な不都合なしにそれを受けることができる場合には」という但し書きを伴う実行要件があることは、何かしら混乱を招く恐れがあるようにも思われます。堅信の秘跡を受けることは、結婚の絶対的な条件とはみなされてはいませんが[142]、キリスト教入信を完成させることなく、婚姻という決定的な信者の身分を自らのものとすることについて、果たしてどのような説明ができるのかという神学上の問題は明らかに残されたままです。しかしながら『東方教会法典』においては、この問題は存在しません。その理由は、堅信の秘跡に関するラテン教会の実践が、キリスト教入信の秘跡を完成する前には他の秘跡を受け

15/808-908 参照。邦訳は、『カトリック教会における婚姻』(2017年、教友社) の276-316頁に掲載されている。

142　Cf. *Communicationes* 15 (1983) 225.

るべきではないという東方教会の感性と秘跡神学、特に聖香油（myron）の塗布が洗礼と同時に行われる伝統とは、ほとんど調和しないからであり、また東方教会においては、聖香油の塗布（堅信）をやむを得ず例外的に延期しなければならない場合でも、できる限り速やかにこれを受ける義務が常にあることから、結婚の時点で未だ堅信の秘跡を受けていないといった状況がほとんどないからです。

婚姻の挙式に先立って、洗礼が執行されているか、また夫婦が司教協議会の定めた規則に従って自由な身分であることが確認されているか、婚姻の締結を自由に決断したか、また婚姻の障害がないかを確認する必要があります。特に最後の項目に対して、教会法上の予告（公示）が必要とされています。死の危険がある場合には、他の証拠が得られず、反対の証拠が存在しない限り、当事者が受洗したことおよび婚姻障害が存在しないことの陳述で十分とされています。また場合によっては、宣誓による陳述を求めることもできます。

必要やむを得ない場合を除いて、主任司祭は、地区裁治権者の許可なしに、以下の婚姻に立ち会ってはならないとされています。
・住所不定者（vagi）の婚姻
・国家法によって承認または挙式することができない婚姻
・婚姻前の関係により、第三者に対してまたは子供に対して自然的義務を有している者の婚姻
・カトリックの信仰を放棄したことが周知されている者の婚姻
・懲戒罰が科せられている者の婚姻
・その両親が婚姻締結に関して不知であるかまたは合理的な根拠に基づいて反対している未成年者の婚姻
・代理人によって結ばれる婚姻

有効な婚姻の挙式のためには、当事者に婚姻締結能力があり、無効障害がないことを確認する必要があります。障害が外的分野において証明され得る場合、障害は公然のものと言われます。その他のものは隠れた障害と言われます。教会の最高権威者のみが、いかなるときに神法が婚姻を禁止し、もしくは無効とするかを、公に宣言する権限を有しています。神法上の障害に関しては、教会の権威者は、それを宣言するだけに留まりますが、一方で教会法上の障害に関しては、教会の最高権威者がその制定者となります。また慣習によっては、新しい障害を導入することも既存の障害に反対することもできません。

地区裁治権者は、自己の管轄地区に所属する者については、滞在する場所の如何を問わず、またその地区内に現に生活する者についてはそのすべての者について、教会法上のすべての障害（年齢障害や異宗障害など）を免除することができます。ただし、聖なる職階に起因する障害、もしくは聖座法による奉献生活の会における貞潔の公的終生誓願から生じる障害、または配偶者の殺人に起因する障害についてはこの限りではありません。なぜなら、これらの障害の免除は、唯一使徒座に留保されているからです。死の危険がある場合に限って、地区裁治権者は、司祭職階に起因する障害を除いて、婚姻挙式に際して順守すべき方式と使徒座に留保された障害の両方を免除することができます。当事者が直系血族または2親等の傍系血族である場合、婚姻は決して許可されることなく免除は与えられません。ただし死の危険がある場合、主任司祭、あるいは正当な委任を受けた聖務者、委任を受けていないものの婚姻に臨席する司祭もしくは助祭、またはそれが内的分野での隠れた障害である場合は、秘跡的告白の間であれそれ以外の機会であれ、罪の告白を聴く権限のある司祭が、同様に免除を与える権限を有します。

　すでに結婚式のためのすべての準備が整えられた後に障害が発見され、しかも権限ある権威者から免除が与えられるまで結婚を延期することで重大な損害を生じさせる危険があると見込まれる場合、地区裁治権者は、使徒座に留保されていない教会法上の公然の障害であれ隠れた障害であれ、いずれをも免除する権限を有します。一方、他の聖務者は、障害が隠れたものである場合に限って同じ権限を有するものとされます。

　婚姻前からの永久的かつ確実な交接不能は、婚姻を無効にします。ただし、不妊それ自体は婚姻を禁止せず、また無効にもしません。婚姻を無効とする障害は、前婚の絆、婚姻締結を目的とした誘拐または監禁、姻族関係、公知の不規律な生活状況および養子縁組によってもたらされます。

　婚姻の有効性には、当事者の合意と能力以外に、教会の法的要素の1つとして、教会法上の方式が必要とされます。教会法上の方式は、適法性のためだけに必要とされるものだと考える人もいるでしょう。しかし教会は、トリエント公会議において、かの有名な教令『タメトシ　*Tametsi*』（1563年11月11日）により、司祭または証人の介入なしに挙式される、いわゆる秘密裡の結婚がもたらす悪弊を終わらせるために、教会法上の方式を導入しました。これにより、少なくとも当事者の一方がカトリック信者である場合、婚姻は、主任司祭または主任司祭が委任した司祭ま

たは地区裁治権者の面前で、2人の証人の立ち会いのもとで締結されなければならないと規定されました[143]。教令『ネ・テメレ　*Ne temere*』(1907年8月2日)[144]が公布されて、ようやく教会全体に教会法上の方式の義務が拡張され、これが1917年法典に盛り込まれることとなり、最終的に現行の法制度に採用されるに至りました。自己の管轄区域内において婚姻当事者に合意を要求し教会を代表して受領する婚姻の立会人とは、地区裁治権者ならびに属人小教区および属地小教区の主任司祭、適法に委任された司祭、助祭および信徒です。信徒の場合は、司祭または助祭が不在であり、司教が司教協議会および使徒座から賛同を得ているという条件の下でのみ委任を受けることができます。なお一般的委任の場合には、委任は書面によって行われなければなりません。ちなみに『東方教会法典』においては、助祭および信徒は立会人としては認められていません。

　教会法には、通常の方式に加えて、特別な方式と呼ばれるものも用意されています。これは、適格な立会人が物理的に、あるいは現実的に出席することができないか、この立会人に連絡をとることができない場合、立会人なしに2人の証人の臨席の下で婚姻契約を結ぶというものです。この特別な方式は、死の危険がある場合に実施することができますが、死の危険がなくとも立会人が得られない状態が1ヵ月間は継続すると賢明に予見される場合でも実施することができます。

　死の危険がある場合、混宗婚である場合、異宗障害がある場合など特定の事情においては、教会法上の方式の免除は、通常、地区裁治権者が与えるものとされています。

　婚姻の挙式後、できる限り速やかに、挙式地の主任司祭またはその代理者は、最終的に教会法上の方式が免除されたこととともに婚姻挙式の事実について、速やかに婚姻台帳に記録しなければなりません。さらに挙式教会と受洗教会とが同一の小教区でない場合は、夫婦の受洗教会の主任司祭に婚姻挙式について同様の報告をする必要があります。

　混宗婚の場合は、上述したとおり地区裁治権者が婚姻の方式を免除することができます。この免除は、カトリックではない教会または共同体において固有の婚姻の方式が採用される場合にのみ必要とされます。それ以外の場合、すなわち婚姻がカトリック教会で挙式されるときは、カトリック信者と非カトリックのキリスト信者との

143　*DS* 1813-1816.

144　*DS* 3469-3474.

「混宗婚の挙式許可」のみで足ります。この許可は、正当かつ合理的な理由がある場合に限って与えられます。そのため、カトリック信者たる当事者は、背教の危険を取り去る用意のあることを宣言し、かつすべての子供がカトリック教会において受洗し教育を受けるよう最善の努力をする旨の誠実な約束をすることが必要とされます。他方当事者は、カトリックの当事者によってなされる約束について適時に知らされることが必要とされ、かつ両当事者は、いずれの婚姻契約当事者も排除することのできない婚姻の目的および婚姻の本質的特性について、十分な教育を受けていなければなりません。非カトリックのキリスト信者が、東方教会・正教会の信者である場合の混宗婚においては、婚姻の有効性については、聖務者の立ち会いだけで十分とされるため、教会法上の方式の順守は適法性のためにのみ必要とされます。

異宗障害のある婚姻の場合、その障害の免除は、上述の混宗婚の場合と同じ条件で申請されます。また、婚姻が非受洗者の共同体で挙式される場合は、教会法上の方式の免除も必要となります。

道義上、特殊な事情に対応するため、最終的に教会は、婚姻を秘密裡に挙式することを認めています。この婚姻は、秘密性という特殊な要素を持つものであっても、通常の挙式の方式で行われます。ただしこの秘密は、地区裁治権者、立会人、証人および新郎新婦によって守られなければなりません。

こうした婚姻は、公に挙式することによって躓きが生じるであろう重大かつ差し迫った事由がある場合にのみ地区裁治権者によって認められます。ただし秘密を守る義務は、秘密を守ることによって重大な躓きの発生または婚姻の神聖性に対する重大な侵害発生の恐れがさし迫っている場合には消滅します。

秘密裏の婚姻挙式に関しては、教区本部事務局の機密記録保管庫に保存される特別な帳簿にのみ記録されます。秘密を守る理由が消滅した場合、この記録は小教区の婚姻台帳と洗礼台帳に記録されなければなりません。当然のことながら、これは教会法上のみの挙式であるため、コンコルダート（聖座と国家との協約）の管理下おいて国家法上の効果は生じません。ただし秘密の理由が消滅した際に、いわゆる事後登記が可能とされている場合はこの限りではありません。

有効な婚姻に基づいて、夫婦と子供に関する効果が生じます。夫婦については、本性上永続的かつ排他的な絆が生じ、さらに夫婦の双方が洗礼を受けていることにより婚姻が秘跡である場合、夫婦はその身分に伴う義務および尊厳のゆえに特別に強められ、いわば聖別され、それによって夫婦の任務を果たす資格が与

えられます(『現代世界憲章』48 項)。また夫婦は、夫婦生活の共同体に関する義務および権利に従って、夫婦の任務を自分たちが自ら果たし、また嫡出子および嫡出子とされた子供に対する身体的、社会的、文化的、また道徳的、宗教的教育という重大かつ第一義的な義務を果たすことになります。

受洗した 2 人の当事者間で有効に締結された認証婚(matrimonium ratum)は、これが適切な夫婦行為によって完成された場合、死別の場合を除いて人間のいかなる権力によっても、またいかなる理由によっても解消されません。これは、荘厳な形式で宣言された教義ではありませんが、決定的に支持されるべき教理とされています [145]。

受洗者間または受洗者と非受洗者間の未完成婚は、婚姻の両当事者の請願、または他方当事者の意に反する場合であっても、一方の当事者の請願により、正当な理由によってローマ教皇が解消することができます。未完成婚は、行政手続きによってその事実が証明されなければなりません [146]。

非受洗者間で締結された婚姻は、一方が洗礼を受け、他方の非受洗者が離別する場合、ないし非受洗者が創造主を侮辱せずに平和裡に同居する意思を持たないことが確認される場合、パウロの特権によって受洗者の信仰の擁護のために解消されます。この場合、既に締結された自然婚の絆は、受洗者が教会で新たな婚姻契約を締結したその時に法そのものにより解消されます。ただし、受洗者が改宗後に犯した不品行によって、非受洗者である相手方に離別の正当な理由を与えた場合はこの限りではありません。

非受洗者が、自らも受洗する意思があるか、または少なくとも創造主を侮辱せずに受洗者たる当事者と平和裡に同居する意思を持っているかどうかを確認するための質問は、(パウロの特権の有効要件として)必ず行われなければなりません。この質問は通常、洗礼の後に行われなければなりませんが、地区裁治権者は、重大な理由がある場合には洗礼の前に質問する許可を与えることができます。さらに地区裁治権者は、少なくとも法廷外の略式手続きの方法によって、質問が不可能または無益であることが確認される場合には、洗礼の前後を問わず質問を免除す

---

[145] 教皇ヨハネ・パウロ 2 世,『ローマ控訴院に対する演説』(2000 年 1 月 21 日) *Ogni anno*, n. 8, in *AAS* 92 (2000) 354-355.

[146] 典礼秘跡省, 回状『未完成の認証婚の手続き』(1986 年 12 月 20 日) *Congregatio pro sacramentis*, in *EV* 10/1012-1044 を参照。

ることができます。

　教皇が行使する(キリストの)代理権により、一夫多妻主義者の婚姻も解消することができます。そのためには、当事者はカトリック教会で洗礼を受けた後、一夫多妻主義を放棄し、通常は最初の正妻を真の妻として選択しなければなりません。ただし、この選択が非常に困難である場合は、自らが希望する者を1名選択して、他の者と離別することができます。ただしその際、離別した他の者たちに対して、正義、キリスト教的愛および自然の衡平をもって配慮しなければなりません。これは、一妻多夫主義者が同時に複数の夫を有する婦人の場合であっても適用されます。なお一夫多妻／一妻多夫主義者の洗礼は、必ずカトリック教会で行わなければなりません。

　受洗後の婚姻は、教会法上の方式に従って挙式されなければなりませんが、異宗婚、混宗婚の事案となる場合、特に慎重に挙式が行われなければなりません。

　捕虜または迫害の場合でも、新たな婚姻契約を締結することができます。非受洗者である夫婦の一方が、捕虜または迫害といった理由により、他方の配偶者との夫婦生活を回復することができなくなり、その後に洗礼を受け、他方当事者は洗礼を受けないままでいる場合［たとえその間に他方当事者も何処かで洗礼を受けていたとしても］、受洗した当事者が新たな婚姻契約の締結を望むとき、受洗した当事者の信仰の擁護のために前の婚姻が解消されます。しかし、非受洗者が洗礼を受け、さらに2人の間で婚姻が完成された場合は、当然これを解消することはできません。

　厳密な意味でパウロの特権を適用することができず、また法典が想定していた規則の拡大も適用することができない場合は、2001年の教理省の規定[147]を参照する必要があります。この規定に従って、信仰の擁護のために(in favorem fidei)自然婚を解消することができます。

　『教会法典』は、婚姻の絆の解消を伴う離別の他に、絆が存続したままの離別（別居）も認めています。具体的には、姦通に起因する永続的な離別と、一時的な離別とがあり、一時的な離別は、夫婦の一方が相手方もしくは子供の精神および身体の善益を著しく損なう場合、または共同生活を著しく耐え難いものにする場合に認められます。離別は地区裁治権者の決定により、または危険が切迫している時は

147　教理省、『信仰の擁護のために婚姻の絆を解消する手続き規則』(2001年4月30日), *Potestas Ecclesiae*, in *EV* 20/581-596。邦訳は『カトリック教会における婚姻』(2017年、教友

有責でない配偶者自身の判断によっても認められます。しかしいかなる場合においても、両親が子供の扶養と教育に適切な配慮を提供する義務は完全に残ります。

　無効な婚姻は、有効化を用いることで後からこれを有効なものとすることができます。これには単純有効化（convalidatio simplex）と根元的修正[148]（sanatio in radice）とがあります。単純有効化では、両当事者の合意の更新、または少なくとも一方当事者による合意の更新を必要とし、その教会法上の効果は有効化の時点から生じます。一方、根元的修正の場合は、婚姻が締結された時点に遡ってその効果が生じます。

　単純有効化の場合、障害のために無効である婚姻は、障害が消滅した後か、または免除が認められて、障害の存在を知る当事者が合意を更新した後でなければ、これを有効化することができません。

　障害が公の場合、合意の更新は、教会法上の方式に従って婚姻の両当事者によって行われなければなりません。ただし、混宗婚について方式が免除されている場合はこの限りではありません。

　隠れた障害の場合には、合意の更新は、婚姻の他方当事者がすでに表明した合意を維持している限り、障害の存在を知る当事者により、または障害が婚姻の両当事者に知られている場合には両当事者により、私的にかつ秘密裡に行われれば事足ります。

　真の合意の欠如のために無効である婚姻は、他方当事者によってすでに表明された合意が存続している限り、合意しなかった当事者の合意をもって有効化することが可能です。合意の欠如が証明され得ない場合は、合意しなかった当事者が

社）の 371-384 頁に掲載されている。［訳者注］現在、教会における信仰の擁護のための前婚の解消手続きは、全ての事案において、この教理省の規定が準用されるものと考えられている。そのため厳密に法律にそのことが規定されていないものの、パウロの特権においても恩典の付与の妥当性、法律が要求する条件を満たしているかどうかを確認するために絆の保護官の介入が必要と解釈されている。ただし法的な面からも実践状況からしても他の手続きのように *Animadversiones*（絆の保護官の意見書）の提出を必要とはしていない。詳しくは E. Frank, *The dissolution of marriage bond in the discipline of the Church and its application*, Urbaniana university press, Roma 2017, p. 65 ならびに P. O. Akpoghiran, *The Catholic Formulary: In Accordance with the Code of Canon Law*, Vol. 3, Transfigurationpress, Louisiana 2017, pp. 137-165 を参照。

148　［訳者注］これまで日本の教会では根本(的)有効化と訳されてきたが、字義的には根元的修正の方が正確と判断して本書ではこのように訳してある。

私的にかつ秘密裡に合意を表明すれば事足ります。合意の欠如が証明され得る場合には、教会法上の方式に従って合意が表明されることが必要です。

　方式の欠如のために無効である婚姻の有効化は、教会法上の方式に従った挙式によって行われます。ただし、混宗婚について方式が免除されている場合はこの限りではありません。

　無効な婚姻の根元的修正は、教会法上の障害または方式の欠如がある場合にのみ用いることができるもので、すでに行われた自然の合意が継続していることが前提とされます。

　この場合、婚姻の有効化は、恩典が与えられたときに生じるのですが、法律上の効果は、明文による別段の定めがない限り、無効であった婚姻が締結されたその時点に遡って生じるものとされます。根元的修正を行うためには、上述したとおり当事者の合意が必要とされます。教会法上の障害のため、または適法な方式の欠如のために無効である婚姻は、当事者双方の合意が維持されている限り、それらの免除を伴ってこれを根元的に修正（有効化）することができます。ただし、自然法上の婚姻無効障害もしくは実定神法上の婚姻無効障害の存する場合は、その障害が消滅した後でなければ婚姻を有効化することができませんが、その権限は使徒座に留保されています。また重大な理由がある場合、婚姻当事者の一方または双方がそれについて不知であっても根元的修正を与えることができます。

　根元的修正は使徒座によって与えられますが、個々の事例については、使徒座に留保された障害またはすでに消滅した自然法上もしくは実定神法上の婚姻障害の場合を除いて、教区司教によっても与えられます。

【参考文献】

A. P. Bonnet – C. Gullo (a cura di), *Diritto matrimoniale canonico*, 3 voll., LEV, Città del Vaticano 2002; 2003; 2005.

Gruppo Italiano docenti di Diritto canonico (a cura di), *Il sacramento dell'ordine*, Glossa, Milano 2011.

E. Frank, *The dissolution of marriage bond in the discipline of the Church and its application*, Urbaniana university press, Città del Vaticano 2017.

G. Incitti, *Il sacramento dell'ordine nel Codice di diritto canonico. Il ministero dalla for-

mazione all'esercizio, Urbaniana University Press, Città del Vaticano 2013.

J. Prader, *Il matrimonio in Oriente e Occidente*, Pontificium Institutum Orientalium, Roma 1992.

G. Ruyssen (a cura di), *La disciplina della penitenza nelle Chiese orientali*, Pontificio Istituto Orientale, Roma 2013.

—, *L'ordinazione sacra nella disciplina canonica delle Chiese orientali/Sacred Ordination in the Canonical Tradition of the Eastern Churches*, Edizioni Orientalia Christiana, Roma 2014.

L. Sabbarese, *Il matrimonio canonico nell'ordine della natura e della grazia. Commento al Codice di Diritto Canonico, Libro IV, Parte I, Titolo VII*, Urbaniana University Press, Città del Vaticano ⁴2016.

D. Salachas, *Il sacramento del matrimonio nel nuovo diritto canonico delle Chiese orientali,* ED-EDB, Roma-Bologna 1994.

H. W. Woestamn, *The Sacraments of Orders and the Clerical State*, Theological Publications in India, Bangalore 1999.

第 15 章　教会財産

15.1. 導　入
cann. 1254-1258 CIC; cann. 1007-1009 CCEO

　カトリック教会は、キリストから託された使命を実践し、その固有の目的——神への礼拝、聖職者およびその他の奉仕者の相応の生計の保障、聖なる使徒的活動および愛徳の活動、とりわけ貧しい人々に対する活動——を追求するために、生来の権利により現世的財産 (bona temporalia) を取得、所有、管理および譲渡することができます。

　普遍教会および使徒座、部分教会ならびにその他の法人は、公法人・私法人の如何を問わず、現世的財産を取得、所有、管理および譲渡することができます。

　財産の所有権は、ローマ教皇の最高権威のもと、その財産を適法に取得した法人に属するものとされます[149]。

　普遍教会、使徒座またはその他の教会公法人に属する財産は、すべて教会財産であり、『教会法典』の条文およびそれぞれ固有の規則によって規整されます。私法人の財産は、それぞれ固有の規則に従って規律され、法典の条文によっては規整されません。ただし、明白に別段の定めがある場合はこの限りではありません。

　教会財産に関する条文において、教会と称するのは、普遍教会または使徒座のみでなく、その他のいずれの教会公法人をも意味します。ただし、文脈または事物の性質から別の意味が明白である場合はこの限りではありません。

15.2. 財産の取得
cann. 1259-1272 CIC; cann. 1010-1021 CCEO

　教会は、その他の人びとに許されているのと同様に、自然法上または実定法上

---

[149]　教皇庁法文評議会, 『教会財産についての教会権威者の任務 La funzione dell'autorità ecclesiastica sui beni ecclesiastici』(2004 年 2 月 12 日) の 3 項で指摘されているように、「教会の権限の下に置かれている教会財産は、多くの公法人に分配されており、それらの公法人は、それぞれの財産の所有者である。・・・・・・そのため教会法の規則は、様々な教会団体相互の明確な区別及び自治を定めている。」(*EV* 22/1504-1505)

のあらゆる正当な方法によって財産を取得することができます。さらに教会は、その固有の目的のために必要なものをキリスト信者から徴収する生来の権利を有しています。キリスト信者は、教会のために自由に現世的財産を寄進する権利を有しています。教区司教は、信者に対して当該義務について注意を喚起し、かつその履行を適当な方法で促さなければなりません。

　信者は、援助の要請に応じて、また司教協議会の定めた規定に従って、教会を支援しなければなりません。ただし教区司教は、特別な負担金を課すことができます。教区司教は、経済問題評議会および司祭評議会の意見を聴取して、教区の必要のために自己の統治に服する公法人に対して、その収入に応じた適度な額の負担金を課す権利を有しています。その他の自然人および法人に対しては、重大な必要のある場合に、かつ一律の条件のもとに、臨時的かつ適度な額の負担金に限りこれを課すことができます[150]。

　教区司教の統治権外に置かれた聖座法による修道会に属する学校は、この義務から除外されなければなりません。なぜなら、これらの学校は、司教の管轄範疇には含まれていないため、負担金を支払う必要がないからです[151]。また修道会および使徒的生活の会の教会堂および礼拝堂（oratorium）は、それ自体法人ではないので、通常この義務から除外されます。公法人に付属していることからそれ自体では法人の資格を有さない修道院付き教会堂も同様です。

　修道会に委託されている小教区は、司教の権限に服しており、それゆえ通常の献金の義務が適用されます。なぜなら、これらの小教区は、教区と修道会という2つの別々の主体を有しているものの、教区司教への従属関係は常に保たれているからです。同様に、特別に文書によって権利が認められている場合を除いて、全面的に修道会と結ばれている小教区[152]も、教区司教が通常の献金の義務を課す

---

[150] 法文評議会による『教会法典』の普遍法及び特別法の規定の履行調整についての訴えに関する決定 Resultando que（2000年2月8日）を参照。教区と負担金の適用対象者との実情を考慮したうえで、一般的決定といった法的手段によって、自己の裁量によって負担金を課すことを定めるか否かを決定するのは司教の権利であると明言されている（EV 19/33）。

[151] 法文解釈評議会の答書 Utrum sub verbis（1989年1月24日）, in AAS 81（1989）991 を参照。

[152] 例えば聖職者修道会が全権をもって設立、運営する小教区（paroecia unita pleno iure, cf. cann. 452, 1425 §2 CIC'17）。

対象とみなされなければなりません[153]。

　聖なる奉仕職に関係するあらゆる活動は、本来、無償で行われることが望ましいとされますが、多くの地域において、司祭が信者の寄進の他に収入が得られない場合、立法者は、法が別段の規定を定めていない限り、行政的奉仕（恩典を与える行政権の行使など）ならびに秘跡および準秘跡を受ける際に、信者がそれぞれの教会管区司教会議の定めた負担金ならびに奉納金を支払う義務を課すよう定めます。

　行政的奉仕のための負担金、および使徒座の答書の執行のための負担金は、管区司教会議で決定され、使徒座の承認を得る必要があります。

　いかなる信心のため、または教会の施設あるいは目的のためであっても、自然人であれ法人であれ私人であっても、自己の裁治権者および地区裁治権者から書面による許可が与えられない限り、寄付金を集めることは禁じられています。ただし、托鉢修道者の権利を妨げてはならず、司教協議会はこのことに関して規則を定めることができます。地区裁治権者は、事実上、恒常的にキリスト信者に開かれているすべての教会堂および礼拝堂において、それが修道会に属するものであっても、小教区的、教区的、全国的または世界的な特定の事業のために特別の寄進を集めることを命じることができます。

　反証が挙げられない限り、どのような教会法人であれ、それが私法人であっても、その上長または管理者に対する寄進は、その法人自体に対するものと推定されます。この寄進は、正当な理由がない場合、また寄進に関して課されている特定の義務または条件といった重要な事項について裁治権者の許可がない限り、これを拒絶することはできません。また特定の義務または条件を付した寄進を受け入れる場合は、同裁治権者の許可を必要とします。法人の資産状態を悪化させる恐れのある変更または条件を伴う場合、常に所定の手続きを順守しなければなりません。

　信者が一定の目的のために行う寄進は、これをその目的のためにだけ用いるよう指定することができます。

　教会は、現世的財産について、国家法による取得時効または消滅時効を受け入れます。私人の所有に属する神聖物は、他の私人が時効によって取得することができます。ただし、その物が奉献または祝別の効果を喪失していないときは、そ

153　法文解釈評議会の答書 *Utrum sub verbis*（1989年5月20日），in *EV* 11/2271 及び法文評議会の決定 *Resultando que*, in *EV* 19/36 を参照。

れを世俗的用途に供することは許されません。教会公法人に属する神聖物は、他の教会公法人だけが時効によってこれを取得することができます。

　時効期間は、使徒座に属する不動産、貴重な動産、人的および物的権利、ならびに訴権については100年です。他の教会公法人に属する物については、30年の期間をもって時効となります。

　司教は、一致と愛徳の絆のゆえに、使徒座が時代の状況に応じて必要とする手段を調達するために、自己の教区の資力に応じて援助しなければなりません。それは、使徒座が普遍教会に対する奉仕を適切に遂行できるようにするためです。

　1917年法典は、教会聖職禄（beneficia ecclesiastica）に多くのスペースを割いていました。しかしこの制度はすでに廃止されているため、固有の意味で聖職禄と称せられるものが今なお存在する地域においては、司教協議会は、使徒座の意向と一致して、またその承認を得た適切な規則に基づいて聖職禄の運用を管理し、それによって聖職禄による収益、さらには聖職禄そのものが、聖職者の社会保障制度に漸進的に繰り入れられるように配慮する責務を有しています。

15.3. 財産の管理
cann. 1273-1289 CIC; cann. 1022-1033 CCEO

　ローマ教皇は、すべての教会財産の最高の管理者ですが[154]、各教区においては、司教が財産の管理者です。聖職禄の廃止後、第二バチカン公会議の間

154　法文解釈評議会の教会財産に関する教会権威者の任務についての覚え書き *La Chiesa*（2000年2月12日）の次の記述を参照。「教会法第1273条が、具体的にローマ教皇を教会財産の最高管理者と位置付ける時、それは教皇の全教会に対する裁治権（iurisdictio）について言及している。つまりそれは、財産の所有権に基づく個々の経済上の管理の役割に関する裁治権についてではなく、教会の固有の目的のためにある法人の公的財産全体に対する裁治権について言及しているのである。」（n.4, in *EV* 22/1507）「要するに、教会財産に関する首位権者の役割は、教会統治の公的領域に含まれるものであるため、ローマ教皇は、異なる法人に属する財産の直接の管理者が行った個々の経済管理行為の結果については、その責任を負うものではない。なぜならローマ教皇は、個人として権利を有する財産管理者ではなく、教会における公的立場によって管理の首位権者（primatus regiminis）とされているからである。」（n.13, *EV* 22/1519）

に明確にされた指摘(『司祭の生活と役務に関する教令』21 項)を実践する形で、経済問題評議会および教区会計責任者(oeconomus dioecesis)の支援と共に、社会保障制度および教区の種々の必要に対応するための聖職者の生計維持制度が設けられました。聖職者の生計維持のための教区の制度は、聖職者のための別段の規定がない限り、教区に奉仕する聖職者を支える財産および寄進を集めることを目的としています。「**相応しい健康保険や医療扶助と呼ばれるものに、あるいは病気、障害、老齢に苦しむ司祭の生活維持に、十分な支援**」(『司祭の生活と役務に関する教令』21 項)を提供するための社会保障制度の制定は、司教協議会の責任とされています。さらに各教区において、教会に奉仕する他の人びとに対する義務を果たし、教区の種々の必要を満たすため、またより貧しい教区を援助できるために公共基金が設立されていなければなりません。

聖職者の社会保障制度および教区の必要を満たすための公共基金制度は、個々の事情に応じて、教区的、諸教区的および全国的な性格を有するものとすることができます。

これらの制度はすべて、可能な限り国家法によっても認められるように設立されていなければなりません。

種々の教区から拠出された財産の総体(基金)は、関係する司教が適宜に協定した規則に従って管理されなければなりません。

すべての裁治権者、すなわち地区裁治権者ならびに聖座法の聖職者修道会および使徒的生活の会の上級上長は、入念に全財産の管理を監督する責務を有しています。裁治権者は、自己の配慮に委ねられた自身の公的権限に服する法人の教会財産の管理を監督しなければなりません。さらに裁治権者は、普遍法および特別法の範囲内で、特別の訓令を出すことにより、財産の管理業務全体を規整しなければなりません。

教区司教は、教区の経済状態を考慮したうえで、通常と異なるより重大な財産の管理に係る行為について、経済問題評議会および顧問会の意見を聴取しなければなりません。通常と異なる管理行為の執行に関しては、経済問題評議会および顧問会の同意を得なければなりません。何が通常と異なる管理行為であるかについては、司教協議会がこれを規定する責任を有しています[155]。

---

155 [訳者注] 日本の教会においては、使徒座が 1991 年 10 月 4 日付で認可した『日本にお

15.3. 財産の管理

　教区司教は、教区の会計責任者（oeconomus）に対して、会計責任者の任務（経済問題評議会が定めた要綱に従って司教の権威の下で教区財産を管理すること、教区の資産から司教が決定した費用を支出するよう取り計らうこと、年度の終わりに財産の管理報告書を経済問題評議会に提出すること）の他に、自己の権限に服する公法人に属するすべての財産の管理・監督の任務、ならびに法律、設立文書上またはその固有の規則上財産管理者を有さない公法人の財産の管理の任務を、3年間の任期で委任することができます。裁治権者は、その者を再任することができます。

　教会財産の管理権は、特別法、固別の規則または適法な慣習に別段の定めがない限り、財産の帰属者を直接統治する者に属します。ただし、財産管理者に怠りがある場合は、裁治権者の介入権を妨げるものではありません。

　いかなる法人も、経済問題評議会または財産管理者の任務遂行を助ける少なくとも2人の相談役を置かなければなりません。

　通常の管理の範囲および方法を超えてなされた財産管理者の行為は無効です。ただし、地区裁治権者から予め書面による許可を得ている場合はこの限りではありません。固別の規則には、通常の管理の範囲および方法を超える行為について規定していなければなりません。規則に定めがない場合、教区司教は、自己に従属する者のために経済問題評議会の意見を聴取して、このような行為について決定する権限を有しています。

　法人の責任は、財産の管理行為の有効性および適法性に依存します。法人は、財産管理者が行った無効な行為については、自らが利益を受けたのでなければ責任は問われません。また仮に利益があった場合でも、受けた利益の限度内においてしか責任は問われません。財産管理者による行為が違法ではあるが有効であるものについては、法人は責任を取らなければなりません。ただし、財産管理者が法人に対して損害を生じさせた場合は、これに対する法人の訴権つまり不服申し立ては妨げられません。

　教会財産の管理者は、教会の名において法律に従って自己の任務を遂行することが求められます。財産管理者は、自己の任務を開始する前に、次のことを果たす義務を有しています。すなわち、善良かつ誠実に管理業務を遂行する旨の誓

ける教会法施行細則』26項で、通常と異なる管理行為は、日本円で5000万円を上回る価値のものに関連する行為と定められている。

約を裁治権者またはその代理人の面前で行うこと。不動産、貴重な価値または文化的な価値を持つ動産、およびその他の物の状態についての記録、ならびに評価を添えた正確で明瞭な財産目録を作成し、これに署名すること。この財産目録の謄本1通は管理者の記録保管庫に、他の1通は本部事務局の記録保管庫に保存すること。

すべての財産管理者は、善良な家長の注意深さをもって自らの任務を遂行しなければなりません。それゆえすべての財産管理者は以下の義務を有します。

- 自己の配慮に委ねられた財産について監督すること、および必要な場合、この目的のために保険契約を締結すること
- 教会財産の所有権が国家法上有効な方法で保全されるよう配慮すること
- 教会法ならびに国家法の規定、または創立者、寄贈者あるいは適法な権威によって定められた規則を順守すること
- 財産からの収入と収益を、確実にかつ正当な時期に徴収し、それを安全に保管すること、および創立者の意思または適法な規則に従ってこれを用いること
- 借入金または抵当のために支払うべき利息を所定の時期に支払うこと
- 支払い残額のうち有益に使用可能な金銭を、裁治権者の同意を得て教会または法人の目的のために投資すること
- よく整理された出納簿を備えること、各年度末に管理報告書を作成すること
- 教会または会の財産権の根拠となる記録および証書を適切に整理し、適当な記録保管庫の中に保管すること、さらにそれらの真正な謄本を本部事務局の記録保管庫の中に預けておくこと

財産管理者は、毎年収支についての予算を作成するよう切に勧められます。ただし、これを命じたり、またはその提示方法をより詳細に規定したりすることは、特別法に委ねられます。

財産管理者は、通常の管理の範囲においてのみ基本財産に属さない動産から、信心上の目的またはキリスト教的愛徳の目的のために寄付を行うことが許されます。

財産管理者は、他者に仕事を任せる際には、国家法を厳密に順守し、労働者本人およびその扶養者の必要に十分応じることができるよう、正当かつ相応な報酬を支払わなければなりません。

地区裁治権者は、自己の権限の下にある公法人に属するすべての教会財産を

監督する権利を有しています。教会財産のうち教区司教の統治権から適法に除外されていないすべてのものについて、その管理者は聖職者であれ信徒であれ、毎年、地区裁治権者に財産管理報告書を提出する義務を有しています。地区裁治権者は、その報告書の審査を経済問題評議会に任せなければなりません。またこれに反するいかなる慣習も排除されます。財産管理者は、信者が教会に寄進した財産につき、特別法に定められた規則に従って当該信者にこれを報告しなければなりません。

財産管理者は、自己の裁治権者から書面による許可を得ていない限り、公法人の名において、国家の裁判所に訴訟を起こすことも訴訟に応じることも禁じられています。

また財産管理者は、引き受けた任務を恣意的に放棄することはできません。

15.4. 契約および譲渡
cann. 1290-1298 CIC; cann. 1034-1042 CCEO

国家法が、その国の領域において契約およびその履行について一般的にまた特別に規定するところはすべて、教会法上も教会の統治権の対象となっていることがらに関して同一の効力をもって順守しなければなりません。ただし、それが神法に反する場合、または教会法が別に規定している場合、さらに訴訟において証人による証拠が認められる場合はこの限りではありません。

譲渡に関しては、法典が厳密な意味において（売却または寄付による物の所有権または権利の放棄）、また広い意味において（人の資産状態に悪影響を及ぼすかこれを減じるあらゆる行為、行動または交渉）言及しているように、教会公法人に属する物で、これを同法人が適法な指定によって基本財産と定めている場合、譲渡される物の価格が法律に定められた最高額を超える場合は、法の定めに従って有効に譲渡されるためには、権限ある権威者の書面による許可を必要とします。

物の価格が、使徒座の承認を得た司教協議会が定めた最低額と最高額の間にあるときは、教区司教に服する公法人については、当該許可については、経済問題評議会、顧問会および利害関係者の同意を得たうえで、司教自身がその権限を有することになります。教区司教に服していない法人については、管轄権を持つ権威者は、その法人固有の規則によって定められます。修道会、在俗会および

使徒的生活の会の場合は、会憲に定められた上長がその顧問会の同意を得てその権限を有することになります。

　価格が最高額を超える物、誓願に際して贈与された物、芸術的もしくは歴史的理由による貴重な物については、それを有効に譲渡するためには、さらに使徒座の許可も必要とされます。

　分割可能な物の譲渡に関しては、譲渡のために許可または同意を求める場合、すでに譲渡された部分を明白に示さなければなりません。これに反する場合、許可は無効となります。

　財産の譲渡に関して意見または同意を与える責務を有する者は、財産を譲渡しようとする法人の経済状態、ならびにすでになされた譲渡について、前もって正確な報告を受けていない限り、これに意見または同意を与えてはいけません。

　所定の最低額を超える財産を譲渡するためにはさらに、正当な理由および鑑定人によって作成された書面による、譲渡される物の評価も必要とされます。その他、適法な権威者によって定められた注意規定も、教会に損害を与えないために順守されなければなりません。

　通常、評価において査定された価格より低い価格で物を譲渡してはいけません。譲渡によって得られた金銭は、教会の利益のために慎重に投資されるか、または譲渡の目的に従って賢明に支弁されなければなりません。

　教会財産が教会法所定の手続きを踏むことなく譲渡され、かつその譲渡が国家法上有効である場合、管轄権を持つ権威者は、すべてを注意深く考慮したうえで、次のことがらについて決定を下さなければなりません。

・譲渡された資産の回復を求めるための物的訴訟または単に対価を請求する人的訴訟を提起すべきかどうか
・契約書の有効性について争う十分な理由がある場合、教会裁判所または国家の裁判所に訴える必要があるかどうか
・この違法な譲渡を非難するために直接その者を罰する必要があるかどうか

　司教協議会は、教会財産の貸与について、特に管轄権を持つ教会の権威者から得なければならない許可について規則を定める責務を有しています。

　教会財産は、それが極めて価値の小さいものでない限り、その財産の管理者または管理者の4親等内の血族もしくは姻族に対しては、権限ある権威者からの書面による特別の許可なしに売却、または貸与されてはなりません。

15.5. 信心上の贈与の意向一般および信心上の基金
cann. 1299-1310 CIC; cann. 1043-1054 CCEO

　現世的財産について取り扱った後に、信心上の贈与の意向および信心上の基金についての条文が置かれています。信心上の贈与とは、生前行為（inter vivos）または死因行為（mortis causa）による宗教上の目的、または慈善の目的のための、動産および不動産の処分を指します。自己の財産を自由に処分する能力を有する者は、信心上の理由のために財産をあてることができます。教会の利益のための死因行為による財産の処分については、可能な限り国家法上の正式な手続きが順守されなければなりません。それが順守されなかった場合、相続人に対して、遺言者の意向を遂行する義務について警告が与えられなければなりません。

　自己の財産を、信心上の理由のために贈与または遺贈する信者の意向は、それが適法に受け入れられたときは、財産の管理および支弁の方法についても極めて誠実に遂行されなければなりません。ただし、あらゆる信心上の贈与の意向の遂行者である裁治権者の権限は妨げられるものではなく、裁治権者は、自らまたは他者を介して、また適切な管理方法によっても、信心上の贈与の意向が委ねられた機関または個人において信心上の意向が適正に遂行されるよう監督する権利および義務を有します。

　裁治権者は、信心上の理由のために与えられた、あらゆる信心上の贈与の意向の遂行者です。すなわち裁治権者は、個人の死因行為または生前行為によって受領した物を、特別な信仰上または教会の目的のために使用するという任務の遂行者です。生前行為または遺言によって信心上の目的のために財産を信託された者は、その信託について裁治権者に報告し、かつ動産にせよ不動産にせよ信託された財産のすべてを、これに付随する債務とともに申告しなければなりません。ただし、贈与者が明白にかつ全面的にその報告および申告を禁じている場合には、信託そのものを受けてはいけません。裁治権者は、信託された財産の保全を要求し、かつ信心上の贈与の意向の遂行も監督しなければなりません。

　修道会の会員または使徒的生活の会の会員に財産が信託された場合、その財産がその地区または教区の住民のため、あるいはその住民の支援または信心上の目的の支援のためにあてられている場合、その裁治権者は地区裁治権者になります。これと異なる場合には、聖座法による聖職者の修道会および使徒的生活の会についてはその上級上長、他の修道会についてはその会員自身の裁治権者となり

ます。

　信心上の基金には、まず次のものが含まれます。信心上の自治的な基金（piae fundationes autonomae）、すなわち使徒職または慈善活動を目的とした経済上の財産、動産または不動産の総体です。信心上の自治的な基金の他に信心上の非自治的な基金があり、信心上の自治的な基金は所轄の権威者によって法人（財団法人 cf. cann. 114-115）として設立されたものであり、信心上の非自治的な基金は既存の法人に何らかの仕方で与えられた現世的財産であって、それぞれ毎年の収入またはその一部をミサの挙行もしくはその他の定められた教会の祭儀のため、あるいは礼拝、使徒職または慈善活動の目的の実現のために提供する義務を伴うものです。

　非自治的な基金は自治的な基金と異なり、恒久的なものではありません。そのため、期間の満了とともに、（設立者の）異なる意向が明示されていない限り、残された財産は、これが教区司教に服する公法人に委ねられている場合は、聖職者の生計維持のための教区の制度に移されなければならず、教区司教に服さない法人に委ねられている場合は法人自身のものとされます。

　基金が法人によって有効に受け入れられるためには、書面による裁治権者の許可を必要とします。裁治権者は、法人が新たに負担すべき義務とすでに負担している義務について、そのすべての履行が可能であることを適法に確認するまでは、その許可を与えてはなりません。裁治権者は、地区または地方の慣習に従って、収入が負担している義務に完全に相応するよう特別な配慮をしなければなりません。

　基金は、口頭で設立された場合でも、文書に記録されなければなりません。その文書の謄本1通は、教区や会の本部事務局の記録保管庫に、他の1通は、基金の属する法人の記録保管庫に安全に保管されなければなりません。信者の信心上の意向の遂行、裁治権者の監督権、信託された財産に関する裁治権者の義務および権限、必要とされる年次報告書に関する規定の他に、信心上の基金の義務も特別の表示板に記され明瞭な場所に掲示されることによって、果たされるべき義務が忘れられないよう配慮しなければなりません。

　挙行しなければならないミサに関して記録するための帳簿（cf. can. 958）の他に、もう1つの帳簿が備えられ、小教区主任司祭または教会主管者司祭のもとに保管されなければなりません。この帳簿には、個々の義務およびその履行、ならびに奉納金について記載しなければなりません。通常、ミサの挙行義務の削減は、使徒座の権限に留保されており、正当かつやむを得ない理由がある場合にのみ認めら

れます。ただし、基金の設立規約にこのことが明白に定められている場合に限り、裁治権者は収入の減少によりミサの挙行義務を削減することができます。設立規約においてそれが予見されていない場合であっても、収入の減少により、またその事由が存続する間、教区司教は、ミサの挙行義務またはミサのための自治的な遺産を、教区における現行の適法なミサ奉納金額を基準として削減する権限を有しています。ただしこの削減は、ミサ奉納金の増加をはかるべき義務を有する者が誰もおらず、その増加をはかることができない場合にのみ限られます。教区司教は、教会組織が担っているミサ挙行義務、またはミサのための非自治的な遺産について、収入がその組織の固有の目的遂行に不足を来たすに至った場合に限り、ミサの挙行義務またはミサのための遺産を削減する権限を有しています。聖座法による修道会の総長は、その権限に服している自治的および非自治的なミサのための遺産に関して、教区司教と同じ権能を有しています。

　適切な理由がある場合、基金設立の際に定められたミサの挙行日、教会堂または祭壇を変更することができますが、その際、義務を削減することができる管轄権を持つ権威者による許可も必要となります。

　贈与者が裁治権者に明白に委ねている場合、また課せられた義務の履行が収入の減少や他の理由により管理者の落ち度によらずに不可能となった場合、裁治権者は、正当かつやむを得ない理由によってのみ、信心上の理由のための信者の意向の削減、緩和、変更を行うことができます。上述の後者の場合、裁治権者は、これらの義務を適当に削減することができますが、この義務が基金設立に際して議論されていない場合、裁治権者は利害関係者ならびに自己の経済問題評議会の意見を聴取したうえで、贈与者の意向を可能な限り良い方法で順守しながら、これを行わなければなりません。さらにミサの挙行に関しては、その固有の規則に従うため、同じようにこれを削減することはできません。その他の事案については、使徒座に請願しなければなりません。

【参考文献】

V. De Paolis, *I beni temporali della Chiesa*, nuova edizione aggiornata e integrata a cura di A. Perlasca, EDB, Bologna 2011.

I beni temporali della Chiesa, LEV, Città del Vaticano 1999.

E. K. Mckenna – A. L. Di Nardo – W. J. Pokusa (edd.), *Church Finance Handbook*, Canon Law Society of America, Washington, DC 1999.

A. J. Renken, *Church Property: A Commentary on Canon Law Governing Temporal Goods in Canada and United States of America*, Alba House, New York, NY 2009.

J.-P. Schouppe, *Elementi di diritto patrimoniale canonico*, Giuffrè Editore, Milano 1997.

第16章　制裁および刑事訴訟手続き

16.1. 教会における制裁
cann. 1311-1399 CIC; cann. 1401-1467 CCEO

　教会は、信者が「法律または命令に対して故意または過失による重大な有責性のある外的違反」すなわち犯罪を犯したとき、その者を刑罰的制裁（sanctiones poenales）に服させる生来の固有の権利を有しています。

　教会における刑罰的制裁とは、厳密な意味での刑罰、および予防的処分（remedium poenale）または償い（paenitentia）です。厳密な意味での教会の刑罰とは、キリスト信者の何らかの霊的または物的善益を剥奪するもので、適法な権威者によって、教会の超自然的な目的と一貫するものとして科されます。

　刑罰的制裁は、違反者の改善を目的とした「薬としての刑罰」（medicinal penalties/pene medicinali）と呼ばれる懲戒罰（censura）と、違法行為を罰することを目的とした贖罪的刑罰（poena expiatoria）との2つに大きく分けられます。

　教会法は、直接違法行為を予防する目的を持った予防的処分、または刑罰の代替もしくは刑罰の加重を目的とする償いといった他の贖罪的刑罰を定めることができます。

　法律が変更された場合、刑罰が科される者にとってより有利な法律が適用されます。後の法律が前の法律の刑罰を廃止した場合、その刑罰は消滅します。

　概して、刑罰は法律の規定に従って管轄権を有する権威者の裁判判決によって科せられる（ferendae sententiae）か、行政決定（decretum administrativum）によって科せられます。この場合刑罰は、特定あるいは不特定のもの、強制的あるいは任意的なものであり得ます。一方、伴事的刑罰（poena latae senentiae）は、常に確定的で、違法行為が行われたときに犯行事実そのものによって科せられます。この場合、すでに刑罰が確定しているため、管轄権を有する権威者のいかなる判決または決定も、一定の法的効力を得るための宣言的な価値のみを有します。なお伴事的刑罰は『東方教会法典』にはその記載がないことに留意する必要があります。

　立法者は、自己の管轄権の範囲内で公布した法律の違反に対して、適正な刑罰を科すことができます。また、既存の法律、神法もしくは上級権威者が制定した

教会の法律の違反に対して、常に地域的・人的管轄権の範囲を超えないように、刑罰を科すこともできます。刑罰は、それを科すことに関しても、その方式に関しても、法律そのものによって確定されるか、あるいは裁判官の裁量に委ねられます。

特別法は、違法行為があった場合に、普遍法により制定された既存の法律に、他の刑罰を加えることができます。普遍法が不特定の刑罰または任意の刑罰を規定している場合、特別法はそれに代わって特定の刑罰または強制的な刑罰を制定することもできます。この場合、特別法の管轄下にある裁判官は、これに従うよう義務づけられます。

刑罰が特別法によって制定される場合、同一の国または地域の範囲内で制定された刑法は、可能な限り統一された性質を持っていなければなりません。そもそも刑罰は、教会の規律を促進するために真に必要とされる限りにおいて制定され科され得る例外的な性質を有するものです。特別法は、聖職者の身分からの追放といった終身の刑罰を制定することはできません。また伴事的刑罰、および破門制裁は、最大限の節度をもって、重大な違法行為に対してのみ制定されなければなりません。

教会の刑罰は、命令によっても規定することができますが、これは個別的命令（praeceptum singulare）でなければなりません。そのため刑罰的命令は、外的分野において行政権を有する者により、その者の管轄権の範囲内でのみこれを課すことができます。個別的命令によって科され得る刑罰は、特定の刑罰のみです。ただし法律によってのみ科され得る不特定の刑罰と贖罪的終身刑を除きます。刑罰的命令は、実際の有用性について、また伴事的刑罰や懲戒罰、とりわけ破門制裁による威嚇について、特別法によって定められた規定が順守され、さらにその事情が十分に検討された後でない限り、これを課すことはできません。

地区裁治権者は、修道者に対しても自己に従属するすべてのことがらに関して、すなわち教会の公的礼拝、使徒職、地区裁治権者が修道者に与えた教会職に関して刑罰を科すことができます。

個人によって犯された法律または命令に対する外的違反は、故意または過失による重大な有責性のあるものでない限り、誰も処罰されることはありません。

犯罪とは、故意に行われた違法行為のことで、法律や刑罰的命令を犯す意志決定をもってこれが行われたということを意味します（この意味で内的な罪とは区別されます）。この場合、行為者は法に定められた制裁の対象とされます。

適切な注意を怠った場合などの過失による違反の場合、法律や命令によって別

段の定めがない限り、違反者は処罰されません。

　外的違反が行われた場合、そうでないことが明白である場合を除いて、有責性があったものと推定されます。それゆえ、間違いなく故意でも過失でもない場合は、法的責任は一切問われません。例えば、習慣的に理性の働きを欠く者は、正常と思われる期間に法律または命令に違反しても、違法行為すなわち犯罪を遂行する能力がない者とみなされ、いかなる刑罰の対象とされません。

　法律または刑罰的命令に対する違反は、状況により重大な犯罪あるいは軽微な犯罪となり得ます。また法律に規定されている特定の状況において、一切その責任が問われないこともあります。そのため法典には免責事由、軽減事由、加重事由が認められる、法的効果を決定する具体的な状況が定められています。次の者の場合、いかなる刑罰の対象とされません。
・満16歳未満の者
・自分が法律または命令に違反していることを知らない者
・強制されて違法行為をなした者、また予測不可能または予測可能であっても防ぐことのできない偶発事によって違法行為をなした者
・強度の恐怖に強いられて、または必要もしくは重大な不都合のために違法行為をなした者
・正当防衛のために節度を保って行為した者
・過失によらず理性の働きを欠いていた者[156]

　次の者の場合、刑罰は免れないものの必ず軽減されなければなりません。
・理性の働きが完全ではなかった者
・過失のため酩酊または他の類似した精神的混乱により理性の働きを欠いていた者
・情念の強度の衝動による犯罪の既遂者(ただし情念により理性的な判断能力が

156　刑罰の免責事由の中で、刑罰が免除される状況（犯罪としては成立している）と、犯罪そのものが成立していないとして免責される状況とを区別して考える必要がある。そのうち刑罰が免除される事由としては、教会法第1323条第1項、第4項に記載されている状況がある。すなわち「満16歳に達していない者・・・・・行為それ自体が悪であるか、または魂に対する害悪となるのでない限り、単に相対的なものであっても、強度の恐怖に強いられてまたは必要或いは重大な不都合のために行為した者」。ちなみに教会法上、7歳未満の者は、法律行為の無能力者として扱われるためその者の行為は犯罪として成立しない。

完全に奪われていない場合に限る）
- 16歳から17歳の未成年者
- 強度の恐怖に強いられて、必要もしくは重大な不都合によって、それ自体が本質的に悪であるかまたは信者（霊魂）の害悪である犯罪を犯した者（ただし犯罪の性質がこの条件にあてはまらない場合は刑罰の対象とはならない）
- 正当防衛のためであっても必要な節度を守らずに行為した者
- 激しく不正に挑発する者に対抗した者
- 自身の過失となる錯誤によって、免責事由が存在すると考えて行為した者
- 法律または命令に刑罰が付加されていることを自己の過失なく知らなかった者
- 完全な有責性を欠いて行為した者

　このような場合、裁判官は、犯罪の重さを軽減させることができます。またこうした事情においては、違反者には完全な有責性が欠けていることから伴事的刑罰が科されることはありません。
　愚鈍、怠慢、または故意による法律や刑罰的命令の不知は、上記の免責事由および軽減事由の適用に当たって考慮されることはありません。また、酩酊状態あるいはその他の精神錯乱も、犯意を遂行するためまたは弁明するために故意に求められていた場合は、それが考慮されることはありません。さらに故意に引き起こされた、または助長された情念も考慮されません。
　裁判官は、以下の者を法律または命令が定める以上に重く処罰することができます。
- 有罪判決または刑罰の宣告を受けた後もなお犯罪を続行する者で、状況から悪意を保持していると賢明に推測され得る者
- 犯罪を遂行するために権威または職権の地位を濫用した者
- 刑罰が過失による犯罪に対して制定されている場合、適切な予防的措置を怠った者

　このような状況において伴事的刑罰が定められている場合、他の刑罰または償いが追加されることが可能です。
　特別法は、一般的な性格を持つ規則ないし個別的な規則によって、または個々の犯罪のために刑罰を免除、軽減または加重する情状を規定することができます。
　自己の意思に反して犯罪を遂行しなかった者は、法律または命令の別段の定め

がない限り、既遂罪に対して規定された刑罰によって拘束されることはありません。

ただし未遂に終わった犯罪に対して、その作為または不作為が、その性質上犯罪の遂行へ導くものである場合、その行為者は、すでに着手された犯罪の実行を自発的に止めない限り、償いまたは予防的処分の対象となり得ます。ただし、躓き、またはその他の重大な損害もしくは危険が生じた場合、行為者は、既遂罪に対して制定された刑罰よりも軽い正当な刑罰をもって処罰されることがあります。

共犯の意思をもって犯罪が共同された場合に関して、教会の立法者は、刑罰が主犯者に対して定められているその状況を直接的に考えていることから、双方合意のうえで犯行を行った共犯者については、法律または命令においてその名前を挙げていません。判決による刑罰が主犯者に対して定められている場合、法律または命令において明白に名前が挙げられていない共犯者は、その犯罪行為において明確に加担していたかどうか、実際の責任の重さに応じて、同じ刑罰、または同じ重さもしくはより軽い他の刑罰が科されます。

法律または命令において名前が挙げられていない共犯者は、犯罪がその者の助力なしには行われ得なかった場合で、その刑罰がその者に適用され得るような性質のものであるときは、犯罪に付加された伴事的刑罰が科されます。共犯者の加担が決定的なものではなく、刑罰が共犯者に科されない場合、上長もしくは裁判官の自由裁量に基づく決定あるいは判決に定められた刑罰によって処罰されることがあります。

意思、学説、もしくは知識の宣言、またはその他の表明に基づく犯罪は、誰もその宣言または表明を受け止めていない場合は、未遂罪とみなされなければなりません。

違反者の改善を主たる目的とする懲戒罪（censura）には、破門制裁、禁止制裁、および停職制裁があります。

破門制裁（excommunicatio）は「（教会の）交わりから外れる」ことを意味する懲戒罪の中でも最も重い制裁です。被破門者は、以下のことがらが禁止されます。
・ミサまたは他のすべての礼拝行為に奉仕者として参与すること
・秘跡および準秘跡を挙行すること、ならびに秘跡を領受すること
・教会のいかなる職務、奉仕職または任務を行使すること
・統治行為を行うこと

加えて、判決によって破門制裁が科されるか、行政決定によって伴事的破門制

裁が宣告された場合、制裁を科された者がミサまたは他の礼拝行為に奉仕者として参与する意図を持っている場合、重大な理由がある場合を除いて、その者が典礼から除外されるか、または典礼行為そのものが中断されなければなりません。さらに、すでに違法とされている被破門者が行う統治行為は（違法であるばかりでなく宣告により）無効となります。その者が以前に付与された特権を享受することは禁止され、教会において尊位、職権、および他の任務を取得することは、もはやできなくなります。また教会において実際に被破門者が有している尊位、職権、および他の任務または年金の収益は自己のものとすることができません。

次の伴事的破門制裁は、使徒座に留保されています。聖体に対する冒涜、ローマ教皇に対する暴力または殺人、第六戒に反する罪の共犯者の秘跡の赦免、教皇の指令なしの司教叙階、秘跡的告白の秘密を守る義務の直接的侵犯、ならびに女性を聖職に叙階する試み[157]。

信仰に反する犯罪は、教皇ヨハネ・パウロ2世の自発教令『諸秘跡の聖性の保護 Sacramentorum sanctitatis tutela』の第2条に基づいて教理省に留保されています。ただし教理省の直接的な管轄権の行使は、通常、第二審から開始されます。

刑罰は、通常とは異なり、それが特定の権威者の管轄下に置かれているとき、その赦免の権限もその者に留保され、同時に下位の権威者の権限を妨げます。先ほどの信仰に反する犯罪については通常のものと異なります（『パストール・ボヌス』52条参照）[158]。

禁止制裁（interdictus）は、破門制裁とやや類似してはいるものの、教会との交わりは失われないという意味合いから、破門制裁とは実質的に異なるものとされています。『東方教会法典』では、禁止制裁は「小破門 excommunicatio minor」と

---

157 2007年12月19日の教理省の一般決定 Congregatio pro doctrina fidei, in EV 24/1656 を参照。女性に対して聖職叙階を試みる者と叙階を受けようとする女性には、両者とも伴事的破門制裁が科される。カトリック東方教会においては、この刑罰は大破門（excommunicatio maior）とされ、その赦免は使徒座に留保されている。

158 2001年4月30日に教皇ヨハネ・パウロ2世の自発教令形式による使徒的書簡『諸秘跡の聖性の保護 Sacramentorum sanctitatis tutela』と共に公布された『教理省に留保されたより重大な犯罪に関する規則』は、その後修正され2010年5月21日に公布された。この邦訳は、『聖職者の違法行為と身分の喪失』（2017年、教友社）の233-261頁に、同省による適用のためのガイドラインと共に掲載されている。

呼ばれ、破門制裁は「大破門 excommunicatio maior」と呼ばれています。禁止制裁を科せられた者には、以下のことが禁止されます。
・ミサまたは他のすべての礼拝行為に奉仕者として参与すること
・秘跡または準秘跡を挙行すること、および秘跡を受領すること

　禁止制裁を行政決定によって宣告されたか裁判判決によって科された者が、ミサまたは他の礼拝行為に奉仕者として参与する意図を示す場合、重大な理由がある場合を除いて、その者が典礼から除外されるか、または典礼行為そのものが中断されなければなりません。
　聖職者だけに科すことのできる停職制裁（suspensio）は、次のことがらを禁止します。
・叙階権（叙階によって与えられた権能）に基づくすべてのまたは一部の行為
・統治権に基づくすべてのまたは一部の行為
・職務に付随するすべてのまたは一部の権利もしくは任務の行使

　法律または命令は、停職制裁を受けた者が有罪の判決または宣告を受けた後、統治行為を有効に果たすことができない旨を規定することができます。
　ただし次のことがらは決して禁止されません。
・刑罰を定めた上長の権限下にない職務または統治権
・違反者が職務に基づいて有している場合の居住権
・刑罰が伴事的刑罰の場合、停職制裁を受けた者の職務に付随している財産の管理権

　停職制裁は、収益、俸給、年金またはその他これに類するものを取得することを禁止するもので、善意によるものであっても不適法に取得されたものをすべて返還する義務を伴います。
　停職制裁の範囲は、法律そのもの、もしくは命令によって、または刑罰を科す判決もしくは決定によって規定されます。
　法律は、いかなる限定または制限をも付け加えることなしに、伴事的停職制裁を定めることができますが、命令ではこれができません。一般的な停職制裁は、判決による刑罰としてだけこれを定めることができます。
　特殊な事情においては、いかなる刑罰による禁止も一時的に中断されます。死

の危険にある信者の世話をするために必要なときはいつでも、制裁による禁止は一時的に中断されます。これは、秘跡もしくは準秘跡の挙行、および統治行為を禁止する判決による懲戒罰・伴事的懲戒罰のいずれの場合にも宣告・未宣告問わず当てはまります。さらに、伴事的懲戒罰が未宣告である場合、信者が秘跡もしくは準秘跡または統治行為を願うとき、正当な理由がある場合はいつでも禁止は一時的に中断されます[159]。

教会法における贖罪的刑罰には以下のものがあります。
- 聖職者および修道者に対する一定の場所または地域における居住禁止または居住命令
- 権限、職務、任務、権利、特権、権能、恩恵、称号または勲章の剥奪（単に名誉のために与えられたものも同様の扱いとなる）
- 一定の場所または一定の場所以外における前項所定の事項の行使の禁止
- 他の職務への刑罰的転属
- 聖職者の身分からの追放

「薬としての刑罰」である懲戒罰と同様に、贖罪的刑罰も判決による刑罰（ferenadae sententiae）または伴事的刑罰（latae sententiae）であり得ます。ただし伴事的刑罰の対象になり得るのは、権限、職務、任務、権利、特権、権能、恩恵、称号、または勲章、そして単に名誉となるものの行使の禁止だけに限られます。

一定の場所または地域の居住に対する禁止は、聖職者および修道者に科すことができます。居住の命令に対しては、教区司祭および会憲の範囲内で修道者にも科すことができ、その聖職者または修道者への居住命令のためには、居住すべき地の地区裁治権者の同意が必要とされます。ただし、教区の聖職者のため、また教区以外の聖職者のためにもあてられた「償いと矯正のための家」についてはこの限りではありません。

---

[159] 1997年5月19日に公布された教皇庁法文評議会の教会法第1335条の真正な解釈に関する『宣言』は次のように述べている。「死の間際にある信者に対してゆるしの秘跡を行う場合を除いて、婚姻を試みた聖職者が聖なる職階の行使を行うこと、特に感謝の祭儀を行うことは、それがいかなる仕方であっても適法ではない。また、死の間際にある者に対する場合を除いて、いかなる理由であっても、このような聖職者に信者がその聖務の執行を適法に求めることはできない。」この文書の邦訳は、『聖職者の違法行為と身分の喪失』（2017年、教友社）の259-261頁に掲載されている。

権限、職務、任務、権利、特権、権能、恩恵、称号、または勲章、そして単に名誉となるものに関する剥奪と禁止は、それが刑罰を定める上長の権限下にあるものでなければなりません。また叙階権（叙階に基づく権能）を剥奪することはできません。ただし、その権能の行使を全面的に、または部分的に禁止することは可能です。同様に刑罰によって学位を剥奪することはできません。

贖罪的刑罰が秘跡もしくは準秘跡の挙行または統治行為の禁止を規定する場合、刑罰は、先に述べた司牧的理由のため一時的に中断されます。

刑罰は、犯罪行為により引き起こされた躓きを償い、侵害された秩序と正義を回復し、違反者を矯正させるためにあります。このため裁治権者は、刑罰を科すか宣告するため司法手続きもしくは行政手続きを開始することができます。ただしそれは、兄弟的訓戒、戒告、または他の司牧的配慮をもってしても十分にこの目的を果たすことができない場合に限ります。

裁治権者は、刑罰を科しまたは宣告するために、司法手続きまたは行政手続きのいずれを進めるべきかを決定によって定めることができます。裁判外の決定によって刑罰を科すか宣告するための行政手続きを請願するには、裁治権者の司法手続きの可能性についての評価とその判断に基づいた正当な理由の存在が必要とされます。永久的刑罰（終身刑）が適用される事案に関しては、これを行政手続きによって行うことができません。永久的刑罰は、裁判判決によってのみ科せられるか宣告されます。同様に永久的刑罰を法律または命令によって定めることも禁止されています。

司法手続きが開始された場合、最終的に裁判官が終局判決を言い渡します。一方、行政手続きの場合は、裁治権者によって決定が出されることで終結します。裁判官によって法廷で科せられるべき刑罰、または宣告されるべき刑罰に関して、法律または命令で言われていることは、裁判外の決定によって刑罰を科すか、または宣告する上長にも準用されなければなりません。ただし、別のことが明確に定められている場合、または単に手続き上の措置について取り扱われる場合はこの限りではありません。

法律または命令が、裁判官および上長に、特定または不特定の刑罰を適用するか否かの権限を与えている場合、裁判官および上長はこれを自由に行うことができます。また裁判官および上長は、自己の良心に従って、かつ賢明に、刑罰を軽減するか、または刑罰の代わりに償いを科すこともできます。もちろんこの任意の刑罰は、判決による制裁にのみ関係するものです。

裁判官は、以下のことを自己の良心に従って賢明に行うことができます。
- 被告人の早まった処罰によって、より大きな悪事が発生すると予見される場合、刑罰を科すことをより適切な時期に変更すること
- 被告人が行いを改めて、躓きを償った場合、またはその者が国家の権威者によってすでに十分に処罰されたか、または処罰されるだろうと予見される場合、刑罰の免除または減刑を行う、もしくは償いを科すこと
- 犯人が賞賛に価するような生活を送った後、最初の犯罪を犯し、かつ躓きを償う必要に迫られていない場合、贖罪を目的とする刑罰に服する義務を一時的に停止すること

しかし、被告人が裁判官によって定められた期間内に再び犯罪を犯した場合には、それぞれの犯罪のために、当然、刑罰を受けなければなりません。ただしこの暫定的な措置において、最初の違法行為に対する刑事訴訟の時効が経過した場合はこの限りではありません。

被告人が、理性の不完全な働きのみを有しているか、または犯罪が恐怖、緊急の必要、情念の衝動、酩酊もしくは類似の精神錯乱状態の下で行われた場合で、かつ裁判官が、被告人の矯正のために他の方法をもって、よりよく処置することができると判断する場合は、常にいかなる刑罰をも免除することができます。

被告人が多数の犯罪を重ね、かつ判決による刑罰の累積が行き過ぎと思われる場合は、常に公正な限度内で刑罰を調整することが、裁判官の賢明な裁量に委ねられています。

破門制裁、禁止制裁、停職制裁は、被告人が命令不服従を止めるよう、少なくとも一度、前もって警告を与えて、改心するために適当な期間が与えられた後でなければ、これを有効に科すことはできません。犯罪を真心から後悔し、かつ損害と躓きに相応な償いを果たしたか、または少なくともそれを真面目に約束した被告人は、命令不服従を止めたものと判断されなければなりません。

被告人が不起訴とされるか、またはいかなる刑罰も科せられない場合、裁治権者は、適切な警告を与えるか、他の司牧的配慮を用いることができます。さらに予防的処分も用いることができます。

刑罰が不特定で、法が別段の定めをしていない場合、裁判官は事件の重大性が是非とも要求しない限り、より重い刑罰、とりわけ懲戒罰を科してはなりません。また終身刑を科すこともできません。

聖職者に刑罰を科すときは、聖職者の身分からの追放以外は、適正な生計のために必要なものを欠くことのないよう、常に配慮しなければなりません。しかし裁治権者は、聖職者の身分からの追放によって真に困窮するすべての者のために、可能な限り良い方法でこの者に配慮しなければなりません。

刑罰は、場所の如何を問わず違反者を拘束しますが、もしそれが秘跡や準秘跡を受けることを禁じているものである場合、その者が死の危機にある場合に限って、刑罰は停止されます。未だ宣告されておらず、また違反者が滞在する場所において公然となっていない伴事的刑罰に服する義務は、違反者が、それに服することによって重大な躓きまたは汚名を被る危険のある場合に限り、全面的または部分的に一時中断されます。

刑罰を科す裁判判決か、これを宣告する行政決定に対する上訴または不服申し立ては、刑罰の執行を中断させる効果を有しています。

刑罰の消滅は、違反者の死によって起こり得ます。また刑罰の執行、刑法の廃止などによる時間的経過のために、もしくは時効のために、さらに権威者による赦免によっても刑罰が消滅する場合があります。

刑罰を赦免できる人物は、その法律の制定者または刑罰的命令の発令者、そしてその者の直属の上級権威者です。刑罰を定めた法律の免除または刑罰的命令を解除することができる者は誰でも、その刑罰を赦免することもできます。刑罰を赦免する者はまた、この権限を委任することができます。裁治権者たちは、使徒座に留保されていないものであれば、普遍法で定められた刑罰を赦免してもよいとされています。刑罰の赦免が留保されている場合、その留保の条件は厳密に解釈され守られなければなりません。

刑罰が使徒座に留保されていない限り、裁判で科せられたかあるいは宣告されたかを問わず、法律によって規定された刑罰は、司法手続きまたは行政手続きを進めた裁治権者、または特別な事情のため不可能でない限り、この裁治権者の意見を聞いたうえで、犯罪者が滞在する場所の裁治権者によっても赦免されることが可能です。裁治権者は、法律によって規定された刑罰で、未だ宣告されていない伴事的刑罰を、自己の従属者および管轄区域内に滞在する者、またはそこで犯罪を犯した者に対して赦免することができます。さらに司教は誰でも、秘跡的告白において同様に赦免を与えることができます。

判決によって科された、使徒座以外の者から発せられた命令に定められた刑罰または伴事的刑罰を赦免することができるのは、犯罪者が滞在する場所の裁治権

者、もしくは刑罰が科されたか宣告された場合、司法手続きないし行政手続きを進めた裁治権者です。これらの裁治権者は、刑罰の赦免に先立って、特別な事情のために不可能でない限り命令の発令者に諮らなければなりません。

　ゆるしの秘跡の祭式者（paenentiarius canonicus）が持つ、未宣告であり、かつ使徒座に留保されていない伴事的懲戒罰の秘跡的告白[160]における赦免の権限、ならびに司祭に与えられている権限、さらに死の危険にある者に対する罪の告白を聴きその者をすべての懲戒罰から有効かつ適法に赦免する権限を別にして、聴罪司祭は、未宣告の破門制裁または禁止制裁の伴事的懲戒罰を、権限を有する上長が措置するために要する期間、回心者が大罪の状態にとどまることが苦痛であると訴えた場合、秘跡的内的分野[161]において赦免することができます。聴罪司祭は赦免を与えるにあたり、そのままでは再び刑罰に服することになるという条件の下、1ヵ月以内に権限を有する機関、上長、司教または司祭に請願する義務およびそれらの決定に従う義務を、相応な償いと、躓きおよび損害に対する償いと共に回心者に課さなければなりません。ただしこの赦免の請願は、聴罪司祭を通しても、当然、回心者の氏名を明かすことなく行うことができます[162]。死の危険にあって、すでに科されたか宣告された懲戒罰、または使徒座に留保された懲戒罰を赦免された者が健康を回復した場合、この者も同様に赦免を請願する義務を有します。

　懲戒罰は、犯行者の改善を目的とした「薬としての刑罰」という性質を持つことから、違反者が命令不服従の態度を改めない場合、その赦免は与えられません。逆に、犯行者が命令不服従の態度を改めた場合は、赦免を拒否することができません。懲戒罰の赦免を得るためには、犯罪を犯したことを心から痛悔し、相応な仕方で自らが引き起こした躓きと損害を償うか、少なくともそれを誠実に実行することを約束することが必要とされます。懲戒罰を赦免する者は、警告ないし戒告または償いを課すこともできます。

　複数の刑罰に拘束されている者は、管轄権を有する権威者に対して赦免を請願する場合、有効に赦免を受けるためには、個々の犯罪について誠実に表明しなければなりません。権威者は、個別的あるいは一般的赦免をもってすべての刑罰

160　原語は、*in foro sacramentale* すなわち秘跡的分野。

161　原語は、*in foro interno sacramentale* すなわち秘跡的内的分野。

162　［訳者注］詳しくは、カルロス・エンシナ・コンメンツ『ゆるしの秘跡と内的法廷　使徒座に留保された事案の解決法』（教友社，2015 年）を参照。

を赦免することができます。ただし、その際に犯行者が悪意をもって請願の中で黙秘したものはこの限りではありません。

　もし刑罰の赦免が、強度の恐怖によって強制された場合、赦免は無効です。

　教会法上の刑罰の赦免は、犯行者が物理的に臨席することを必要としません。外的分野[163]での赦免は、書面で与えられ、当人不在であっても条件付きであってもこれを与えることができます。犯行者の名誉を守るのに有益であるか、躓きを是正する場合を除いて、赦免の請願または赦免そのものは公にされることのないよう注意しなければなりません。

　教会法上、刑事訴追権が消滅する時効は、通常の犯罪では3年とされています。国家法上の婚姻であっても聖職者または非聖職者の終生立願修道者が婚姻を試みた場合、十戒の第六戒に反する罪を聖職者が犯した場合、人の生命および自由に反する犯罪を犯した場合、そして堕胎を企てる者にして既遂の場合の時効は5年です。教理省に留保された犯罪の場合、その時効は20年です。普遍法によって罰せられない犯罪に対しては、特別法が別に時効の期間を規定することができます。

　時効は、違法行為が行なわれた日すなわち犯罪成立の日から起算されます。違法行為が継続しているかまたは常習化している場合は、それが停止された日から起算されます。十戒の第六戒に反する罪が未成年との間で犯された場合、この未成年者が18歳になったその日から時効が起算されます。

　刑罰の執行権の時効は、訴追権の時効と同じです。有罪の判決が既判力を生じた日から起算されるべき期間内に、教会法第1651条に規定された裁判官の刑罰の執行命令が違反者に通達されなかった場合、刑罰の執行権は時効によって消滅します。

　教理省は、使徒座に留保された犯罪に対して、事案ごとに訴追権に関して規定された時効期間を廃止することができます。教皇ヨハネ・パウロ2世は、自発教令『諸秘跡の聖性の保護 *Sacramentorum sanctitatis tutela*』（2001年4月30日）をもって、教理省に留保されるより重大な犯罪に関する法律を公布しました。この法律は公布と同時に発効しました。これは、まず「本質的な規則」において、対象となる主題を明確に定め、教理省の排他的な管轄権においてのみ赦免される、より重大な犯罪について、より明確に描出し、さらに「手続き規則」において、教理

163　原語は、in foro externo すなわち外的分野。

省の書簡 *Ad exequendam*[164] に含まれていた教会法上の制裁を科すか宣告するための特別な手続き規則を確立しました。

　その後 2010 年に、教皇ベネディクト 16 世は、具体的な法律の効果を改善するために、前述の規則に修正を加えました。教理省に留保されたより重大な犯罪とは次のものです。

- 聖体を冒瀆の目的で持ち去るか、保持するあるいは投げ捨てること、聖体祭儀の典礼行為を試みること、聖体祭儀の典礼行為を偽装すること、使徒継承性を欠き司祭叙階の秘跡的尊厳を認めない教会的団体の奉仕者と共に聖体祭儀／聖餐式を共同司式すること、聖体祭儀の挙行あるいはそれ以外の機会に、冒瀆を目的として一方の形色だけ、もしくは両方の形色を聖別すること
- 神の十戒の第六戒に反する罪の共犯者を赦免すること、秘跡的赦免を試みたり、それが禁じられているにもかかわらず告白を聴くこと、秘跡的赦免を偽装すること、聴罪司祭が、ゆるしの秘跡の挙行において、またはその機会に、またはその口実で回心者を神の十戒の第六戒に反する罪に誘惑すること、秘跡的封印（聴罪司祭の秘跡的告白の守秘義務）を直接的または間接的に侵すこと
- 真実であるか虚偽であるかを問わず、ゆるしの秘跡において聴罪司祭または回心者によって語られたことがらを、何らかの技術的手段を用いて記録する、あるいは悪意をもって社会的通信手段によってそれを流布させること
- 女性を聖職者に叙階しようと試みること
- 聖職者が 18 歳未満の年少者との間で、十戒の第六戒に反する罪を犯すこと（この場合、恒常的に理性の働きを欠く者は、この年齢以下の者と同等とみなされる）
- 聖職者がみだらな目的において、いかなる形態によってであれ、またいかなる手段によってであれ 14 歳以下の年少者のポルノ画像を取得、保持、流布すること

「手続き規則」によると、使徒座に留保された1つまたは複数の重大な犯罪が確かに行われたと考えられる報告を受けた場合、裁治権者（ordinary/ordinario）または

---

[164] 教理省から全てのカトリック教会の司教及び関係する他の裁治権者ならびに東方教会の統治者たちへ送られた「教理省に留保されたより重大な犯罪に関する書簡」（2001 年 5 月 18 日）*Ad exequendam*, in *EV* 20/715-724。2001 年以後に公布された種々の教令を 1 つに集めた前述の規則の改訂版は 2010 年 5 月 21 日に公布された。

東方教会の統治者（hierarch/gerarca）のもとで、まず事前調査が行われます。この調査の結果は、教理省に報告されなければならず、同省は自らに事案を移管させるか、または裁治権者または東方教会の統治者にその後どのように調査を進めるべきかを指示することができます。この事案に関しては、裁判官、公益保護官、公証官、事務官および弁護人の役割を担う者は、教会法の博士号を持つ聖職者でなければなりません。しかしながら教理省は、これら2つ要件（教会法の博士号を有することと聖職者であること）を免除することができます。これらの事案を扱う下級審にあたる裁判所においては、上述の役割を務める人物は、聖職者であれば十分とされています。

教会法は、個々の犯罪に対して個々の刑罰を定めています。

信仰および教会の一致に対する犯罪には、特に異端、背教、離教があり、これらに対しては伴事的破門制裁が科されます。犯行者が聖職者である場合、長期にわたる命令不服従または重大な躓きが処罰を要求するときは、聖職者の身分からの追放を含む他の刑罰によっても罰せられる可能性があります。異なる教派間での秘跡の授受を調整する法律（communicatio in sacris）に違反した者は、正当な刑罰によって処罰されなければなりません。自分の子供にカトリックではない洗礼、または教育を受けさせる両親、または両親の代理を務める者は、懲戒罰または他の正当な刑罰によって処罰されます。聖体を投げ捨てる[165]か汚聖の目的でそれを持ち去るか、あるいは保持するといった冒涜を犯す者は、使徒座に留保された伴事的破門制裁が科せられます。さらに聖職者については、聖職者の身分からの追放を含む他の刑罰によっても処罰される可能性があります。教会の権威者の前で、供述または約束する者が偽証した場合、また公開の上演あるいは演説において、または公刊された出版物またはその他の方法によるマス・メディアを用いて冒涜を吐く者、あるいは著しく良俗を害する者、信仰または教会に関して誹謗する者、または憎悪あるいは軽蔑を挑発する者は、正当な刑罰をもって処罰されなければなりません。

教会の権威と教会の自由に反する犯罪には、教会の権威者に対する物理的暴

---

165 ［訳者注］教会法第1367条と東方教会法第1442条において用いられる「投げ捨てる（abicere）」という言葉は、投げ捨てるという行為それだけでなく、聖なる形色に対する故意になされた乱暴な他の行為をも含む（Pontificium Consilium de Legum Textibus Interpretandis, Responsio *ad propositum dubium*, 4 iunii 1999, in *AAS* 91［1999］918）。

力を振るうことが挙げられます。ローマ教皇に対して物理的暴力を振るった者には、使徒座に留保された伴事的破門制裁が科されることになります。もし犯行者が聖職者である場合は、聖職者の身分からの追放を含む他の刑罰が加重されることがあります。司教に対して物理的暴力を振るった人物には、伴事的禁止制裁が科されます。犯行者が聖職者である場合は、伴事的停職制裁も科されることになります。信仰や教会に対する侮辱の意図をもって聖職者または修道者に物理的暴力を振るった者は、正当な刑罰をもって処罰されなければなりません。ローマ教皇ないし公会議によって断罪された教説を教える者、教会の教導権によって決定的に表明された教義を頑なに否定する者、使徒座や裁治権者、または上長の正当な命令に従わず、警告の後も違反を続ける者は、正当な刑罰によって処罰されなければなりません。ローマ教皇の行為に対して、公会議または全司教団に上訴する者は、懲戒罰によって処罰されることになります。使徒座または裁治権者に対して、公に反抗意識や憎悪を煽動する者、不従順を教唆する者は、禁止制裁または他の正当な刑罰によって処罰されなければなりません。教会に敵対して陰謀を企てる結社に加盟する者は、正当な刑罰によって処罰されなければならず、このような結社を助成または指導する者は、さらに禁止制裁によって処罰されなければなりません。教会の奉仕職の自由、選挙の自由や教会の権限行使の自由を妨害する者、ならびに聖なる財産およびその他の教会財産の適法な使用を妨害する者、また選挙人あるいは被選人、ならびに教会の権能および奉仕職の執行者を脅迫する者については、正当な刑罰によって処罰することができます。動産・不動産を問わず聖なる物を冒涜する者、規定された許可を得ることなく教会財産を譲渡する者は、正当な刑罰によって処罰されなければなりません。

　教会の任務横領の犯罪に関しては、使徒座に留保された伴事的破門制裁によって処罰される十戒の第六戒に反する罪の共犯者の赦免が第一に挙げられます。司祭でないのに聖体祭儀を試みる者、あるいは秘跡上の告白を聴き秘跡的赦免を試みる者は、伴事的禁止制裁を受け、犯行者が聖職者である場合、伴事的停職制裁も科せられます。また他の諸秘跡の挙行を偽装する者は、正当な刑罰によって処罰されます。聖なる職務および神聖物の売買（simonia）によって秘跡を挙行するか受領する者は禁止制裁を受け、その者が聖職者である場合は停職制裁によっても処罰されます。教会の職務を横領する者は誰であれ、正当な刑罰をもって処罰されなければなりません。任務の剥奪または消滅の後、それを不法に保持することは横領と同様とみなされます。司教が教皇の指令（mandatum pontificium）

なしに司教聖別を行う場合、これを行う者と受ける者は、ともに使徒座に留保された伴事的破門制裁を受けます。適法な叙階委託書なしに司教が他者の従属者を聖職者に叙階した場合、この司教は1年間叙階を行うことを禁止されます。また叙階された者に関しては、その事実そのものによって、受けた職階が停止されます。司祭の任務または他の聖なる奉仕職を不法に遂行する者については、正当な刑罰によって処罰することができます。またミサ奉納金で不正に利益を得た者は、懲戒罰または他の正当な刑罰によって処罰されなければなりません。教会内で任務を遂行する者が不法に作為または不作為の行動をとるよう贈与または約束をする者は、正当な刑罰によって処罰されなければなりません。その贈与または約束を受け入れる者についても同様です。ゆるしの秘跡において、またはその機会に、あるいはその口実で、回心者を第六戒に反する罪に誘惑する司祭は、犯罪の重さに応じて聖職の停止、禁止、剥奪をもって処罰されなければなりません。状況がより重大な場合は、聖職者の身分からの追放も科されます。秘跡的告白の守秘義務を直接侵犯する聴罪司祭には、使徒座に留保された伴事的破門制裁が科されます。ただし、単に間接的に侵犯した者は、犯罪の重さに応じて処罰されることになります。ゆるしの秘跡の通訳者およびその他の者が守秘義務を侵した場合は、破門制裁を含む正当な刑罰によって処罰されなければなりません。教会の権能または任務を濫用する者は、濫用に対する刑罰が法律または行政命令によってすでに定められていない限り、作為または不作為の軽重に応じて職務剥奪を含む適切な処罰を受けなければなりません。有責的怠慢から、教会の権能、奉仕職または任務において、不法な作為または不作為によって他人に損害を与える者は、正当な刑罰によって処罰されなければなりません。

　虚偽の罪は、教会の上級権威者への虚偽の告訴、他人の名誉を傷つける虚偽の告発、教会公文書の偽造を含みます。教会の上級権威者に、聴罪司祭に関して、偽って回心者を第六戒の罪に誘惑したと告訴する者は、伴事的禁止制裁を受けます。犯行者が聖職者である場合は停職制裁も科されます。教会の上級権威者にその他の犯罪について中傷的な告発をする者、または別の方法で他人の名誉を傷つける者については、懲戒罰を含む正当な刑罰をもって処罰することができます。また中傷者に相応の償いを果たすよう強制することもできます。教会の公的文書を偽造する者、真正な文書を変造、破棄し、隠匿する者、あるいは偽造・変造文書を使用する者、教会の業務において他の偽造・変造文書を使用する者、教会の公的文書に虚偽の記載をする者に関しては、これを正当な刑罰をも

って処罰することができます。

　特殊義務に反する犯罪として、まず教会法の規定に反して商売または事業を行う聖職者または修道者は、犯罪の重さに応じて処罰されなければなりません。刑罰として自分に科せられた義務を侵害する者は、正当な刑罰によって処罰されます。また教会の職務上、拘束される定住義務に甚だしく背く者は、警告の後、職務の剥奪を含む正当な刑罰によって処罰されなければなりません。婚姻を試みる聖職者は、単にそれが国家法上だけであっても伴事的停職制裁を受けます。聖職者ではない終生立願修道者が、単に国家法上だけであっても婚姻締結を試みた場合は、伴事的禁止制裁が科されます。また内縁関係にある聖職者および第六戒に反する他の外的罪に留まり、躓きを与えている聖職者は、停職制裁によって処罰されなければなりません。さらに、警告の後も同じ犯罪に留まる場合は、聖職者の身分からの追放に至るまで、他の刑罰を段階的に加重することができます。別の方法によって第六戒を犯した聖職者は、その犯罪を暴力あるいは脅迫をもって、公然とまたは16歳未満の未成年者と共に犯したとき、場合により聖職者の身分からの追放を含む正当な刑罰によって処罰されなければなりません。

　『教理省に留保された重大な犯罪に関する規則』（Normae de delictis reservatis）は、2010年の改訂によって、倫理に反するより重大な犯罪の中でも、聖職者によって犯された18歳未満（16歳から変更された）の年少者との間で犯された神の十戒の第六戒に反する犯罪を最も深刻なものの1つと考え、恒常的に理性の働きを欠く者については18歳以下の者と同等とみなされると規定しました。上述の規則の中に含まれる他の犯罪と同様に、この場合の時効も20年とされていますが、唯一この事案においては、被害者が18歳の誕生日を迎えたその日から時効の起算が始まるということを覚えておく必要があります。2010年の改訂版には、新たな犯罪事案として14歳以下の未成年者の児童ポルノ画像の取得、保持、流布に関する犯罪も取り入れられました。

　最後に、殺人を犯した者、誘拐、監禁した者、身体に障害や重傷を負わせた者、人間の生命や自由に対する犯罪を犯した者は、剥奪や禁止をもって処罰されなければなりません。また堕胎が実行された場合は伴事的破門制裁が科せられます[166]。

---

[166] 堕胎とは、単に未成熟の胎児を除去することだけでなく、受精後のどの時期であっても、

16.2. 刑事訴訟

cann. 1717-1731 CIC; cann. 1468-1487 CCEO

　刑事訴訟の目的は、違法行為つまり犯罪に対して刑罰を科すか宣告することです。

　教会における犯罪は、「法律または刑罰的命令に対する故意または過失による重大な有責性のある外的違反」とされています。外的違反とは、神の民の公的秩序を乱すようなものでなければならないと正確に指摘しておく必要があります。そのため犯罪は公のものでなければならないのですが、それはただ単に広く知られている、あるいはそうなる状況にあるということではなく、公判で証明されるものでなければならないということを意味しています。つまり犯罪は、簡単には反証することができないほど確かな外的証拠を通して証明されるものでなければならないのです[167]。事前調査およびその結果によって開始される刑事訴訟は、まさにこのことを目的として行われます。

　事前調査はいわば予備審理であり、神の民の信者によって犯されたと訴えられた教会法上の犯罪につき、事実に基づいて有責性の確かさや状況証拠の妥当性を確かめるため、秘密裡に行政手続きによって行われるものです。

　この調査を遂行する権限は裁治権者つまり地区裁治権者または聖座法の聖職者修道会および使徒的生活の会の上級上長にあります[168]。

　裁治権者は、個人的に、または自ら選任した相応しい人物（男性ないし女性）を通じて調査を行うことができます。法典の条文にある「persona—人」という用語は、「persona iuridica—法人」という言葉との間で混乱が生じる可能性があるという反対意見が幾人かの顧問たちから出されたにもかかわらず、この職務には女性も含まれるという意味合いから、この箇所に意図的に挿入されました[169]。

　『教会法典』の条文および文脈全体から、この調査が秘密裡に行われるということを考えると、そうした人物が「法人」でないことは明らかです。実際、ここでは副詞

いかなる方法であれ（胚として）発生した胎児を殺害することを指します。教会法法文解釈評議会の堕胎に関する回答 *Utrum abortus* (1988年1月19日), in *EV* 11/695 を参照。

167　Cf. *Communicationes* 12 (1980) 189.

168　Cf. *ibidem*.

169　Cf. *ibid.*, 189-190.

の「caute—慎重に」という言葉が使用されていることに注目すべきです。

　事前調査は、裁治権者が少なくとも真実であると思われる教会法上の犯罪の情報を得た場合に開始します。事前調査は、犯罪の事実、法律または刑罰的命令の外的違反が行われた状況、目的つまり被疑者が教会法上の犯罪を犯した客観的および主観的状況、そして有責性つまり故意または過失に帰される重大な有責性に関する主観的要素に焦点が当てられます。

　この調査は、調査を自ら指揮するかまたは他の相応しい人に委ねる裁治権者自身の判断によって、全く不必要と思われる場合には省略されます。この調査は、被疑者のみならず、概してこの調査によって評判を危うくされる可能性のあるすべての人、特に証人、親族、友人たちを保護するような仕方で、細心の注意を払って慎重に実施する必要があります。

　調査を行う調査官、裁治権者またはその代理人は、裁判手続きの聴取官と同じ権限および義務を有します。調査官は調査を指揮し、証拠を裁判官または裁治権者へ提供します。自ら事前調査を実施した者は、その後の刑事訴訟では裁判官としての任務を有効に果たすことはできません。これは、公判における高い公正さを確保するための賢明かつ慎重な規則と言えます。

　教会法上の犯罪の事前調査の後、訴訟手続きを進めるかどうかを決める権限は、裁治権者にあります。事前調査が終わると、裁治権者が教会法上の犯罪に関わるもっともらしい情報を得たと考えた事案について、幾つかの異なる可能性が提示されます。事前調査の終了時に、犯罪が行われた可能性（fumus delictis）について具体的な事実が見出せなかった場合、裁治権者は手続きを中止し調査資料を保管します。被疑者が犯罪を行ったことが疑われる状況が認められる場合には、裁治権者は特別な警戒をもってその被疑者を監視します。刑事訴訟を開始するための十分な手がかりや情報が集まったと思われる場合、裁治権者は、まず兄弟的訓戒、戒告または他の司牧的配慮によって、十分に躓きが償われ、正義が回復され、違反者が矯正されるように手続きを進める配慮をしなければなりません。この目的を十分に達成できる場合は、調査資料を書庫に保管して手続きを止め、状況に応じ外的分野において違反者に対し適切な償いを科します。兄弟的訓戒、戒告または他の司牧的配慮の手段によっても十分に躓きが償われ、正義が回復され、違反者が矯正され得ないと見通される場合にのみ、裁治権者は、刑罰を科すかまたは宣告するために司法手続きまたは行政手続きのどちらを進めるべきかを判断し、決定書を出してこれを実施します。裁治権者は、裁判外の決定に

よっては永久的刑罰を科すことができないということ、また刑罰を定める法律もしくは命令が決定によって適用することを禁止する刑罰を科すことも宣告することもできないということを知っておかなければなりません。

　司法手続きまたは行政手続きを開始する決定書を出すにあたり、裁治権者は、それが賢明だと判断される場合、2名の補佐官（陪席裁判官）または他の法律の専門家の意見を聴取しなければなりません。決定書が出された後、裁治権者は、新しい資料から別の裁定を下さなければならないと思われる場合はその都度、先に出した決定を取り消すかまたは変更しなければなりません。この時点においても裁治権者は、取り消しまたは変更の決定を下す前に、それが賢明であると判断される場合、2名の補佐官または他の法律の専門家の意見を聴取しなければなりません。信者の犯罪によって損害が生じた場合、裁治権者は、司法手続きあるいは行政手続きを開始する決定を出す前に、無益な裁判を避けるため、当事者双方が合意している場合は、自らまたは調査官が、被害についての問題を善と衡平に基づいて解決する方が良いかどうかを検討しなければなりません。

　裁治権者は、決定書をもって教会法上の犯罪の被疑者に対する司法手続きを開始すべきであると決定を下した場合、すべての手続き資料、すなわち事前調査に先立つ資料に始まり事前調査に関連する資料、裁治権者の決定書など、必要と思われるものすべてを、先の専門家たちの意見と共に公益保護官に渡さなければなりません。その他の刑事訴訟のために不必要とみなされるすべての資料は、（教区または会の）本部の機密記録保管庫に保管しなければなりません。

　裁治権者が、自己の決定書をもって刑事訴訟を行わないと決定した場合、上記のすべての資料は、上述したとおりの方法で保管されなければなりません。

　裁治権者は、裁判外の決定による行政手続きで問題を取り扱うべきだと最終的に判断した場合――この決定は、正当な理由によって司法手続きの開始が妨げられる場合にのみ採用され得るものです――、被疑者に自己弁護の機会を与えたうえで、告訴されている事実および証拠を示さなければなりません。ただし、被疑者が正当に召喚されたにもかかわらず出頭を怠った場合はこの限りではありません。裁治権者は、すべての証拠および根拠を2名の補佐官とともに詳しく検討しなければなりません。犯罪が確証され、被疑者によるものと判断された場合は、刑事訴追権が時効の規定によって消滅していないのであれば、教会法第1342条から第1350条までの規定に従って、法律と事実に基づく理由を少なくとも簡潔に示したうえで、決定を下さなければなりません。

刑罰を科す決定またはすでに科された刑罰の宣告に対して、異議を申し立てることが認められています。これにより判決もしくは宣告の執行が一時中断されます。『東方教会法典』の第1486条には、この件に関する重要なバリエーションが提示されています。まず行政手続きの3つの段階が、手続きの有効性のために必要とされています（これはラテン教会の法典のそれと対応しています）。さらに公益保護官ならびに公証官の臨席のもとで行われる東方教会の統治者またはその代理人と被疑者本人との、口頭による討議の実施が明確に指示されています。そしてもし被疑者が書面で承諾すれば、特定の祈りによる償い、敬虔な巡礼、特別な断食、施し、黙想といったことを、行政手続きなしに課すことができるとされています。

裁判官は、関係者または公益保護官からの請求がない限り、いかなる訴訟も審理することはできません。刑事訴訟の具体的な事案において、訴訟は公益保護官によって提起されます。なぜなら訴訟手続きは、その本性から神の民と関係する信者の違法行為によって犯された正義の回復に向けられているからです。

公益保護官は、裁治権者から、刑事訴訟の司法手続きの開始を決定する裁治権者自身の決定書と合わせて、事前調査の資料を受け取らなければなりません。

公益保護官が事前調査の資料に基づいて訴訟を提起する際に作成する訴状 (libellus) には、裁判官の職務遂行の請求、そして訴訟の目的、つまり犯された犯罪、犯行の状況、および被疑者または犯行者の有責性に関する情報が含まれている必要があります。この訴状には、日付、請願者もしくは代理人の住所、または裁判書類送達のための場所が記載され、公益保護官によって署名されている必要があります。また、被疑者または犯行者の住所または準住所も表示されていなければなりません。しかし、仮にこの最後の情報が欠落していたとしても、裁判官が起訴状の受理を拒否する理由にはなりません。

裁治権者は、刑事訴訟の目的である正義を保証するため、また関係者が買収や脅迫を受けないようにするため、証人の自由を守る目的においても、すでに被疑者によって行われた犯罪に関する陳述を扱う時は、特に信者の躓きを予防する目的においても、被疑者ないし犯罪者に対して、司牧的な慎重さに従って予防的規制措置をとることができます。

裁治権者は、訴訟手続きのいかなる時期や段階においても介入することができます。このことは、このような種類の訴訟において、裁治権者は、いかなる審級であっても常に司牧的関心を欠くことができないということを暗に示していると言えます。裁治権者は、自己の配慮に委ねられた神の民の範囲において、正義を回復させる

という基本的な目的を有していることから、訴訟が行われている間は、それから関心を逸らすことはできないのです。

　したがって、そのような規制措置をもって上述の目的を達成することができるのであれば、裁治権者は、それらを取り消すために、良心の義務から、法律に従って訴訟に単に介入することができるだけでなく、積極的に介入しなければならないのです。

　それらの措置を課すための条件は、刑事訴訟および被告人召喚の当事者である公益保護官の意見を的確に聴取することにあります。これは、それらの措置が公益保護官の任務とされていることから理論的に必要とされるのです。裁治権者は、予防的規制措置をもって、聖なる奉仕職の遂行を禁止することができますし、聖職者をその職務または任務から退けることもできます。刑事罰を科すに至るまでもなく、予防的規制措置として、特定の場所もしくは地域に住むことを命じ、または禁止することができます。その違いは単純にその継続期間からみて明らかです。また裁治権者は、被疑者が公にミサに参加すること、つまり公に聖体拝領を受けることをも禁止することができます。

　これらは予防的な措置であるため、その継続期間は、その司牧的、規律的性格および当該刑事訴訟の継続に依存します。したがってこれらの措置は、それが課された理由がなくなれば、当然、裁治権者によって取り消されなければなりません。この措置の目的は達成される必要がなくなるからです。また当然、この措置は、教会法の規定によって、刑事訴訟の終結と共に、つまり有罪を決定する判決または宣言の公布と共に、法律そのものにより消滅します。

　刑事訴訟においては、被告人または犯行者の抗弁のために、弁護人の存在が非常に重要なものとなります。被告人自身が自己弁護できる成人が関係する公共善の保護を目的とする民事訴訟とは異なり、刑事訴訟においては、被告人は常に自ら指名した弁護人あるいは裁判官により任命された弁護人を立てなければなりません。

　裁判官は、被告人を召喚する際に、裁判官が定める期間内に自ら弁護人を立てるよう強く要請しなければなりません。被告人が私選弁護人を立てない場合、裁判官は職権により訴訟の前に弁護人を任命しなければなりません。この公選弁護人は、被告人が自ら弁護人を立てない限り職務を継続します。

　公益保護官は、訴訟を提起した当事者として、裁治権者の指示または同意がある場合に限り、裁判のいかなる審級においても訴訟を取り下げる権限を有してい

ます。訴訟の取り下げが有効であるためには、裁治権者が決定をもってこれに同意することの他、これが書面で提出されなければならず、さらに公益保護官の署名ならびに被告人の同意がなければなりません。ただし被告人の裁判への欠席（法廷不出頭）が宣言された場合はこの限りではありません。

　刑事訴訟の特徴的な要素は、被告人には、訴訟の最後に自らまたはその弁護人あるいは訴訟代理人を通じて、書面または口頭により弁明する権利が与えられているということです。この点に関して、『東方教会法典』には新たな項目が含まれています。それは、弁明および見解が書面で表明された場合、訴訟事案に関して必ず口頭で討議が行われなければならないということです。

　刑事訴訟のいかなる審級および段階においても、被告人が無罪であることが明白となった場合、裁判官は当該犯罪が被告人によるものではあり得ないという判決文を出してこのことを宣言し、被告人を釈放しなければなりません。裁判官は、刑事訴訟の訴追権が時効により消滅している場合においても同様に判決文を出さなければなりません。

　被告人は、被告人が犯した犯罪に対して有罪の判決が下された場合、判決に対して上訴する権利を持っています。さらに刑罰が任意的であったため、判決により刑罰が免除された場合であっても、または裁判官が、次のことがらを実施するために自らの権限を用いて被告人の刑罰を免除した場合であっても上訴することができます。すなわち、刑罰の執行を延期すること、刑罰を科すのを止めること、刑罰を軽減するか償いに代えること、贖罪的刑罰を扱う際に判決に従う義務を延期すること、あるいは最終的に教会法第1345条に規定された1つないしそれ以上の情状酌量すべき状況に訴えることのできる被告人に矯正があった時に他の手段を講じることです。

　公益保護官は、神の民の中で躓きを償うために、あるいは犯された犯罪によって侵害された正義の回復のために、与えられた判決によっては十分な対策が講じられていないと熟慮のうえで判断される場合に限り、上訴する権利を有します。

　被告人と公益保護官は、判決の無効の訴えおよび原状回復（restitutio in integrum）の訴えを提起する権利が与えられています[170]。

　刑事訴訟に関する規則全体は、事物の性質から妨げのない限り、刑事訴訟そのものの規則、裁判一般および通常の民事訴訟に関する規則、教会の公共善に

170　Cf. *Ibid.*, 198.

関する訴訟の特別な手続き規則から構成されます。ただし刑事訴訟において、被告人は犯罪を告白する義務はありません。また裁判官は被告人に対して、真実を語ること、または語ったことが真実であることを宣誓するよう強要することもできません。

　誰であれ、違法な法律行為または故意、あるいは過失によってなされた他のいかなる行為によって他者に損害を与えた場合、その損害を賠償する義務を負います。このため、損害を被った者は、司法裁判に訴えることもできます。

　被告人が犯した犯罪によって被害者に与えられた損害に対する賠償請求は、損害賠償を扱う民事訴訟を通じて、次の2つの方法で行うことができます。直接的には、原告として裁判所に訴状を提出して、通常の民事訴訟手続きにおいて本訴として裁判を進めることです。間接的には、被告人の費用負担で、公益保護官によって始められた刑事訴訟において第三者として訴訟に介入することです。後者の事情においては、第一審の裁判でこれが扱われるよう被害者が介入しなかった場合、それ以降の審級においてはそれが認められません。さらにそのような介入は、訴訟の開始直後から調査段階の終結以前の時期に実施されなければなりません。

　訴訟において第三者として介入する被害当事者は、刑事訴訟の裁判記録をその公表後に閲覧する権限が与えられます。

　損害賠償訴訟は、確かに刑事裁判の一部とされるものでありながらも、常に民事訴訟の性格を有しているため、第三者がこの訴訟に対して上訴することも可能です。その際に従うべき規則は通常の上訴に関するものと同じです。

　これは、被告人または公益保護官が同じ刑事裁判において上訴しない場合でも可能です。なぜなら刑事訴訟と損害賠償訴訟という2つの訴訟は、別々のものとして独立して存在しており互いに影響を及ぼさないからです。

　犯罪者を処罰するための刑事訴訟、および損害賠償のための民事訴訟の両方の訴訟について、それぞれの当事者が上訴を提起した場合、上訴はただ1つの裁判で行われなければなりません。ただし刑事裁判の終結まで損害賠償訴訟が延期された場合を除きます。こうした延期は、刑事訴訟の実施において裁判の過度の遅滞を避けることを目的としており、そのため裁判官は、損害についての判断を、終局判決を下す時まで延期することができます。

　このような措置を行った裁判官は、刑事訴訟の第一審の最終判決を下した後、その判決により処罰される犯罪によって引き起こされた損害について判断しなければなりません。裁判官は、そのような判断を下すために審理を進める際、次の2つ

のことがらについて詳細に評価しなければなりません。1つは判決の異議申し立てすなわち上訴の提起または判決無効の訴えであり、もう1つは損害を償う義務は免除されないという条件のもとで被告人を解放することです。

　刑事訴訟において、裁判官は教会法上の刑法を解釈し自身が審判すべき具体的な犯罪に対してそれを適用させます。

　刑事裁判で裁判官が下した判決は、問題とされた犯罪を犯したために適正な処罰を受けた信者に対してのみ拘束力を持ちます。裁判官は、判決が与えられた対象の人と物を拘束する性格を持つ、法律の特別な実践的解釈を判決において提供します。しかしその判決は、立法権、共同体、共通善といった、まさに法律の本質的な構成要素を欠いているため法律としての効力は全く持ちません。

【参考文献】

D. Cito (a cura di), *Processo penale e tutela dei diritti nell'ordinamento canonico*, Giuffrè Editore, Milano 2005.

A. D'Auria – C. Papale (a cura di), *I delitti riservati alla Congregazione per la dottrina della fede*, Urbaniana University Press, Città del Vaticano 2014.

V. De Paolis – D. Cito, *Le sanzioni nella Chiesa. Commento al Codice di diritto canonico, Libro VI*, Urbaniana University Press, Città del Vaticano 2008.

M. P. Dugan (a cura di), The Penal Process at the Protection of Rights in Canon Law, Wilson & Lafleur Ltée, Montréal 2005.

C. Papale, *Il processo penale canonico. Commento al Codice di diritto canonico, Libro VII, Parte IV*, Urbaniana University Press, Città del Vaticano ²2012.

C. Papale (a cura di), *I delitti riservati alla Congregazione per la dottrina della fede. Norme, prassi, obiezioni*, Urbaniana University Press, Città del Vaticano 2015.

F. B. Pighin, *Diritto penale canonico*, Marcianum Press, Venezia 2008.

Questioni attuali di diritto penale canonico, LEV, Città del Vaticano 2012.

H. W. Woestamn, *Ecclesiastical Sanctions and the Penal Process*, Theological Publications in India, Bangalore 2000.

第17章　婚姻訴訟

　ラテン教会および東方教会の法典は、いずれも婚姻訴訟という標題のもとに、異なる種類の手続きを定めています。その手続きは、司法分野の手続き（婚姻の無効宣言訴訟）から、固有の行政分野の手続き（死亡推定の宣言）までさまざまなものがあり、中にはそのどちらも共に関係する手続き（未完成の認証婚に対する特免）あるいはどちらの分野でも行える手続き、たとえば配偶者の別居訴訟のように、司法ないし行政いずれかの手続きの方法を選択することも可能なものもあります。

17.1.　婚姻無効宣言のための訴訟
cann. 1671-1687; 1691 CIC; cann. 1357-1373; 1377 CCEO

　自発教令の形式による2つの使徒的書簡『寛容な裁判官、主イエス』(Mitis Iudex Dominus Iesus)と『寛容で憐み深いイエス』(Mitis et misericors Iesus)が、2015年12月8日に施行されたことによって、教皇フランシスコは、ラテン教会と東方教会のそれぞれの法典の婚姻に関する手続きを規定する条項を改正しました。

　教会は、受洗者の訴訟を審判する固有の権利を有しています。教会法第1671条の第1項に集約して述べられているこの法規範は、教皇パウロ6世の自発教令『カウザス・マトリモニアーレス　Causas matrimoniales』の第1項からその着想を得ています。この条文は、教会法第1055条第1項の規定に以下のように述べられている婚姻の本質に関する神学的-法的原則に基づくものです。

「男女が相互に全生涯にわたる生活共同体を確立するために行う婚姻の誓約は、その本性上、夫婦の善益と子供の出産および教育に向けられている。受洗者間の婚姻の誓約は、主キリストによって秘跡の尊厳にまで高められた。」

　婚姻の秘跡的な性格からすれば、カトリック信者の婚姻を規律する法律は（たとえ当事者の一方だけがカトリック信者である場合でも）、自然法、実定神法のみならず教会法にも依拠するものであると演繹することができます。すなわち、それは教会法第1059条に定められているように、教会的本性を有するものなのです。そ

れゆえ、その秘跡的な性格により、受洗者の婚姻に関する司法権は、教会の裁判官の固有な権利に属するものなのです。この司法権は、法律上、永続的に教会の裁判官に属するものではありますが、そもそも教会自身の司法権に由来するものであることから、教会の制度に結びついた組織的構造の一部であると言えます。結果として、教会の裁判官の司法権は、当事者の一方がカトリック信者との婚姻を予定している場合には、非カトリック者との婚姻にまでも及ぶものとなります。受洗者であれ未受洗者であれ、非カトリック者の婚姻無効訴訟は、少なくとも当事者の一方がカトリック教会に対して「婚姻自由の身分」(status liber)を立証する必要があるときに限り、教会の裁判官が審理手続きを進めることができます[171]。

　婚姻の国家法上のみの効力に関する訴訟に関しては、現行の教会法第1671条第2項は、原則として国家法上の裁判官の司法権に属するものとしています。すでに第1059条でも述べられている「婚姻の国家法上の効力」とは、婚姻そのものの特質あるいは本質的な要素について、婚姻の本性に影響しないすべての要素に関わるものです。しかし特別法は、たとえばコンコルダートが明確にそのように規定した場合、教会の裁判官が婚姻の専ら国家法上の効力に関する訴訟を審理し判定できると定めることができます。この場合、婚姻無効宣言の本訴と比べて付帯的な仕方で、つまり中間訴訟の形でこの訴訟を扱うことになります[172]。

　現行の教会法第1672条は、婚姻の無効宣言訴訟を扱う具体的な管轄権者について定めています。この条文は、教会法の一般原則に対する例外と、法律がどのような可能性を提供しているかを示す重要な内容を含んでいます。1983年の公布当時の教会法典の第1673条と比較してみると、管轄裁判所に赴く条件や管轄権などに関して、かなりの簡素化と統一化がはかられていることが分かります。自発教令『寛容な裁判官、主イエス』に付された婚姻無効訴訟を扱うための「手続き規則」は、その第7条第1項で、「(改訂後の)教会法第1672条に列挙された

171　教皇庁法文評議会,『婚姻の尊厳』第3条第2項.［訳者注］教会裁判所が扱う婚姻の絆は、教会で有効に締結されたカトリック信者の婚姻の絆(受洗者同士の婚姻、或いはカトリック信者と未受洗者との婚姻の絆)だけに限らず、未受洗者同士の婚姻であってもそのうちの一方が新たにカトリック信者との婚姻を望む場合は自然婚の絆についてもその対象とされる。詳しくは、『カトリック教会における婚姻』(2017年、教友社)の433-434頁に掲載されている使徒座最高裁判所署名院の回答「カトリックでない者同士の婚姻に関する教会の裁治権について」(Ius canonicum 34 [1994] 651-652)を参照。

172　教皇庁法文評議会,『婚姻の尊厳』第3条第3項に同様の規定がある。

管轄権は、裁判官と当事者たちとの近接の原理を順守できている限りにおいて同等である」と明示しています。

使徒座、特にローマ教皇に留保された婚姻の無効宣言訴訟は、第1405条第1項第1号および第4号、また第1417条に従って行われます。これらは国家の最高指導者に関する訴訟や、教皇自身が自らの審判に移管させた訴訟、あるいは信者が使徒座に提訴しローマ教皇の首位権によって受け入れられた訴訟を指します。

通常、婚姻の無効宣言訴訟の管轄権を有するのは、婚姻挙式地の裁判所、当事者の一方または双方が住所または準住所を有する場所の裁判所、証拠の大部分がそこで収集されなければならない場所の裁判所です。

カトリック東方教会のように自治権を有する他の教会に所属するカトリック信者の婚姻に関して、その無効宣言訴訟が、ラテン教会の裁判所によって審理されても差し支えありません[173]。

婚姻訴訟の改革を導いた主な基準の1つが、司教の司法的役割における中心性でした[174]。自発教令『寛容な裁判官、主イエス』は、その序文の中で次のように述べています。

「自己に委ねられた教会の牧者であり、また「かしら」として立てられた司教自

---

[173] この場合、指針『婚姻の尊厳』の第16条の規定に従うことになる。「(1)本指針第8条から第15条を妨げないが、次の場合、ラテン教会の裁判所は、他の自治権を有する教会に属するカトリック信者の婚姻の無効を審理することが出来る。1. 法律の規定自体による地域において。つまり、ラテン教会の地区裁治権者以外に他の自治権を有する教会の地域位階組織がない地域、或いは使徒座からの委任または少なくとも承認によって、自治権を有する教会のキリスト信者の司牧がラテン教会の地区裁治権者に委ねられている地域(cf. can. 916 §5 CCEO)。2. その他の場合においては、使徒座署名院による管轄権の援用が恒常的または個別的に委任されることによって審理できる。(2)ラテン教会の裁判所は前項の場合、固有の手続法規に従って審理を進める必要があるが、婚姻の無効性は当事者双方が所属する自治権を有する教会の法規に従って裁定しなければならない。」

[174] 教区司教が、個人として司法的な役割を行使すべきだとする、このような規定は実に革新的である。事実、他の規定では、むしろ教区司教は、自ら個人として司法権を行使すべきではないとされているからである。このような規定は、例えば『婚姻の尊厳』第22条第1-2項にみられる。しかし、新たな法律は、教会法第1448-1451条及び指針『婚姻の尊厳』の第67-70条の規定と調和させることが必要である。

身が、自分に託された信者たちの間における裁判官でもあるという、第二バチカン公会議の大変重要な教えを実践に移すことができるよう、明確な規定が設けられました。そのため、教区の規模の大小にかかわらず、司教自身が、教会の制度の転換の目に見えるしるしを提供し、婚姻の事案において司法的な役割を教区本部の担当者に任せっきりにしないことが切に望まれるのです。それは、特に婚姻の無効が明白な事案を解決するために定められる『より簡略な手続き』(processus brevior) に関して切望されます。」

　実際、教会法第1673条第1項は、第1419条第1項に規定された内容をほとんど文字どおり繰り返しています。婚姻無効訴訟の第一審の裁判官は教区司教です。教区司教は、自らまたは他者を介して司法権を行使します。教区司教に加えて、第368条 (cf. can. 381 §2) に列挙されている者は、法そのものにより教区司教と同等の者とされます。教区司教は、法そのものによって明確に除外された事案を除いて、すべての訴訟を裁判する管轄権を有しています。

　婚姻無効訴訟のために、司教は自らの教区に設置した教区裁判所に助力を求めることも[175]、また近接した他の教区裁判所または諸教区合同裁判所に助力を求めることも可能です。前者の場合、使徒座最高裁判所署名院に対して管轄権の確認申請をして承認を得る必要はありませんが、後者の場合には第1423条の規定に従ってそれを行う必要があります。何人かの教区司教が共に諸教区合同裁判所を設置する場合、その監督責任は、集団 (coetus) として当該教区司教たちに、あるいは彼らが裁判所の監督責任者として選んだ一人の司教に託されることになります。

　婚姻無効宣言訴訟は、通常、第1425条から第1426条の規定に従って3名の裁判官 (より困難な訴訟においては5名の裁判官) で構成される合議制裁判官団によって裁定されます。聖なる叙階の無効や婚姻の無効に関する事案、聖職者の身分からの追放や破門制裁を伴う刑事訴訟の場合も、合議制裁判官団による審理が必須とされています。裁判は、異なる裁判官団によって交代で行われますが、この裁判官団の長は聖職者でなければならず、残りの裁判官には信徒もなる

---

[175] 2015年12月11日に出された答書は、教皇ピオ11世が自発教令『クア・クーラ *Qua cura*』(1938年12月8日) によってイタリアに設置した「地方教会裁判所」(tribunali ecclesiastici regionali) が廃止されたことを明確にしている。

ことができます。

　教区に合議制の裁判所が設置できず、また第1673条第2項の規定にしたがって裁判官団の選出ができない場合、司教は、訴訟を聖職者の単独裁判官（独任裁判官）に委任します。可能であれば、模範的な生活をし、法律学または人文科学に精通しており、司教からその任務に相応しいと認められた者2名を裁判補佐官（assessor）として参与させます。また同単独裁判官は、合議制の裁判官、裁判長（praeses）または報告官（ponens）に付与されるのと同じ任務を担うことになります。

　単独裁判官については、すでに教会法第1424条に規定されています。単独裁判官は、合議制での裁定を必要としない訴訟を審理する司法権を有し、聖職者または一般信徒の中から2名の相談役を採用することができます。この2名の相談役は、訴訟において裁判官を補佐する役割を担いますが司法権を持つわけではありません。

　こうして、改訂された教会法第1673条第4項に従って、第一審においては、聖職者である単独裁判官が、婚姻無効宣言訴訟を審理する司法権を有することになりますが、第二審は、常に合議制の法廷で審理が行なわれなければなりません。つまり、すでに第一審において単独裁判官によって裁定された訴訟を、控訴審において単独裁判官に任せる可能性は明確に排除されているのです。

　自発教令『寛容な裁判官、主イエス』によって導入された変更の1つに、管区大司教座（sedes metropolitae:主都大司教座）への上訴が復活されたということが挙げられます。この新しい規則に基づいて（cf. can. 1673 §6）、第一審の裁判所から管区大司教座への上訴が可能とされていますが、ローマ教皇（ローマ控訴院）に上訴することは常に可能とされています（cf. can. 1444 §1）。一方、第二審に関しては、管区所属司教の裁判所（cf. can. 1438, 1°）ならびに同一教会管区内の諸教区合同裁判所（cf. can. 1439 §1）は、管区大司教の裁判所に上訴することができます。さらに、管区大司教の法廷において第一審として扱われた訴訟は、管区大司教が使徒座の承認を得たうえで恒常的に指定した管区所属司教の裁判所に上訴することができます（cf. can. 1438, 2°）[176]。また、司教協議会所轄の複数管

176　［訳者注］もし管区に、その管区のための諸教区合同裁判所しか設置されていない場合、上訴は使徒座署名院が承認した他の管区裁判所となる（2016年2月10日に使徒座署名院の法務官G.モンティーニ師から東京管区教会裁判所の質問に対して与えられた回答）。

区のための諸教区合同裁判所は、司教協議会が使徒座の承認を得て設立した第二審裁判所に上訴することができます (cf. can. 1439 §§1-2)。

　婚姻に関して訴えを提起できる権利（婚姻無効訴訟権）を有するのはいったい誰でしょうか？　教会法第1674条第1項および第1501条が規定するとおり、裁判官は配偶者や公益保護官から訴訟の提起がなされない限り、訴訟を審理することはできません。つまり、これらの者だけが婚姻に関する訴えを提起する法的能力を有しているのであって、他の者は第1674条の第2項、第3項の場合を除いて、なんぴとも訴訟手続きを進める権利を持ちません。

　婚姻無効訴訟の関係当事者とされるのは、第一にすべての配偶者です。訴訟当事者となれるのは、カトリック信者の配偶者 (cf. can. 96) であり、また第1476条に規定された一般原則に従って、受洗者であれ非受洗者であれ、非カトリックの配偶者も訴訟当事者となることができます。

　この訴訟では、配偶者自身が婚姻無効に導いた原因であるとする事実は、まったく考慮されるものではありません。

　公益保護官も法的手続きの当事者になり得ますが、それは婚姻の無効性が配偶者やその家族だけでなくすでに公然なものとして知られており、婚姻の有効化が不可能であるか無益である場合だけです。

　教会法には2種類の提訴の仕方が定められています。1つは直接的な訴え（本訴）であり、もう1つは係争中の訴え（中間訴訟）です。

　第1674条の第2項と第3項は、配偶者の一方あるいは双方の死亡という事態が、婚姻訴訟にどのように関係するかを規定しています。これには2種類の事案が想定されています。まず、双方の配偶者が生存している間に訴訟が提起されなかった場合、そして訴訟継続中に配偶者の一方が死亡した場合です。

　前者の場合、つまり配偶者双方の生存中に訴訟が提起されなかった場合には、一般原則が適用されます。すなわち、もし配偶者の一方あるいは双方が死亡した場合には、彼らの婚姻の無効が宣言されることはなく、したがって婚姻に関する訴えも提起できないことになります。この一般原則には但し書きの原則が続いています。これによれば、配偶者の一方あるいは双方の死亡後でも、婚姻の無効を宣言する機会があるとされています。ただしこれは、あくまでも教会裁判所または国家の裁判所で他の係争問題解決のために、婚姻の有効性についての疑問をまず解決しなければならない場合にのみ適用されます。そのためこの場合の訴訟は、間接的な訴えとしてのみ提起できることになります。

後者の場合、すなわち訴訟係属中に配偶者の一方が死亡した場合には、第1518条の規定を順守しなければなりません。審理が終結していないのであれば、故人の相続人、承継人、または利害関係にある者が、争訟を再び引き受けるまで審判が停止されることになります。その際、何よりもまず生存している配偶者への配慮を考えることになります。審理の手続きが終結した後であれば、裁判官は、訴訟代理人がいる場合はその代理人を、これがいない場合は故人の相続人または承継人、そして特に故人の配偶者を召喚して、必要な追加措置を講じなければなりません[177]。

間接的な訴えの場合、『寛容な裁判官、主イエス』に添付されている「婚姻無効訴訟を扱うための手続き規則」（以下、「手続き規則」と表示する）の第9条は、以下のとおり規定しています。

「訴訟係属中、結審に至る前に配偶者が死亡した場合、他方の配偶者あるいは別の関係者が継続を請求するまで審級は停止される。継続を請求するためには、適法な理由が存在することを証明しなければならない。」

教会法第1446条の第1項と第2項の規定を、ある程度の制限を認めながら婚姻の無効宣言訴訟に適用しているのが（改訂後の）第1675条です。事案に関して、まず予備審査が行われた後、3つの解決方法が想定されています。

裁判官は、訴訟を受理するのに先立って、夫婦の共同生活を再建することがもはやできないほど、婚姻が修復不可能な状態にまで破綻しているか否かについて確認した後、その婚姻が当初から無効であったことを最終的に証明する婚姻の無効宣言によって当該婚姻の状況を明確にすることになります。ここでは、通常の訴訟に見られる司牧的な意味での和解を試みる必要はありません。なぜなら婚姻の無効訴訟は、婚姻の秘跡が、そもそも存在していなかったという事実について、正義と真実を尊重して明らかにするために実施されるものだからです。

婚姻の有効性について疑いが持たれる場合、もし現実的に配偶者同士の正式

---

[177] 教皇庁法文評議会,『婚姻の尊厳』の第143条は次のように定めている。「配偶者が訴訟手続きの最中に死亡した場合は次の措置をとる。1. 準備手続の終結以前は、他方配偶者、または利害関係を有する他の者が継続を請願するまで審理は停止される。この場合、訴訟継続によって得られる適法な利点が明示されなければならない。2. 本指針第237条に従って準備手続が終結したならば、裁判官は、もしあれば訴訟代理人、なければ故人の相続人または承継人を召喚して、訴訟を続行しなければならない (cf. cann. 1518, 1675 §2)。」

な合意が期待できるなら、裁判官は、その婚姻が秘跡として真正なものとなり、真の夫婦の共同生活が構築できるよう、婚姻の有効化への道を示さなければなりません。

裁判官が、婚姻が有効であると社会通念上の確信を持つことができる場合、配偶者間の平和な共同生活が回復されるように、裁判官はあらゆる措置を講じなければなりません。

法律を適正かつ的確に施行するための訴訟法が、自発教令『寛容な裁判官、主イエス』によって改正されました。その「手続き規則」の第2条から第5条において、司牧的な調査手続きに関する規定が設けられています。これにより、信者が自己の婚姻の有効性を確認したり、あるいは結果として訴訟手続きを開始するための手順が示されています。別居や離婚をしている人たちの状況を把握するため、またその後に続くことになるであろう裁判手続き（それが通常の手続きであれ略式手続きであれ）に必要な資料を収集するため、裁判開始前の予備調査＝司牧的調査を行うことになります。これは教区の中で統一された婚姻の司牧的配慮のうちに展開されるべきです。このような調査は、例えば主任司祭をはじめ、結婚に向けて配偶者の準備を担当した人、聖職者、修道者、信徒など、地区裁治権者が適当と判断した人に委ねることができます。彼らは当事者双方が婚姻無効訴訟を申請することに同意しているかどうか調査しなければなりません。このような調査は、最終的に訴状（libellus）にまとめられ、もしそれが適切であれば、管轄裁判所に提出されることになります。

いったん訴状が受理された後、どのように行動すべきかを知るためには、この段階で法務代理が行うべき一連の手続きを定めている第1676条の規定を確認する必要があります。

婚姻訴訟の初期段階で最も重要な目新しい事項と言えるのが、いかにして争点[178]を確定するかということです。この争点は、これまでの通常の裁判であれば、相手方当事者から争点に関する意見を聴取した後に、裁判官の決定によって確定されていました。しかし新しい婚姻訴訟の規定では、当事者からの争点に関する意見表明には具体的に触れられておらず、裁判官は絆の保護官の意見を聴いたうえで職権により争点を決定書によって定めることになっています。それゆえ、当事者が提起する争点の受け入れということは、もはや考えられていないことになりま

---

178 ［訳者注］裁判で焦点となる無効要因、訴因のこと。

す[179]。

　現行の教会法第1691条第3項の一般原則により、訴状を受理するにせよ却下するにせよ、第1501条から1506条を適用する必要があります。
『寛容な裁判官、主イエス』の「手続き規則」の第10条に規定されているように、「**裁判官は、当事者が訴状の提出を妨げられる場合には、いつでも口頭による訴えを認めることができる。・・・・・・これは、当事者によって記された訴状の代替として十全な法的効果を持つ**」ものです。したがって訴状を受け取った法務代理は、これを根拠あるものと考えて受理した場合、訴状の末尾に決定を付加して、第1508条の規定にしたがって、その写しが絆の保護官に送られるように、また両当事者が訴状に署名していない限り、相手方当事者にも送られるように措置しなければなりません。仮に相手方当事者が訴状に署名していなかった場合、婚姻無効の訴えに対する自らの意見を表明するために15日間の期限が与えられます。

　前述の期間が経過し、相手方当事者が必要に応じて、また必要とされるだけ、自己の意見を述べるよう再度通告された後、絆の保護官の意見を聴取したうえで、法務代理は決定書により争点の定式を定めて、訴訟を通常の手続きで扱うべきか、あるいは第1683条から第1687条の規定に従って略式手続きで扱うべきかを決定しなければなりません。この決定は直ちに両当事者と絆の保護官に通知されなければなりません。

　もし訴訟が通常の手続きで扱われる場合、第1673条第4項に従って、法務代理は同じ決定書によって、合議制裁判官団を設置するか、2名の裁判補佐官を伴う単独裁判官を任命する措置を講じます。

　一方、略式手続きが採用された場合、法務代理は第1685条の規定に従って手続きを進めなければなりません。彼は調査官と裁判補佐官を（各1名）指名し、30日以内に開かれる法廷に、関係者すべてを召喚しなければなりません。

　争点の決定書は、婚姻の無効性が確証される争点の定式を述べることだけに

179　当事者が提起した争点の受け入れの可能性が消滅したことは、実際の弁護権の行使を危うくすることにもなりかねない。例えば申立人の提起した争点に対して相手方が異議を申し立てようとする場合や、この段階で相手方が婚姻無効の他の理由を導入しようとする場合は、特にそうである。以前の教会法第1677条第2項では、争点決定時の訴訟併合の可能性が想定されており、さらにその第4項では、決定書の通知から10日以内に反論を提出する機会が設けられていた。なお、教会法第1513条第3項の規定は有効のままなので、10日以内に裁判官の決定の変更を訴えることは可能である。

限定されるべきでなく、婚姻の有効性がどのような理由によって争われるのかを明確に定めなければなりません。

　婚姻訴訟において尋問に立ち会う権利を有し、司法手続きのすべてを知る権利を持つのは、いったい誰でしょうか?

　絆の保護官、両当事者の弁護人、ならびにもし裁判に加わっているなら公益保護官も、第1677条第1項第1号-2号において定められている権利を有し、訴訟当事者、証人および鑑定人の尋問に立ち会うことができます。ただし、裁判官が事案および関係者の状況を考慮して、第1559条の規定にしたがって秘密裡に審理を進めるべきだと判断することも可能とされています。第1559条に特に明記されているわけではありませんが、このような除外規定は、絆の保護官や公益保護官に対しても適用されるものと考えられます。しかしこのことは、たとえ記録の公表前であっても(cf. can. 1598 §1)、これらの人々が裁判記録(事案の重要事項に関する訴訟記録[acta causae]と司法手続き[can. 1472 §1]に関する手続き記録 [acta processus]を含む)を閲覧することに対しても、さらに両当事者が提出した文書を吟味することに対しても適用されるとなると問題が生じます。

　第1677条第2項は、証人および鑑定人の尋問に、相手方当事者が立ち会うことはできないと明確に定めています。自発教令『寛容な裁判官、主イエス』によって改訂された第1678条の最初の2項は、両当事者および証人の裁判上の証言に関する教会法典公布時の第1679条の内容を部分的に取り上げています。ただし以前の第1679条では、裁判官の責務として、両当事者の信ぴょう性をでき得る限り慎重に評価すべきことが強調されていました。

　証拠の評価に関する大きな変更点として、訴訟における当事者の供述の価値の評価が挙げられます。というのも、現在、当事者の供述は、仮に単独であっても状況次第で十分な挙証能力を持ち得るものとされているからです。

　当事者の供述は、第1536条第2項によれば、それ自体では正規の挙証能力を有さないとされているため、当事者の供述の信ぴょう性を評価するために、裁判官は他の要素をもってこれを確証すべきであるとされています。裁判官は、それらの要素が十分でないと考えるなら、それを証明するために他の手がかりや、補助的要素を用いることになります。

　裁判上の自白と当事者の供述は、それらに反対する他の要素がなく、さらに裁判官が他の手がかりや要素に基づいてこれに関して十分に評価できるなら、挙証能力を有するものと認めることができるとされています。

証拠を十分価値あるものとして認めるためのこのような一般原則は、単一の証人の証言にも適用できます。つまり資格を持った証人が、職務上扱ったことがらについて供述する場合、あるいは状況が十分に信頼に値するものと考えるよう示唆を与える場合、一人の証人の証言であっても、同じように十分な挙証能力を持つものと認められます。

　交接不能（can. 1084 §§1-2）あるいは精神疾患（can. 1095）による婚姻の合意の欠如に関する無効訴訟では、裁判官は、1人または複数の専門家による鑑定を用いなければなりません。ただし状況から判断して、専門家の介入が全く必要でないことが明らかである場合はこの限りではありません。

　婚姻無効訴訟において、あるいは他の理由のために、第1574条の規定に従って、科学技術の原理に基づいた専門家による調査および意見が必要とされる度ごとに、事実の立証のため、または事物の本性を確認するために、専門家の鑑定が用いられなければなりません。

　婚姻無効訴訟の調査中に、婚姻が未完成であったという事実について疑いが生じた場合、いったいどのように対応すべきでしょうか？

　このような疑いが生じた場合、双方の当事者から意見を聴取した後、婚姻無効訴訟はいったん中断されることになります。こうして両当事者に諮って無効宣言訴訟が中断されると、事案は司法手続きから行政手続きでの扱いとなり、以後、裁判所は未完成の認証婚に対する特免のための手続き規則にしたがって手続きを進めていくことになります。この場合、裁判官は手続き上、以下の手順を踏むことになります。まず、未完成の認証婚に対する特免のための調査を進めこれを完了させます。次いで両当事者から、あるいはたとえ他方当事者が反対していたとしても一方の当事者から、第1697条に従って特免の恩典をローマ教皇に請願します。その際、無効訴訟を審理した裁判所の意見書、裁判所を管轄する司教の意見書を用意します。

「婚姻無効訴訟が諸教区合同裁判所で調査される場合、（『婚姻の尊厳』）第153条第3項の司教の意見書は、裁判所担当司教によって作成され、申立当事者の司教に助言を求めて、少なくとも請願された免除を与えることの適切さについて述べるものとする。」[180]

---

[180]　教皇庁法文評議会，指針『婚姻の尊厳』第154条。

17.1. 婚姻無効宣言のための訴訟

　前述の文書が使徒座に送付される際、実際にはローマ控訴院に設置されている未完成の認証婚に対する特免手続きの担当部署に書類が送付されることになります[181]。

　婚姻の無効を最初に宣言した裁判所の判決が出されるとどうなるのでしょうか？現行の教会法第1679条は、最初に判決を下した裁判所が従うべきことがらを定めています。

　第一に、婚姻無効宣言の判決を下した裁判所とは、それを最初に言い渡した裁判所のことを指します。この裁判所は、第一審もしくは第二審の裁判所どちらの場合もあり得ます。第二審の裁判所が無効宣言を出す場合とは、すなわち第一審では婚姻の有効性を認める判決が言い渡され、これに対して申立人が第二審の裁判所に上訴したことを意味します。

　第1630条から第1633条に従って、法律に定められた控訴期限[182]が経過してもなお上訴がなされなかった場合、婚姻の無効を宣言した最初の判決の執行が決定されます。この点において、新しい教会法第1679条は、改革の根本的な基準を適用したものとなっています。すなわち、当事者双方に新たな教会法上の婚姻が認められるためには、婚姻の無効を支持する二度の一致した判決がもはや必要ではなくなったということです。これが、まさに自発教令『寛容な裁判官、主イエス』の序文の第1項において意図されていることです[183]。

　教会法第1680条の最初の3項は、第1619条から第1640条の規定に従って、判決に対して上訴する方法について規定しています。上訴は、自己の利益が害されたと考える当事者、ならびに公益保護官および絆の保護官によっても提起することができます。

　もし当事者が第二審あるいはそれ以上の審級の裁判所に対して上訴し、その裁

181　教皇ベネディクト16世により新設された機関、自発教令形式による使徒的書簡『クエリット・センペル Quaerit semper』（2011年8月30日）, in *EV* 27/578-584を参照。

182　［訳者注］教会法では、上訴を行う場合は、原審の判決の通知後、15日以内に原審の裁判所に対して上訴を提起し、それから1ヵ月以内に上級審の裁判所に上訴手続きを申請することになっている (cf. cann. 1630, 1633)。

183　2013年2月11日に、3年間の期限付きでローマ控訴院に付与された特別権限の第1項は次のようなものであった。「婚姻無効を宣言する控訴院の判決は、その全てが執行可能とされる。したがって婚姻無効を確定するための二度の一致した判決を言い渡す義務は廃止されるものとする。」(*Quaderni dello Studio Rotale* 22 [2015] 43)

判所が上訴の申請とともに、婚姻無効宣言訴訟の判決文と訴訟記録および手続き記録からなるすべての裁判記録を受領すると、合議制の裁判官団が設置され、絆の保護官が任命され、さらに両当事者に対して意見書を提出する期間が定められます。

その後、もし上訴が明らかに遅滞させるためだけのものであることが判明した場合、合議制裁判所は、第一審の判決を認証する決定書を出します。もし上訴には十分な根拠があると判断され、これが受理されたなら、合議制裁判所は第一審と同様に、すなわち法に定められた正規の手続きに従って判決を下すことで結審に至るまで、訴訟の審理を新たに行うことになります。

婚姻訴訟が上訴されたとき、上訴審において果たして婚姻無効の新しい訴因が認められるでしょうか?以前の教会法第1683条の規定を引き継いだ新しい第1680条第4項は、上訴審において婚姻無効の新しい訴因が提起されることを認めています。

この条文に従って、婚姻無効宣言の手続きにおいて、上訴に際して婚姻無効の新しい訴因を導入することが認められる場合、当然、第二審の裁判官は、判決に至るまで通常の手続きに従って裁判を進めることになります。

最終的に、上訴審としての裁判所が、同一の訴訟のために新しい訴因を認める権利を有しています。その際、上訴審の裁判所は、この新しい訴因については第一審の裁判所として審理することになりますが、第一審で提訴された訴因については、通常どおり第二審の裁判所としてこの審理を行います。

現行の教会法第1681条は、第1644条の規定に従って、訴訟のための新たな審級として第三審の裁判所に対して上告できる可能性を保証しています[184]。その際、30日の猶予期間内に、申立人は婚姻の無効を訴えるための新しくまた重大な証拠あるいは論拠を提出しなければなりません。

人の身分に関する訴訟(cf. cann. 1643-1644)は、いかなる場合でも、判決が確定されること(res iudicata)はありません。つまり判決は既判力を生じません。これは夫婦の別居に関する訴訟であっても例外ではありません。訴訟に対する新たな審理手続きが開始されても、一度確定した判決の執行が中断することはありませんが、法が別に定める場合や上訴審が第1650条第3項に従って判決の執行を停

---

184 第一審の婚姻の無効を肯定する判決は、ローマ控訴院に対して上訴できる他、マドリード控訴院やハンガリーの首座大司教裁判所に対しても上訴できる。

止する場合はこの限りではありません。

　人の身分に関する訴訟では、判決が確定されることはないので、新たな訴訟の提起も認められます。これは訴訟の新たな審理ないし再審とも呼ばれるものです。2015年12月7日の教皇の答書では次のように述べられています。

「当事者のいずれかが、新たに婚姻を締結した場合、ローマ控訴院に対する新しい訴因の提起（nova causae propositio）としての上訴は認められません。ただし、判決に関する不正が公然なものとして明確である場合はこの限りではありません。」[185]

　婚姻の無効宣言の判決が第一審裁判所によって言い渡されると、その法的効果として、婚姻の無効が宣言された当事者双方は新たな婚姻契約を締結することができるようになります。ただしそれは、無効宣言の判決が利害関係者に対して正式に通知された場合であり[186]、かつその判決が新たな婚姻契約の締結を禁止するものでなく、また地区裁治権者から新たな婚姻契約の締結を禁止する旨の命令が課されていない場合です。

　婚姻の無効を肯定する判決文も、また上訴の場合は婚姻の無効判決を認証する決定書も、特別な宣言としての性質を有するものであることから、教会法第1650条－第1655条で述べられているような執行命令も執行者も必要とせず、それ自体に執行力があるものとされます。すなわち、上述の判決文も決定書も、訴訟当事者はそもそも教会法的な意味で正式な配偶者であったことはないと宣言するものであるため、判決の通知後10日間の猶予期間といったようなものは全く設定されていません。こうして両当事者は、再び婚姻を締結することができるようになります。

　当事者双方に対する婚姻無効判決の通知がなされ、判決の執行が決定すると、法務代理は、直ちに婚姻が締結された場所の裁治権者にその旨を通知しなければなりません。地区裁治権者は、可及的速やかに当該婚姻の無効宣言が出

---

[185]　教皇フランシスコの答書の第3号は、教皇ベネディクト16世によって付与された2013年2月11日の特別権限の第2項を継承している（*Quaderni dello Studio Rotale* 22 [2015] 43）。

[186]　自発教令『寛容な裁判官、主イエス』の「手続き規則」の第13条にあるように、一方の当事者が、訴訟に関していかなる情報をも受け取ることを拒否した場合、訴訟の通知に関しては、判決の主文だけを通知することになる。

されたこと、および判決あるいは地区裁治権者の決定により新たな婚姻の締結が禁止されたことも合わせて、婚姻台帳と洗礼台帳に確実に記載されるよう取り計らわなければなりません。

　婚姻の無効宣言の手続きに関して、教皇フランシスコの下で実現された改革の最も画期的なことの1つは、やはり自発教令『寛容な裁判官、主イエス』の序文の第3-4項に述べられている基準に従って行われる、司教の前での略式婚姻訴訟・略式手続き（processsus brevior）です。

「司教自身が裁判官である・・・・・・そのため、婚姻の事案に関して司法的な任務を教区の担当者に任せっきりにしないことが切に望まれます。それは、特に婚姻の無効が明白な案件を解決するために定められる『より簡略な手続き』（processsus brevior）に関して切望されます。」

　略式手続きの制定は、2014年に開催された結婚と家庭に関する世界代表司教会議の第3回臨時総会の最終報告書『レラツィオ・シノディ　Relatio Synodi』と直接関係していますが、その手続きそのものは、すでに教会法上の規則として特に使徒座最高裁判所署名院に対して定められた固有の規則として知られていたものでした[187]。

　婚姻訴訟の改革の根本的な原則に従って、また司教の司法的・司牧的役割を集約すべきだという要求に答える形で、新しい教会法第1683条は、略式手続きの方式が採用される場合、婚姻の有効性に関する審判を直接司教の任務としているのです。この手続きは、配偶者の双方から[188]、あるいは相手が同意したうえでその一方から訴えが提起され、事実と人の状況からより詳細な調査や尋問をもは

---

[187]　『教会法典』においては、無効性が公然で明確であるような事案の場合、公益保護官が婚姻の無効を訴えるにことができるとされている。使徒座最高裁判所署名院で扱われる、もはや詳細な審理と調査を必要としない婚姻の無効宣言に関する、教皇ベネディクト16世の自発教令『アンティクア・オルディナツィオーネ・レックス・プロプリア Antiqua ordinatione Lex propria』（2008年6月21日）の第118条に言及することは有益と思われる（cf. EV 25/1120）。使徒座署名院では、この自発教令に基づいて、このような事案についてすでに簡略化した手続きが採用されていた。

[188]　自発教令『寛容な裁判官、主イエス』のような訴訟法においては、「配偶者（coniuges）」よりも「当事者（partes）」という言葉が使用される傾向にあるということを明記すべきであろう。

や必要とせず、無効性を明らかに証言または文書の証拠によって裏付けられる場合にのみ実施できるものです。

　配偶者の双方が揃って婚姻の無効を訴える場合でも、あるいは他方当事者が同意したうえで、一方の当事者から訴えが提起される場合でも、その後、相手方が沈黙を貫くことも裁判所の審判に委ねることもできるといった状況を考慮する必要があります。そのため「手続き規則」の第11条第2項は次のように定めています。

「相手方当事者が、裁判所の判断に委ねるか、適法に再度召喚された後も何ら回答を寄せない場合、訴えに反対しないものと解釈される。」

　司教の前での略式手続きを進めるための他の条件は、婚姻の無効性を容易に明らかなものと認めることのできる事実と状況があるかどうかということです。そのために、証拠書類、診断書、さらに高い信頼性のある証言など、容易に入手可能な明白な証拠に基づくものが必要となります。無効性の明白さや証拠が即時に入手可能であることは、訴状（libellus）およびその添付文書からだけでなく、訴訟を開始する訴状を受理した後に、相手方が、共同請願するか申立人の請願に同意する形で訴状の中に示した内容からも推測することができるでしょう。

　さらに、自発教令『寛容な裁判官、主イエス』の「手続き規則」では、婚姻の略式訴訟が認められる具体的な状況が規定されています。「手続き規則」の第14条第1項に列記されている事実および状況の長い具体例の一覧は、明白な無効判決を下すことにつながる一連の諸状況として捉えるべきものであって、それによって確実に無効性が立証され得る事実上の根拠と考えるべきではありません。個々の状況は、それぞれ異なる証拠価値を有していますが、それらは各々の婚姻において、訴訟の根拠となり得る無効要因（訴因）と関連させて理解されなければなりません。

　司教の前で開始される略式手続きとは、改訂された教会法第1683条第2項で言及されている状況が、明確な証言や記録によって、さらなる評価や検証を必要とすることなく、直ちに無効性が立証される事案において適用されます。

　訴訟を開始する訴状には、すべての訴訟手続きのために必要な教会法第1504条で示されている項目に加えて、司教の前での略式手続きのために要求される訴状の内容とそれが依拠している事実とが明示されていなければなりません。訴状は、共同で提出されるか、申立人のみが提出する場合は、相手方の同意を得て

補完されていなければなりません。そして事実の表明に関しては、簡潔に、あますところなく、明瞭に必要とされる内容がまとめられていなければなりません。訴状には、裁判官が直ちに収集できる証拠が列挙されていなければならず、無効宣言の請願が依拠している文書記録が含まれていなければなりません。なお、「手続き規則」の第14条第2項には、「医師による診断書類のすべてが、訴えを支持する証拠書類に含まれる。それらの書類は、職権による鑑定の取得をもはや必要とするものではない」と規定されています。

　立法者は、自発教令『寛容な裁判官、主イエス』において、現実的なことがらとして、司教の前での略式手続きを開始するための訴状が、常に準備されるわけではないということを考慮しています。また「手続き規則」の第15条には次のように述べられています。

「もし通常の訴訟手続きを開始するための訴状が提出されても、法務代理は、訴訟が略式手続きによって扱われ得ると判断した場合、そして提出された訴状に相手方当事者が署名していないのであれば、法務代理は第1676条第1項に従って相手方への請願の通知の際に、相手方当事者も訴訟に参加する意向があるかどうかを裁判所に知らせるように求める。さらに必要と思われる場合はいつでも、訴状に署名した当事者の一方あるいは双方に対して、第1684条の規定に従って、訴状を補完するよう招かなければならない。」

　すでに述べたように、訴状がこのような形で適切に整えられていなくとも、略式手続きで訴訟を進めるのに十分な条件が揃っている場合、法務代理は、司教の前での略式手続きを開始することが可能であると評価を下すことができます。加えて第1685条は、法務代理が従うべき、より詳細な手順を定めています。法務代理は、争点を決定するために、争点の定式を定めた決定書を発行しなければなりません。それと同時に、決定書の中で調査官と裁判補佐官を指名して、第1686条に従って30日以内に開かれる法廷に、事案に関係するすべての者を召喚しなければなりません。この関係者とは、すなわち両当事者、弁護人、絆の保護官、必要な場合は公益保護官、そして訴訟を開始する訴状の中ですでに表示されている証人です。

　法務代理は、自らを調査官として指名することができます。しかし「手続き規則」の第16条では、「できる限り、訴訟の発端となった教区から調査官を指名すべ

きである」と規定されています。この規定は、明らかに諸教区合同裁判所での訴訟を想定しているものと言えます。

　訴状提出の時点でそのことがなされていなかった場合、法務代理は、第1685条で言及されている審問のために法廷への召喚を行う決定書の中で、「手続き規則」の第17条に記述されているとおり、「当事者または証人の尋問において尋ねて欲しい内容の項目は・・・・・法廷での審問の3日前までに、提出することができる」ことを両当事者に知らせなければなりません。

　略式手続きの本性上、この審理は、ただ一度の法廷での審問で解決されるべきです。訴訟は常に真実に従って行われるという原則に拘束されていることから、当然、この規定は、第1686条に述べられているように絶対的な義務とはされておらず、特殊な事情においては具体的にそれが遂行可能かどうかといった条件に左右されることになります。判決を準備するための調査が終了すると、調査官は、公的私的の訴訟関係者に対して、絆の擁護のための意見書と、もしそれがあれば当事者側の抗弁書が提出されるために15日間の期間を与えなければなりません。この条文を見る限り、絆の擁護のための意見書は必ず提出されなければならないということは明らかですが、一方で当事者の抗弁書は、あくまでも本人たちがそれを適当と考える場合を除いて絶対必要とされてはいません。

　司教の前で行われる略式手続き (processus brevior coram episcopo) では、裁判官ではなく調査官 (instructor) が調査を進めるよう定められています。これを通常の裁判の聴取官 (auditor) の任務と比較して考えてみると、この調査官に任命されるためには、『教会法典』が規定している聴取官となるための条件を満たしていれば十分であって、またこれらの条件を踏まえながら、第1428条第1項と第2項に従って、調査官の任務を遂行するために必要とされる資質を特定することができるものと思われます。

　可能な限り、聴取官は裁判補佐官 (assessor) によって補佐されます。この役職は、通常の手続きでもすでに必要とされているものす。例えば司教が単独裁判官に訴訟を任せるときには、2名の裁判補佐官が指名されるように定められています。教会法第1424条が単独裁判官による裁判のために、こうした役職を規定しているように、略式手続きの場合、法律は1名の裁判補佐官の指名について定め、この者が相談役として調査官を補佐することとしています。

　略式手続きでは、審問が1回の法廷に集中しているため、「手続き規則」の第18条第1項に述べられているとおり、「調査官が、人と事物の状況から、別様に

進めるべきと判断しない限り、両当事者および弁護人は、相手方当事者および証人の尋問に立ち会うことができる」とされています。この規定は、即時解決が要求される真実の究明において、あらゆる障害や矛盾、困難の解決を可能にさせるものと言えます。

「両当事者および証人の回答は、公証官によって書面に起草されなければならない。しかし、訴訟で扱われている婚姻の内容に直接関するものだけを要約する」と定めている「手続き規則」の第18条第2項でも、先ほどの集中の原則が尊重されています。簡略なものであれ、供述内容ならびに証言内容についての公証官による記録は常に必要とされています。しかし、だからといってこの略式手続きを、1917年の『教会法典』の口頭訴訟（processus oralis）の手順に従うものと捉えてはなりません。というのも、実際、それと比較してみると、司教の前での略式手続きは、口頭の審理が認められておらず、調査の結果に基づいて即座に決定が下されるものとされているからであり、より正確に言えば、決定を下すのは司教であって調査官ではないからです。

　事案の調査が終結し、絆の保護官の意見書が読まれた後、もしそれがあれば両当事者の供述も読み上げられてから、訴訟は教区司教の決定に移行することになります。裁判記録を受け取った後、単独裁判官を務める司教は、訴訟の内容に関して社会通念上の確信を得るに至ったか否かについて、一連の要件にしたがってこれを確認することになります。司教は、調査官ならびに裁判補佐官の助言を求め、絆の擁護のための意見書を評価して、もしあれば当事者の抗弁書をも考慮に入れる必要があります。

　これらの手続きの後、司教は社会通念上の確信を得るに至ったなら、肯定判決を下します。その一方で、もし必要とされる社会通念上の確信を得ることができなかった場合、司教は、その訴訟を通常の審理に委ねます。

　教区裁判所において判決を下すべき管轄司教を特定することは、何ら問題ではありません。しかし、諸教区合同裁判所の場合、「手続き規則」によると、「訴訟の調査が諸教区合同裁判所で行われた場合、判決を言い渡すべき司教は、第1672条に基づいて管轄権が定められる地の司教である。そうした司教が複数いる場合、当事者と裁判官の近接の原理（principium proximitatis）をできる限り順守しなければならない」（第19条）ことになっています。教会法の分野における近接という判断基準は、この条項において制定された新しい原則です。これは、今後、実務慣行、判例、教会の法によって、より明確に定められるべきこと

がらです。

　司教が調査官と相談のうえで、絆の擁護のための意見書と（もしそれが提出されていた場合は）当事者の抗弁書を精査してもなお、社会通念上の確信が得られない場合、司教は、訴訟を通常の審理に委ねなければなりません。この場合、第1687条第1項は、司教が婚姻の無効を否定する判決を下すのではなく、何よりもまず当事者たちに通常の手続きによって自己の婚姻の有効性に関する真実の究明ができるようにしなければならないということを定めているのです。

　もし教区司教が社会通念上の確信を得ることができ、婚姻の無効を宣言する場合、終局判決を下すことになります。「手続き規則」の第20条第1項に詳しく定められているとおり、判決の全文は司教と公証官によって署名されていなければならず、また判決の理由を明確に要約した形で述べ、できる限り速やかに、判決の日から一ヵ月以内に両当事者に通知されなければなりません。

　当然のことながら、仮に略式手続きのための訴訟請願書（petitio iudicialis）を両当事者が揃って提出したか、あるいは相手方の合意のもとに一方の当事者が提出した場合、当事者からの上訴は考え難いものとなります。したがって、司教が否定的な判決を言い渡すことができないということから、この場合は絆の保護官だけが婚姻無効判決に対して上訴する権利行使を許される人物となるのです。

　第1687条第3項は、新たな規律を導入して、上訴は主都大司教（管区大司教）あるいはローマ控訴院に対してなされるべきであると定めています。ローマ控訴院への上訴は、聖座への上訴を常に認めてきた古くからの教会の原則を反映する法律である一方[189]、管区大司教への上訴は、ローマ教皇が望んだ今回の改革の特色と言える基準の具体的な適用例であると言えます。実際、上訴の仕方は、判決を下す主体によって適宜変更されます。そのため、判決を言い渡すのが教区司教である場合は、管区大司教かローマ控訴院に上訴されます。もし判決が管区大司教によって下される場合は、上訴は同管区所属の司教のうち司教としての最年長者に対して行われます[190]。聖座に直属する司教の判決に対する上訴は、その

---

[189] 新しい婚姻無効訴訟手続きの施行と規則の順守に関する教皇フランシスコの答書（2015年12月7日）は、次の原則を確認している。「聖座の通常の上訴のための法廷として、ローマ控訴院の役割を承認する‥‥‥。」

[190] 教皇庁法文評議会、「自発教令『寛容な裁判官、主イエス』による新しい教会法第1687条3項における管区所属司教の年長者（Suffraganeus antiquior）について」、Prot. 15155/2015（2015年10月15日）、in www.delegumtextibus.va [http://www.webcitation.org/6u4zRN68M] を参照。

司教によって恒常的に選択された他の司教に対して行われます。

　上訴とはいえ、第1687条第3項に従って、それを審理しなければならない者が、これを認めるかどうかを判断すべきものとされています。もし上訴が、単に遅滞をもたらすためだけの理由でなされた場合、決定書によってそれを即刻（a limine──門前で）却下しなければなりません。その一方で、もし上訴が認められる場合は、通常の審理に委ねられることになります。

　2016年に、使徒座裁判所ローマ控訴院は、「自発教令『寛容な裁判官、主イエス』を適用するための手引き」（Sussidio applicativo del Motu proprio *Mitis Iudex Dominus Iesus*）[191] を出版しました。これは、婚姻無効宣言訴訟に対する新しい法律の適用において、特に司教と司教を助ける人々のための実務的なインストラクションとして作成されたものです。そのような意図を持ったこの手引きは、教育的かつ具体的なスタイルを用いて、婚姻訴訟の改革の結果として生じた最も重要な質問に答えることを目的としています。

　序論において、この改革が行われた精神を思い起こした後、この手引きは、改革の柱と呼ぶ改革の根本的な基準を繰り返し述べて、それらを4つの適用の原則としてまとめています。それらはすなわち、裁判の任務における司教の中心性、司法に関する司牧的奉仕における団体制、簡便かつ迅速な手続き、そして手続きの無償化です。

　この手引きでは、さらに司教が実現すべき2つの措置について説明しています。1つは自己の教区に裁判所を設立することで、もう1つは訴訟の予備調査のために司法に関する司牧的奉仕職（servizio giuridico-pastorale）を設置することです。予備調査が適切に遂行されるためには、教区の婚姻司牧の配慮の一環として、結婚の危機に際して配偶者たちに寄り添い、裁判所への訴願の必要性が明白になった時に彼らを助ける適切な人物の存在が必要不可欠です。このような人物は、訴訟にとって有益な情報を収集し、訴訟を開始する訴状を起草することができる者であるべきです。このため、司教は通常の手続きあるいは略式手続きのために、自らの裁判所を持つことが必要とされているのです。もし司教が自らの裁判所を持つことができない場合には、近隣の教区裁判所か諸教区合同裁判所のいずれか、より近い方に事案を委ねることができます。

191　［訳者注］この邦訳は『自発教令「寛容な裁判官、主イエス」適用のための手引き』─新しい婚姻無効訴訟のための諸規則─として2016年に教友社から出版されている。

17.1. 婚姻無効宣言のための訴訟

　通常の手続きによる訴訟の実施に際しては、改革のそもそもの意図を念頭に置くべきです。それは、すなわち当事者と証人による供述の証拠価値を重視、強化することであり、また未完成の婚姻に関して司法手続きから行政手続きへの移行をスムーズにするということです。自発教令『寛容な裁判官、主イエス』の最も重要な新しさとは、婚姻の無効を肯定する最初の判決だけで十分とされ、これに対して法の規定に従って上訴されないなら、判決が執行可能となるという点です。上訴が単に遅滞をもたらすためにだけなされた場合、上訴審の裁判官団は決定書によって第一審の判決を認証して当該上訴を却下します。もし上訴審において、婚姻無効の新たな訴因が申し立てられた場合は、当該裁判所は第一審としてこれを受け入れ審議を行います。判決の執行が決定した後、訴訟の新たな審理が認められる場合は、第三審の裁判所の管轄となります。

　司教の前での略式手続きによって訴訟が進められる場合、婚姻の無効が明白であることを示す状況の存在が前提とされ、そのことが証言や証拠書類によって支持されなければなりません。司教の前での略式手続きの請願書（petitio）は、当該司教に対して、または／およびその法務代理に対して提出される必要があります。一方、訴えの内容として事実、証拠、文書等を備えた訴状（libellus）は、教区の法務代理に提出されるべきです。このような略式訴訟では、手続きは迅速に行われ、通常、証拠収集のための法廷での審問は一度限りとされています。司教の唯一の責務は、婚姻の無効を肯定する決定だけを出すことですが、もし調査官と裁判補佐官と協議してもなお、司教が社会通念上の確信が得られない場合、その事案は通常の審理に委ねられることになります。この略式手続きにおける判決は、管区大司教あるいはローマ控訴院の長官に上訴することが認められています。しかし、上訴が単に遅滞をもたらすためにだけ行われた場合は却下されます。

　最後に、ローマ控訴院の「自発教令『寛容な裁判官、主イエス』適用のための手引き」には、次の4つの内容が付録として添付されています。

・婚姻訴訟制度の改革における教皇の「意思　mens」として次のことが明示された。すなわち教区司教は、個人として裁判官の役割を遂行するうえで、自己の教区裁判所を設置することに生来の自由な権利を有するとともに、使徒座裁判所署名院の許可を得て、同一教会管区内に、あるいは複数の教会管区内に、第一審ならびに第二審の諸教区合同裁判所を創設する権利を有すること。

・新しい婚姻訴訟についての答書 *ex Audientia Santissimi* では、以下のことが述べられている。地方教会裁判所（tribunali ecclesiastici regionali）は廃止され

ること[192]。婚姻無効に関する判決ないし決定について、ローマ控訴院の決定に対しては上訴の余地はないこと。一方の当事者が新たな教会法上の婚姻を締結した後は、ローマ控訴院に対して新たな訴因の提起（nova causae propositio）は認められないこと。ローマ控訴院長官は、重大な理由に基づいて手続き上のことがらに関する控訴院の規範を免除する権限を有すること。東方教会からローマ控訴院の審判に委ねられていた権利に関する訴訟（causae iurium）は、それぞれの地区の裁判所の管轄に戻されること。ローマ控訴院での訴訟は、無償の訴訟支援によって裁判が行われること。

- 自発教令『寛容な裁判官、主イエス』に基づく婚姻無効訴訟の詳細な手続きの流れ
- 決定書の例文集──①第一審の教区裁判所の設置の例文　②既存の教区裁判所に対する婚姻無効訴訟の管轄権の付与の例文　③諸教区合同裁判所からの離脱と近接した裁判所への加入の例文　④複数管区のための第一審および第二審の諸教区合同裁判所の設置に際しての使徒座署名院へ許可申請の例文

［教会法典］

「文書訴訟」

第 1688 条　第 1676 条の規定に従って提起された訴状を受理した後、教区司教または法務代理、または任命された裁判官は、通常の裁判手続きの形式を省略して、当事者双方を召喚し、絆の保護官の立ち会いのもとに、婚姻無効の判決を言い渡すことができる。ただし、異議も抗弁もできない文書から、無効障害の存在または適法の形式の欠如が証明され、かつ同時に、それと同じ確かさで免除が与えられなかったこと、または代理人に有効な委任状が欠如していたことが明らかとなった場合に限る。

第 1689 条　（1）この言い渡しに対して絆の保護官は、熟慮のうえ第 1688

192　［訳者注］教皇ピオ 11 世, 自発教令『クア・クーラ　*Qua cura*』（1938 年 12 月 8 日）参照。

条にいう欠陥にせよ免除の欠如にせよ、それが確実でないと判断した場合、第二審の裁判官に上訴しなければならない。この裁判官に訴訟記録を転送し、書面をもって文書訴訟であることを注意しなくてはならない。
（2）この言い渡しによって被害を受けたと考える当事者は、上訴する権利を妨げられることはない。

第1690条　第二審の裁判官は、絆の保護官の立ち会いのもとに当事者の意見を聴取したうえで、第1688条所定の様式と同じく判決を再認すべきか、または法所定の通常の形式を踏んで手続きを進めるかを判断しなければならない。この後者の場合、第一審の裁判所に差し戻す。

「配偶者の別居訴訟」

第1692条　（1）受洗した配偶者たちの別居は、その地域に対する適法な規定が別に定められていない限り、教区司教の決定または後続の条文規定による裁判官の判決によって許可され得る。
（2）教会の決定が国家法上の効力をもたらさない地域である場合、または国家法上の判決が神法に背反しないことが予見される場合、配偶者が居住する教区の司教は、特殊な事情を考慮したうえで、国権による裁判所に訴える許可を与えることができる。
（3）訴訟が単に婚姻の国家法上の効力に関する場合であっても、裁判官は、前項の規定を踏まえたうえで、訴訟の当初から国権による裁判所に移管するように努力しなければならない。

第1693条　（1）当事者の一方または公益保護官が通常の民事訴訟を請求しない限り、口頭による民事訴訟を適用しなければならない。
（2）通常の民事訴訟が適用され、上訴が提起される場合には、第二審の裁判所は、規定された手順を踏まえて、第1682条第2項の規定に従って訴訟を進めなければならない。

第1694条　裁判所の管轄権については、第1673条の規定に従わなければならない。
第1695条　裁判官は訴訟を受理するのに先立ち、また成功が期待できる場

合にはその都度、司牧的な手段を用いて配偶者が和解し、夫婦の共同生活を回復するように導かなければならない。

第1696条 配偶者の別居訴訟は、公益にもかかわるので、第1433条の規定に従って公益保護官が常に介入しなければならない。

17.2. 未完成の認証婚に対する特免のための訴訟
cann. 1697-1706 CIC; can. 1384 CCEO

　未完成の認証婚に対する特免のための訴訟（processus ad dispensationem super matrimonio rato et non consummato）は行政的な性格を有するものです。この制度は、未完成の認証婚では、婚姻の絆からの免除が正当化されると定める法律を前提としています。それは、婚姻が未完成である場合、その不解消性は未だ決定的なものとはなっていないため、新たな婚姻契約の締結が許されるという原則に依拠しています。

　この種の特別な訴訟では、自己の権利の保護を求める原告は居らず、特免の恩典を請願する請願者がいるということになります。それゆえ争訟において判決を下す裁判官も居らず、請願された特免の付与のために必要な証拠を収集する調査官[193]だけがいることになります。また当事者間の主張が相反する必然性はなく、実際に配偶者双方によって請願書が提出される可能性もあります。そしてこの場合、被告と呼ばれる人物は居ないことになります。ただし、特免を請願することについて、相手方当事者との間で合意がない場合にのみ、意見の相違が生じる可能性があります。この種の特別訴訟は、判決ではなく特免の付与によって終結します。特免は本質的に恩典であって司法的行為（正義のための行為）ではありません。この特免は、唯一、使徒座（ローマ控訴院）による判断に基づいて、ローマ教皇に

193　［訳者注］通常、裁判官を務める者が調査官を担当することが多い。婚姻無効訴訟から移行した場合も同様である。もともと1983年の教会法典には裁判官と記されていたが、1986年に秘跡聖省から公布された回状『未完成の認証婚の特免手続き』では調査官と統一された表記が用いられた。そのため文献によって、本手続きの調査官は、法典にならって裁判官と表記されたり調査官を務める裁判官などと表記されることがある。実際、本書の底本のイタリア語版ではおもに調査官という言葉が使われているが、英語版では専ら裁判官と表記されている。

よって与えられます。

　配偶者だけが、仮に他方が望まないとしてもその一方だけでも、未完成の認証婚に対する特免の恩典を請願する権利を持っています。

　これは配偶者の排他的な権利であるため、絆の保護官はこの免除を申請する権限を持ちません。この排他性の理由は、配偶者間には未だ婚姻の絆が存在しているため、秘跡によって特別な仕方で、婚姻の単一性と不解消性が存続しているからです。

　この手続きのローマ教皇庁の管轄機関は、2011年8月30日付の教皇ベネディクト16世の自発教令『クエリット・センペル *Quaerit Semper*』により、典礼秘跡省からローマ控訴院に設置された未完成の認証婚の解消手続きを取り扱う事務局に移されました。そのため現在は、この事務局が、当該事案に関するすべての文書、管轄司教の意見書、および絆の保護官の意見書を受け取ることになります。

　さらにこの事務局は、1986年12月20日に当時の秘跡聖省によって制定されたこの手続きのための特別規則[194]に従って、特免を求める請願を精査し、事案に関して特免の付与が妥当とされる要件を満たしているかどうかを確かめたうえで、これをローマ教皇に提出します。

　『東方教会法典』の第1384条は、この手続きを実施する管轄権者および恩典を与える権威者について明記していないため、それ自体としては『教会法典』の第1698条とは一致していません。しかし『東方教会法典』は、使徒座、とりわけ典礼秘跡省が前述の回状をもって制定した特別規則について、これが東方教会にとっても有効であると述べるだけにとどめています[195]。

　この訴訟の管轄権を持つ教区司教は、信徒の服属を決定する基本原則、すなわち住所および準住所によって特定されます。したがって、訴状を受理すべき管轄権を有する司教は、請願者（他方が望まない場合はその一方の配偶者）または共同請願者として配偶者双方が、住所または準住所を有する教区の司教となります。法律の見直しの際に、婚姻契約を締結した場所の教区司教の管轄事案とする提案もあったのですが、この種の事案では、司法権が行使される司法手続きを行うの

---

[194] 秘跡聖省，回状『未完成の認証婚の特免手続き *De processu super matrimonio rato et non consummato*』（1986年12月20日），in *EV* 01/1012-1044。［訳者注］この回状に関する解説は『カトリック教会における婚姻』（2017年、教友社）の396-408頁に記載されている。

[195] Cf. *Communicationes* 4 (1972) 70.

ではなく、あくまでも行政権が行使される特免の付与の手続きを行うということから、このような提案は採用されませんでした。教区司教は、訴状を受け取ったら、その訴状が説得力のある理由に基づいているかどうかを調べます。いずれにせよ教区司教は、成功の見込みがある場合はいつでも、問題を解決させ、夫婦の共同生活を回復させるよう、配偶者らを招くよう努めなければなりません。

訴訟を開始する手続きが完了したら、教区司教は、次の3つのうちいずれかを実施することになります。
- 請願に十分な根拠がある場合、教区司教は、請願書を受理する決定書を出して、調査を開始する
- 請願が法的または倫理的観点から特別な困難を伴う事案である場合、教区司教は聖座に判断を仰ぎ、その指示に従う
- 請願に根拠がなく、したがってさらなる調査が無用であると判断された場合、教区司教は訴状を却下する決定を下し、配偶者らにその旨の通知を行う

教区司教による訴状却下の決定を受けた後、配偶者双方または相手の配偶者が望まない場合は一方の配偶者は、使徒座に上訴することができます。

教区司教は、未完成の認証婚の特免のための訴訟手続きを他者に委任する権限も有しています。賢明さおよび適切さの点からして、教区司教は、自ら直接この調査を行うべきではなく、恒常的にまたは個別的に、他者にその任務を委ねるべきであると言われています。そのために司教は、個々の事案に対して最も適した人物または機関を選定できるよう幅広い可能性を備えておくべきです。それらは、自己の教区裁判所、あるいは他の教区裁判所もしくはこの任務に適した聖職者であるでしょう。つまり、特別デリケートなこの任務を遂行するうえで、必要な司牧的資質を有し、そのような調査をどのように行うべきかを慎重に判断できる、十分な経験を有している人物が求められるのです。

この調査は、婚姻の無効宣言訴訟のための調査を開始したものの、その婚姻が未完成である可能性が極めて高いと判断した裁判所によっても遂行されます。

未完成の認証婚の特免の請願は、婚姻無効宣言の請願と併せて提出することができます。この場合、調査は同一の裁判所によって行われることになりますが、2つの手続きは互いに区別されます[196]。なぜなら、それぞれの裁判所の行為が依拠

196　Cf. *Communicationes* 11 (1979) 275.

する教会の法的権限の根拠が異なるからです。実際、未完成の認証婚のための特免の手続きは、行政権によって行われるものであり、婚姻の無効宣言の手続きは司法権によって行われるものです。またそれぞれの請求の内容も異なっているため、特免の請願は教区司教に提出され、婚姻無効宣言のための訴状は教区の第一審裁判所に提出されます。最後に、訴訟の調査記録の公表に関しては、婚姻の無効宣言訴訟の場合は、記録は関係者に公表されなければなりませんが、未完成の認証婚の手続きの場合は、調査記録は公表されません。

　未完成の認証婚のための特免の手続きにおいては、両当事者および公証官のような職員の他に、婚姻の絆が未だに有効で在り続けていることから、常に絆の保護官の存在とその働きが必須とされます。もし絆の保護官の介入がない場合、手続きそのものは無効となります。この手続きでは、関係当事者に弁護者（patronus）を付けることはできません。すなわち、訴訟代理人（procurator）や弁護人（advocatus）等は調査に介入することができません。それはこの手続きが、判決ではなく特免を付与する目的で行われる行政手続きであるからです。

　教区司教は、事案が困難な様相を呈している場合、あるいは使徒座から法律の専門家の介入を命じられた場合、または手続きの迅速な進行が求められる場合に、請願者および相手方が法律の専門家の助けを借りることを許可することができます。こうした法律の専門家の任務は、手続きの開始時および証拠の収集において当事者を助けることです。

　調査においては、2つの重要な要素に焦点が当てられます。それは、婚姻が未完成であるという客観的な事実と、特免を付与するための正当な理由の存在です。これらの要素についての証拠として、個人に関する性質のもの（請求を提出した当事者だけでなく配偶者双方の事情聴取に基づく当事者に関する情報）の他、事実に関する性質のもの（argomento morale：配偶者および証人の供述内容の信用性、手続き過程のすべての側面についての信用性、争訟および婚姻の無効宣言の手続きにおいて収集された証拠も適宜参照することで得られる結論）や、身体的性質のもの（argomento fisico：男性、女性双方による婚姻の未完成の事実の証明、必要に応じて実施される専門家による証明）が含まれます。

　これまで、両当事者が婚姻の未完成の事実について、ならびに特免付与の正当な理由の存在について、その証拠を収集する権利をより行使し易くするために、訴訟記録を公表して欲しいという少数派の要請があったものの、使徒座の顧問団は、この要求を受け入れることはできないということで合意しました。そのときに説明

された今でも意義ある理由とは、この種の手続きにおいて証人の教唆（偽証）の危険は常に回避されるべきであるということでした。そもそも未完成の認証婚に対する特免は、恩典であって権利ではないからです[197]。

このような理由から、調査記録を公表することは出来ないものの、調査官を務める裁判官が関係当事者に対して、その者にとって利害関係のあることがらについてのみ慎重に情報を開示することは可能とされています。このことは、一方の請願者からすれば、自らの請願に反対する重大な異議（反対理由）があることを知ることを意味しますが、相手方配偶者にとっては、他方の配偶者の請願に対して重大な異議があることに気づくことができるものとも言えるです。そのため調査官である裁判官は、すべての調査記録を公表することなく、当事者からの求めに応じて、一部の提出された文書または証言だけを開示することができるとともに、その当事者に対して、意見書を提出する期限を定めることもできるとされているのです。

調査官である裁判官は、証拠の収集が完了したら、調査終結の決定書を出します。そこで、絆の保護官は、職務上（ex officio）、未完成の認証婚の特免付与に対するすべての合理的な反証を提示してこれを説明する義務を負います。調査官は、訴訟記録に添付する適当な報告書を作成するように求められます。この報告書において、調査官個人の意見が求められるのですが、この手続き規則の見直しの過程で、この調査官の意見が、司教の意見書にどれほどの影響を及ぼすかということについては疑問が残りました[198]。さらに調査官である裁判官は、当該事案に関して教区司教に対して、手続きのすべての内容を秩序立って説明し、訴訟の全記録を調査官個人の報告書と合わせて教区司教に送らなければなりません。教区司教は、個人的に、または総代理もしくは司教代理に特別な権限を与えて、真実に基づいた意見書（votum pro rei veritate）を作成することになります。意見書の内容は、婚姻の未完成の事実について、特免の付与の正当な理由および恩典を与えることの適切さ、躓きを生じさせないこと、信者たちに与え得る驚きの有無、また恩典を与えた結果として生じ得るあらゆる種類の損害について、ならびに恩典の付与によって与えられる信者（霊魂）の善益や取り戻されるべき心の平和といったことです。

手続きが教区内で行なわれた場合、間違いなく司教の意見書は、その教区の

197　Cf. *Communicationes* 11 (1979) 277-278.

198　Cf. *Communicationes* 11 (1979) 278.

司教によって作成されなければなりません。しかし司教が、別の教区の裁判所に調査を委ねた場合、婚姻の絆を支持する絆の保護官の意見書は、当該裁判所から提出されることになりますが、手続きを委託した司教は、調査官から送られた訴訟記録および報告書に基づいて自らの意見書を作成することになります。

　婚姻の無効を宣言する司法手続きから未完成の認証婚に対する特免の行政手続きに移行した場合、
「真実に基づいた意見書(votum pro rei veritate)は、諸教区合同裁判所の監督司教または地方教会裁判所の監督司教によって作成されます。前述の司教は、少なくとも特免の付与の適切さに関して、請願者(申立人)の教区司教と予め協議したうえで、自らの意見書を作成します。婚姻の無効訴訟が教区裁判所で扱われた場合、真実に基づいた意見書は、管轄権を持つ当該教区司教によって作成されることになります。」[199]

　司教は、訴訟記録を使徒座に送り、使徒座はすべての手続きの調査記録、調査官の報告書、絆の保護官の意見書(animadversiones)、司教個人の意見書、または総代理もしくは司教代理が特別な委任を受けて起草した司教の意見書を受領します。
　ローマ控訴院に新設された事務局は、現在、本事案の使徒座の段階における手続きの責任を負っています。ローマ控訴院の特別委員会を通じて訴訟記録が精査された後、次の3つの結論のうちのいずれかが採用されることとなります。
・教区司教に、調査が補完される必要があることを伝え、そのために必要な項目を示して再調査を要求する
・婚姻の未完成の事実を立証するために提出された理由が、それを証明するには不十分である場合、請願者が提出した請願書を答書をもって却下する
・事案の概要と管轄事務局の肯定的な意見書を教皇に送付し、特免の付与を教皇に勧める

　ローマ控訴院の管轄事務局が、特免の請願を却下した場合、法律の専門家は、教区の裁判所において訴訟の調査記録、調査官を務めた裁判官の報告書、および絆の保護管の意見書を調べることはできますが、教区司教の意見書を見る

---

[199] 典礼秘跡省，回状 *Congregatio pro sacramentis*, n. 23b, in *EV* 10/1038 参照。

ことは禁止されています。法律の専門家は、両当事者または関係当事者とともに、請願書を再度提出するために必要とされる重大な理由を提示することができるかどうか検討します。

　未完成の認証婚の特免のための教皇の答書は、特免の付与を肯定する自身の意見書を送った教区司教のもとに届けられます。

　もし教皇の答書が、なんの付帯条項を伴うことなく特免を付与するという内容であった場合、教区司教は、まず関係する配偶者双方にそのことを通知します。さらに教区司教は、婚姻が挙式された小教区の主任司祭に対しては婚姻台帳に、洗礼が行われた小教区の主任司祭に対しては洗礼台帳に、それぞれ特免が付与された旨を記載するように指示しなければなりません。こうして、両当事者は新たな婚姻契約を締結することができるのです。

　一方、教皇の答書に新しい婚姻締結を禁止する付帯条項が付されていた場合、その旨を当事者へ通知し、婚姻台帳および洗礼台帳にも特免の付与と合わせてその旨を記載するようにします。付帯条項が、比較的深刻な理由によるものでない禁止条項（ad mentem：当事者の考えや倫理的な問題に基づく禁止）であれば、その解除は教区司教の権限に委ねられます。この禁止は、当事者が新たな婚姻契約を締結し、婚姻の本質的義務を担い得るのに適性を有するものと判断された場合にのみ、教区司教によって解かれます。一方、付帯条項が、重大な理由に基づく厳密な禁止命令（vetito：法的に許可されない事情に基づく禁止）であった場合、それを解くことはローマ控訴院の管轄事務局の判断に委ねられます。

　答書に付帯条項が付されていた場合、当事者はそれを解決するための請願書を教区司教に対して提出することになります。教区司教は、その請願書を必要に応じて各管轄事務局（教区本部ないしローマ控訴院）に送り、必要とされる指示を受け取り、これを請願者に対して実施します。特に禁止命令が付された当事者に関しては、教区司教は、ローマ控訴院から受けた指示に従って行動しなければなりません。

[教会法典]

「配偶者の死亡推定訴訟」

第1707条　（1）配偶者の死が、教会または国の真正な文書で確認できな

い場合、教区司教が出した死亡推定宣言の後でなければ、他方の配偶者は、婚姻の絆から解かれたものと考えてはならない。

（2）司教が前項の宣言を出すことができるのは、適切な調査を行い、証人からの証言、伝聞、または間接的な証拠から、配偶者の死去について、社会通念上の確実性を得た場合にのみ限られる。どれほど長く続いたとしても、配偶者の不在だけでは十分ではない。

（3）不確かであり、また複雑な場合には、司教は使徒座に助言を求めなければならない。

【参考文献】

J. M. Arroba Conde, *Diritto processuale canonico*, Ediurcla, Roma ^{6}2012.

A. P. Bonnet, "Il processo documentale (cann. 1686-1688 *CIC*)", in *I procedimenti speciali nel diritto canonico*, LEV, Città del Vaticano 1992, 51-92.

A. P. Bonnet – C. Gullo (a cura di), *Il giudizio di nullità matrimoniale dopo l'istruzione "Dignitas connubii", Parte I: I principi*, LEV, Città del Vaticano 2007.

—, *Il giudizio di nullità matrimoniale dopo l'istruzione "Dignitas connubii", Parte II: La parte statica del processo*, LEV, Città del Vaticano 2007.

—, *Il giudizio di nullità matrimoniale dopo l'istruzione "Dignitas connubii", Parte III: La parte dinamica del processo*, LEV, Città del Vaticano 2008.

M. Del Pozzo, *Il processo matrimoniale più breve davanti al vescovo*, Edusc, Roma 2016.

E. Frank, The dissolution of marriage bond in the discipline of the Church and its application, Urbaniana university press, Città del Vaticano 2017.

C. Gullo – A. Gullo (a cura di), *Prassi processuale nelle cause canoniche di nullità del matrimonio*, LEV, Città del Vaticano ^{4}2014.

Gruppo Italiano docenti di Diritto canonico (a cura di), *I giudizi nella Chiesa. Il processo contenzioso e il processo matrimoniale*, Glossa, Milano 1998.

G. Incitti, "*De processu super matrimonio rato et non consummato*", in M. Del Pozzo – J. Llobell – J. Miñambres (a cura di), *Norme procedurali canoniche commentate*, Coletti a San Pietro, Roma 2013, 217-236.

Nuove norme per la dichiarazione di nullità del matrimonio, EDB, Bologna 2016.

Redazione di Quaderni di diritto ecclesiale (a cura di), "*La riforma dei processi matrimoniali di papa Francesco. Una guida per tutti*", Ancora, Milano 2016.

L. Sabbarese – R. Santro, *Il Processo matrimoniale più breve. Disciplina canonica e riflessi concordatari*, EDB, Bologna 2016.

付　録

新しい教会法典公布のための使徒憲章
『サクレ・ディシプリーネ・レージェス　Sacrae disciplinae leges』

尊敬すべき兄弟である枢機卿、大司教、司教、司祭、助祭および
神の国の他のすべての構成員に
神の僕たちの僕である司教ヨハネ・パウロは
永遠の記念としてこれを送る

　カトリック教会は、時の移り変わりに従って、常に、聖なる規範となる法律を改め新たなものにしてきました。それは創立者である神に対して常に忠実を守り、託された救いの使命にそれらの法律を適合させていくためです。同じ心で、私は全カトリック教会の期待にこたえ、本日1983年1月25日、改正手続きを終えた教会法典の公布を命じます。この命令を下すに当たって、私は1959年の同じ日のことを思い出しています。なぜなら、まさにその日に、記憶すべき私の先任者ヨハネ23世が、1917年の聖霊降臨の祭日に公布された現行教会法（1917年法典）の体系を改正する意図を初めて発表されたからです。

　教会法典の改正の決定とともに、教皇は同じ日に、別の2つの考え、つまりローマの教区会議（シノドス）の開催と、公会議の召集についてもお話しになりました。前者は法典の改正と深く関係するものではありませんが、後者つまり公会議の開催は、法典にとって極めて重大な意味を持ち、これと密接な関係を持っています。

　ヨハネ23世は、なぜ現行の教会法典の改正を必要とお考えになったのかと問うならば、そのひとつの答えは1917年に公布された法典そのものにあったからだと言えるでしょう。しかし、もうひとつの、しかも決定的な答えは、教会に対して最大の関心をもって臨んだ公会議そのものが教会法の改正を必要と考え、かつこれを明確に要求したからであると言えます。

　この法典の改正の意図が初めて発表された時点で、公会議はまだ未来の出来事であったというのは当然のことです。そのうえ公会議の教導職の公文書、特に教会に関するその教えが決定されたのは、1962年から1965年にかけてのことで

した。しかし、ヨハネ23世の直感が正しかったことは誰の目にも明らかであり、同教皇のこの決定は、教会に善益をもたらすための神の摂理によるものであったと言わざるを得ません。

したがって、今日公布されるこの新しい法典には、公会議を通してなされた事前の準備が必要とされました。今回の（法典の）改正は、公会議と同時に発表されたものですが、時間的に見れば、公会議の後に続くものです。なぜなら新たな法典の準備作業は、公会議に基づかなければならず、そのため作業を開始するためにも、公会議が終了するまで待つことが必要だったからです。

今、この長い道のりの出発点となった1959年1月25日と、法典改正の発案者であるヨハネ23世自身のことを考えるなら、この新しい法典は、キリスト信者の生活の刷新という1つの意図から生まれたものであることを認めなければなりません。事実、このような意図が、公会議のすべての規範と方向づけの基礎となっているのです。

法典公布に至るまで、特にパウロ6世とヨハネ・パウロ1世のもとでの、またそれ以後の現在に至るまでの仕事の性質やその進め方を考えてみると、これらの仕事が、最後まで集団的な精神（spiritu collegiali）によって進められてきたことを特別に明記しておかなければなりません。そしてこのことは、作業の外面的な形態においてだけではなく、制定された法規の内容についても深く影響を及ぼすものなのです。

また、この集団的性格は、新しい法典の成立過程を顕著に特徴づけるものですが、それは第二バチカン公会議の教えと性格にも甚だ合致するのです。このように法典は、その内容ばかりでなく、その当初からの制定の過程においても、公会議の精神の影響を受けていることを表わしています。公会議の公文書のなかで、普遍的な「救いの秘跡」（『教会憲章』9, 48項参照）とされる教会は、神の民として示され、また「かしら」と一致した全司教団を基礎とする位階的な構成を持つものとしても表わされているのです。

そのため、新しい法典を準備するに際しては、すべての司教および司教団に呼びかけ、長い時間をかけて、できるかぎり集団として協働の形をとり、条文を慎重に熟考しながら、全教会で使用されるのに役立つものとなるように計らわれました。さらに、神学、歴史、特に教会法の専門家も世界各地から選ばれ、すべての段階でこの作業に加わりました。

これらすべての人びとに、今ここで心からの感謝を表わしたいと思います。

最初に思い起こされるのは、準備委員会を指導され、すでに逝去された枢機卿たちです。まず、この仕事を始められたピエトロ・チリアチ枢機卿、それから長年

にわたり、この作業のほとんど最後まで指導的な役割を果たしてくださったペリクレ・フェリチ枢機卿です。さらに、同じ準備委員会の秘書を務めてくださり後に枢機卿となられたヤコブ・ヴィオライド師と、イエズス会のラモン・ビダゴール師のお二人はこの仕事のため貴重な知識と知恵を役立ててくださいました。この他に、この委員会の一員として働いてくださった枢機卿、大司教、司教およびその他の方々、さまざまな分科会での研究に際して何年もの間、骨の折れる困難な作業に従事してくださった顧問の方々にも心から感謝の意を表わしたいと思います。これらの方々は、すでに神が永遠の報いを与えるためにお召しになりました。これらすべての人びとのために、私のとりなしの祈りを神に捧げます。

しかし、今も存命の方々も思い出すべきでしょう。その中でもまず、現在、委員長代理（pro-praeses）を務めておられる尊敬すべき兄弟ロザリオ・カスティリョ・ララ大司教に感謝しなければなりません。同大司教は、長年にわたって重い責任のあるこの仕事を極めてすぐれた形で果たしてくださいました。その次に、愛すべき息子ウィリアム・オンクリン神父は、この仕事が成果を収めるため、絶え間ない勤勉な働きによって大きな貢献をしてくださったのです。最後に、委員会の一員として働いてくださった枢機卿たち、職員をはじめ、研究分科会や他の職務において、顧問および協力者として、草稿作りから完成に至るまでの、重要かつ複雑な仕事のために貴重な貢献をしてくださった方々に、心からの感謝の意を表わしたいと思います。

したがって私は、今日この法典を公布するにあたり、このことが、教皇としての権威によってなされる行為であり、その性質上首位権に基づく（naturam primatialem）行為であることを十分に自覚しています。しかし同時に、この法典の客観的な内容が、兄弟であるすべての司教たちの、教会への集団的配慮（collegialem sollicitudinem）を反映したものであることもまた自覚しています。もっともこの法典は、公会議にも似て、全教会の専門家たちと諸機関の努力が結集してでき上がったものですから、集団としての協働（collegialis cooperationis）の実りとみなすべきものです。

ここでさらなる問いが現われます。それは教会法典とはそもそも何であるのかという問いです。この問いに正しく答えるためには、旧約・新約の諸書にある、古い時代からの遺産として残っている法を思い起こすことが必要です。この遺産を第一の源泉として、教会における法と立法の伝統が生じてきたからです。

実際に、主キリストご自身、旧約の神の民の歴史と経験から徐々に形づくられた律法と預言者の豊かな遺産を決して廃止することはせず、かえってそれを完成し（マタ5:17参照）、新しく、そしていっそうすぐれた仕方で、新約の遺産の一部と

なることを望まれたのです。そのため聖パウロは、過越の神秘を説明するに当たって、律法の業によってではなく信仰によって義化され得ることを教えているのですが（ロマ 3:28; ガラ 2:16 参照）、彼は十戒の拘束力を排除しているのではなく（ロマ 13:8-10; ガラ 5:13-25, 6:12 参照）、また神の教会のなかにある規律の重要性を否定しているのでもないのです（1 コリ 5 章、6 章参照）。こうして新約聖書は、規律の重要性をいっそうよく理解させ、福音のメッセージ自体が持っている救いとしての性格と密接に関係していることを、いっそうよく分からせてくれるのです。

　このことから考えても、法典が、教会と信者の生活のなかで、信仰や恩恵、カリスマ、そして特に愛の代わりとなることを目指しているのでないことは明らかです。むしろ法典は、愛と恩恵、カリスマに第一の場を与えながら、同時に教会と教会に属する各人の生活において、それらのものが調和のとれた成長を遂げることができるような秩序を生み出すことを目指しているのです。

　法典は、啓示と伝統のうちにある法と立法の遺産に基づいて制定された教会の法的文書の中で第一義的なものです。したがって法典は、個人生活においても、社会生活においても、また教会自身の活動においても、しかるべき秩序が維持されるための必要不可欠な道具とみなさなければなりません。ですから創立者である神によって定められたか、あるいは使徒時代、または極めて古い時代からの伝統に基づく、位階的・組織的な教会の要素の他に、また教会自身に託された3つの務め（triplicis muneris）を行使するに当たっての基本的な規範の他に、法典は、さらに何らかの行動規範をも定める必要があるのです。

　法典というこの道具が、教会の本性と全く一致したものであるということは、第二バチカン公会議の教え全体、特に公会議の教会に関する教えに基づいてこの法典が作成されたということを考えれば当然です。もっとも、ある意味でこの新しい法典は、公会議の教え、すなわち教会論を、教会法の表現（sermonem canonisticum）に翻訳した、大きな努力の結実であるということができるでしょう。公会議の教えに示された教会の姿は、完全な形で教会法の言葉（linguam canonisticum）に置き換えることはできないとしても、法典は、そのような教会の姿を根本的な模範として、その姿に従って解釈されなければならず、また法典として持つ性格が許す限り、法典もまたその指針を表わすものでなければなりません。

　このことから幾つかの基本的な規範、すなわち新しい法典が取り扱う内容の範疇において、またその内容に合致する言葉遣いにおいても同様に、新しい法典全体を支配する規範が導き出されます。

さらに、このことから以下の解釈が導かれます。すなわちこの法典を、第二バチカン公会議の教え、特に教義(dogmaticam)と司牧(pastoralem)に関する2つの憲章に関して、これを補完するものとして捉えるという解釈です。

　それゆえ第二バチカン公会議が持つ根本的な新しさ(novitatis)、特に教会論に関する教えの新しさは、新しい法典が持っている新しさ(novitatis)でもあるのですが、このことは、教会の法制史に見られる伝統から決して逸脱したものではありません。

　教会に固有な、真の姿を表わす要素のなかで、特に以下の点を強調すべきです。すなわち、教会は神の民であり(『教会憲章』第2章参照)、また教会の位階的な権威は奉仕のためのものであること（同　第3章参照）、さらに教会は交わり(communionem)として認識されるものであることを提示する教会の教えです。この交わりは部分教会と普遍教会との間、司教の団体性と教皇の首位性との間の相互関係を確立させるものです。同様に、神の民のすべての構成員が、それぞれに相応しい形で、祭司的・預言的・王的なキリストの3つの務め(triplex Christi munus)に参与する者であることを表わす教会の教えと、すべてのキリスト信者、なかでも信徒の義務および権利を考慮する教会の教えもこれに加えるべきでしょう。最後に、教会がエキュメニズムのためになすべき努力も、そのような要素のひとつとなっています。

　このように第二バチカン公会議は、教会の伝統の宝のなかから新しいものと古いものとを共に取り出したのであり、そのうちの新しいものが、上に挙げたような要素のなかに含まれているとするならば、この法典もまた、新しさのなかでの忠実さと、忠実さのなかでの新しさの性格を同じように内在すべきであり、法典が取り扱う独自の分野と、法典独自の表現方法もまた、その性格に合致したものでなければなりません。

　この新しい教会法典は、全教会の司教たちが、ただ公布を求めているというだけでなく、繰り返し強く要求しているというような状況のなかで生まれたものです。

　当然のことですが、教会法典は教会にとって絶対に必要なものです。教会が、社会的・可視的な構造として形づくられている以上、規範となるものが必要なのです。それは、位階的な要素をもつ有機体としての構造が目に見える形で表わされるためであり、神から委ねられた任務、特に秘跡に関しての権限と執行が適切に規整されるため、また愛徳に根ざした正義がキリスト信者の相互関係を作り上げる原理となり、個々人の権利が保障され、明確に規定されるため、またキリスト者として相応しい生活を常にいっそう完全に生きるために力を合わせてなされる仕事が、教会法の規範によって守られ、強められ、育てられるためなのです。

結果的に、教会法の規則は、その本質からいっても順守されるべきものです。そのため法典作成の長い準備期間においても、法規範が正確に明記されるように、さらに一般の法律の面からも、教会法の面からも、また神学的な面からも堅固な基盤を有するよう、最善の努力が払われました。

　これらのことをすべて考慮して、教会が第二バチカン公議の精神に沿って進み、この世界のなかで救いの務めを果たしていくうえでいっそう相応しいものとなるために、新たに制定された教会法が、効果的な道具となることを願っています。

　私は、深い信頼をもって以上の考察をお伝えし、この基本的な法典をラテン教会のために公布するにあたり、これをすべての方々の手にゆだねます。

　喜びと平和、そして正義と従順をもってこの法典が受け入れられ、「かしら」が命じたことを「体」が守れるよう神に恵みを祈ります。

　こうして、神の恵みに信頼し、使徒ペトロとパウロの権威に支えられ、自らの行為を明確に自覚して、また協働の精神の下、私と力を合わせてきた全世界の司教たちの願いに答え、私に与えられている最高の権威をもって、これから常に効力を持つことになるこの法典を、この使徒憲章を通して、今ここに編集され改定された形で公布します。今後この法典は、全ラテン教会にとって、法としての効力を持つものであることを定め、この法典が順守されるために、適用を受けるすべての者が注意深くこれに従うよう、それらの人びとの手にゆだねます。これらの規範が法として拘束力を持つ前に、すべての者がいっそう容易にその内容を知り、深い知識を持つことができるよう、私は、これらの規範が1983年の待降節第1主日から法としての効力を持つことを決定し命じます。なお、この規範に反するすべての規定（ordines）、憲章、特権は、たとえそれらが個々に特筆に値するものであったとしても、これを妨げないものとします。慣習についても同様です。

　敬愛する子であるすべての信者が、誠実な心と善意をもってこの新しい法規範を守るように勧めるとともに、新たにされた規律が教会の中でその力を開花させ、それによって教会の母であるいとも幸いなるおとめマリアの保護のもとに、人々の魂の救いがいっそう容易になることを望みます。

1983年1月25日
ローマ、バチカン宮殿おいて
教皇在位第5年に
教皇ヨハネ・パウロ2世

訳者あとがき

　本書は、私の教会法の恩師であるローマの教皇庁立ウルバノ大学教会法学部の教授で、使徒座の諸部門で法務に携わっているルイージ・サバレーゼ神父（スカラブリニ宣教会）の著書 "Diritto canonico"（『教会法』）の全訳です。原書は2015年にボローニャの Dehoniane（EDB）社からイタリア語で初版が刊行されました。しかし同年、教皇フランシスコの自発教令『寛容な裁判官、主イエス』によって婚姻訴訟法が全面的に改訂されたことを受け、おもにその箇所を改訂したものが2017年に英語版で "Canon law, an overview"（『教会法概論』）として、Urbaniana university press（ウルバノ大学出版部）から出版されました。そのため本書は、イタリア語の原書を底本としつつも、改訂箇所については英語版を基に訳してあります。さらに幾つかの箇所に関しては、日本の読者のことを考慮して、原著者の許可を得て用語の説明や参照すべき文献を適宜補っています。

　なお本文に出てくる、教会法ないし教会行政に関する専門用語の公式の訳語については、日本司教協議会の決定事項があれば、そちらを確認していただくようお願いします。

　私が本書を刊行しようと思った動機は実に単純です。それは、私が学んだ諸教区共立神学校（旧・東京カトリック神学院）をはじめ、私が教鞭を執っている上智大学や南山大学といった日本の教皇庁認可の神学の教育現場において、日本語で書かれた教会法の適当な教科書、参考書と呼べるものが、今まで存在しなかったからです。大規模な注解書は教会法の専門家が原書で読めばよいとして、教える側にとっても、学ぶ側にとっても、教会法について日本語で書かれた手ごろな参考書が期待されていることは確かでした。そして現実的に、基本的な教会法についての情報の乏しさは、神学生や修道者、聖職者ひいては広く日本の教会で信仰生活を営む多くの信徒にとって、カトリック教会の組織構造や行動規範、問題が起きた時の対処法についての無知や誤解をもたらしていたのも事実ではないでしょうか。『教会法典』のラテン語序文に、「無知はすべての誤りの母である」と言われているように、神のことばと教会の基本的な制度や信仰生活の規範に関する認識の無知や曖昧さ、誤解は、教会内で少なからず混乱を引き起こし、教会のあるべき姿を歪める原因ともなるのです。

　本書を読まれればすぐにお分かりいただけると思いますが、教会法には、教会に

おいて信仰者が生きるべき道、あるべき姿を示すのと同時に、さまざまな問題を解決する実践的な役割も含まれています。その意味で教会法とは、信仰の根幹にかかわるものとまでは言えないにしても、すべての受洗者がそれぞれの立場で信仰を正しく生き、救いに到達するうえで、また世の聖化に貢献する教会本来の秩序を保つために必要とされる術なのです。

　歴史を振り返ってみると、カトリック教会における教会法に対する評価は、特に第二バチカン公会議後はあまり芳しいものではなく、反法律主義 antigiuridismo と称される、教会法を否定的に捉える風潮が広く見られました。こうした思潮の中では、教会法は"教会の本質と矛盾するもの"、"いつくしみと愛に反するもの"とさえ考えられていました。この反法律主義的な考え方によれば、法律は教会の本質にあるものと矛盾する、教会にとっては福音と「愛の法」さえあればそれで十分であると主張されました。

　しかしカトリック教会の教会法とは、間違いなく教会の長い歴史と経験に基づくものであり、特に 1983 年に新たに公布された『教会法典』は、公会議の最終文書とも称されるとおり、第二バチカン公会議の精神を可能な限り実践するために、公会議の言葉を法律のそれに言い換えたものとなっているのです。実際、『カトリック教会のカテキズム』をよく見れば、多くの箇所で教会法典の条文を引用していることに気づかれるはずです。それゆえ現行『教会法典』は、教会に集うすべての者が福音的な精神において、自分がいつ、どのように行動すべきなのかを知ることができる道具であって、これを軽視したり拒絶したりするといった態度は、決して正しいものとは言えないのです。教会生活において何が正しいかを判断する基準は、移ろいやすい私たちの思いや考えにあるのではなく、神の啓示と教会の権威ある教えにあるのです。

　確かに、教会にとってみことばやキリストの愛の掟、各自に対する聖霊の働きかけ、カリスマといったものが、教会生活の中心に据えられるべきであるということは当然です。教会法はあくまでもそうした神の恩恵に、人がより容易に、的確に与ることができるように奉仕する術なのです（使徒憲章『サクレ・ディシプリーネ・レージェス』参照）。そして、何よりも教会法は、単なる人間の創作物ではなく、いわば聖霊の働きかけによって、教会が時間をかけて手にすることとなった恩恵というべきものでもあるのです。

　それゆえ私たちは、教会法をないがしろにし、個人の感情や主義主張に任せて都合よく勝手に振舞うといった態度が、教会においていかに誤っているかということ

に気づかなければなりません。要するに、教会の法を前にして、私たちは、それを単なる無味乾燥な"掟"として四角四面に捉えるのではなく、歴史を越えて教会を導いた聖霊の賜物と向き合っているのだといった信仰の感覚のうちに、これを受け入れ用いるべきなのです。

　信仰者は、それぞれの立場においてそれぞれの仕方で、自らの弱さを背負いながらも、十字架に示された神の愛を信じるがゆえに、主の道を可能な限り正しく生きようと努力しています。自分は主を信じていると言いながら、実のところ信じている方の御心、教え、掟をよく知らず、それを実践する気もないということがあれば、それは誰から見ても大いなる矛盾ではないでしょうか（1 ヨハ 2：3-6）。

　古来、"*Lex credendi, Lex orandi, Lex vivendi*（信仰の法は祈りの法であり、生きる法である）"と言われてきたように、その人がどのように生きているかは、どのように祈ることができているかに依拠し、それはその人が何をどのように信じているのかということに基づいています。言い換えると、真に正しい信仰を持っている人というのは、正しく祈ることができる人であり、それゆえ正しく生きることができるのです。それはまさに、「あなたの神、主を愛し、その道に従って歩み、その戒めと掟と法を守るなら、あなたは命を得る」（申 30：16）と言われていることなのです。

　おわりに、本書刊行の実現は、フリープレス社の山内継祐社長、日本語版刊行を快諾していただき、翻訳に際してもさまざまなご指導をいただいた原著者のルイージ・サバレーゼ教授、ウルバノ大学出版部のサンドロ・スカラブリン氏ならびにEDBのヴァンダ・ペルジアーニ氏をはじめ、多くの出版関係者の協力によるものであることを忘れるわけにはいきません。そして特に、今回、私の翻訳作業に快く協力してくれたダニエル・オロスコ兄をはじめ次に名前を挙げる兄弟たちに心からの敬意と感謝の意を表わします。本書の刊行が早期に実現できたことは、彼らの尽力によるものだからです。

　Alonso de León Juan Mateo、*Alonso de León Tobías*、*Cometto Daniele*、*Orlando Luigi*、
　Tsuru Roberto Koji、*Kohki John Taniguchi*（順不同・敬称略）

　そして何よりも本書刊行の実現には、これまで私を霊的・物的に支援してくださったすべての方々のお陰であることを申し添えたいと思います。特に、司祭の道を選んだ私の歩みを助け支えてくださっているすべての方々へ、私の心からの感謝を、

この本と共にお届けしたいと思います。

　日本の教会が、いつくしみと愛、真理と正義に従って、よりよく成長することを心から祈ります。そのために本書が、多くの方々に役立てていただけるものであることを願っています。特に、日本の教会における信徒、修道者、聖職者の信仰生活、使徒職および養成の一助としてご活用いただければ幸甚です。

2018年春　東京にて
東京教区司祭
田中　昇

【著者略歴】

Luigi Sabbarese（ルイージ・サバレーゼ）

1962年イタリア、サレルノに生まれる。
1989年司祭叙階。スカラブリニ宣教会司祭。
　教皇庁立ウルバノ大学教会法学部教授、福音宣教省顧問、ローマ教区教会裁判所ならびに使徒座最高裁判所署名院において裁判官、絆の保護官、公益保護官として法務に携わっている。またイタリアにおいて教会法に関する数多くの研究・著作活動を展開していることでも知られている。

●主な著書

"Nuove norme per la dichiarazione di nullità del matrimonio" (2016, coautore), EDB.

"Il processo matrimoniale più breve. Disciplina canonica e riflessi concordatari" (2016, coautore), EDB.

"Il matrimonio canonico nell'ordine della natura e della Grazia"(2016 IV ed.), Urbaniana university press.

"Scioglimento in favorem fidei del matrimonio non sacramentale, Norme e procedura" (*cum* Elias Frank, 2016 II ed.), Urbaniana university press.

"Oriente e Occidente, Respiro a due polmoni" (*cum* Lorusso Lorenzo, 2014), Urbaniana university press.

"La costituzione gerarchica della Chiesa universale e particolare. Commento al codice di diritto canonico, libro II parte II" (2013 II ed.), Urbaniana university press.

"La Chiesa è missionaria. La ricezione nel codice di diritto canonico" (2009), Urbaniana university press.

"Girovaghi, migranti, forestieri e naviganti nella legislazione ecclesiastica" (2006), Urbaniana university press.

"Chierici e ministero sacro nel Codice latino e orientale, Prospettive interecclesiali" (*cum* Salachas Dimitrios, 2004), Urbaniana university press.

【訳者略歴】

田中　昇（たなか　のぼる）

1976年、埼玉県に生まれる。
2001年、早稲田大学大学院理工学研究科修了（応用化学専攻）。
2010年、東京教区司祭として叙階される。
2014年、教皇庁立ウルバノ大学にて教会法教授資格を取得、東京管区教会裁判所法務官となる。
2016年より、カトリック北町教会主任司祭、上智大学神学部非常勤講師を務める。
2017年からは南山大学人文学部キリスト教学科非常勤講師を務め、現在に至る。

●訳書
R. E. ブラウン『ヨハネ共同体の神学とその史的変遷―イエスに愛された弟子の共同体の軌跡』（2008年、教友社）
R. E. ブラウン『解説「ヨハネ福音書とヨハネの手紙」』（2008年、教友社）
G. ラヴァージ『出会い― L'incontro ―祈りにおける神との再会』（2014年、フリープレス）
M. ヒーリー『カトリック聖書注解　マルコによる福音書』（2014年、サンパウロ）
カルロス・エンシナ・コンメンツ『ゆるしの秘跡と内的法廷　使徒座に留保された事案の解決法』（2015年、教友社）
使徒座裁判所ローマ控訴院『自発教令「寛容な裁判官、主イエス」適用のための手引』（2016年、教友社）
J. J. Conn『選ばれる小教区』―翻訳と注解―（『南山神学』41号［2018年］、181-229頁）

●著書
『カトリック教会における婚姻―司牧の課題と指針』（2017年、教友社）
『聖職者の違法行為と身分の喪失―その類型と手続き規則』（2017年、教友社）

Nihil obstat, Tokyo,
Bartholomaeus Yasuaki INAGAWA, vicarius generalis,
Censor deputatus, Curiae dioecesanae.

IMPRIMATUR, Tokyo,
Tarcisius Isao KIKUCHI, Archiepiscopus Tokiensis
Die 15 mensis augusti anni 2018
prot. N. 3 / 2018 L

解説・教会法　　　　　　　定　価（本体3,000円＋税）
発 行 日　2018年9月1日

著　　者　Luigi Sabbarese（ルイージ・サバレーゼ）　©Luigi Sabbarese 2018
原版権者　　© EDB, (Fondamenta), Bologna 2015
翻訳者　田中　昇

発 行 者　山内継祐
発 行 所　株式会社フリープレス　©Free Press co.2018
　　　　　東京都文京区関口1-21-15
　　　　　☎ 03-3266-1121　Fax03-3266-1123
　　　　　販売部 e-mail　info @ freepress.co.jp
　　　　　Web Site　http://www.freepress.co.jp/

印刷所　日本ハイコム株式会社
販　売　株式会社 星雲社　　　ISBN 978-4-434-25192-4　C0016
printed in Japan　乱丁・落丁は発行所にてお取り替えいたします。